高等职业教育物业管理专业系列教材

物业管理应用文写作

主　编　鲁　捷　杨凤平
副主编　王君义　武丕才
参　编　沈殿示　万岩竹
主　审　董咸慧

机械工业出版社

本书是高等职业教育物业管理专业系列教材之一。全书从物业管理应用文写作概论、事务文书、公务文书、物业管理招投标文书、物业管理专项业务文书、物业管理服务常用表格、物业管理规章类文书、物业管理论文方面，较为全面地介绍了计划、总结、调查报告、经济活动分析、简报、会议记录、竞聘演讲稿、述职报告、物业管理招投标文书、物业服务合同、入住手续文书、装修管理文书、物业管理告知类文书、物业管理规则类文书、物业管理公约类文书、物业管理毕业论文、案例分析等物业管理实践中常用的文种。

本书在编写体例上，力求体现以理论学习为基础，以例文为引导，以能力训练为主线的教学指导思想，以此来强化实践教学环节，突出能力培养的教学目标。

本书可作为高等职业教育物业管理专业的教材，同时也适用于物业管理行业从业人员的岗前培训或参考读物。

图书在版编目（CIP）数据

物业管理应用文写作/鲁捷，杨凤平主编. —北京：机械工业出版社，2008.5（2025.7重印）
高等职业教育物业管理专业系列教材
ISBN 978-7-111-24275-8

Ⅰ.物… Ⅱ.①鲁… ②杨… Ⅲ.物业管理—应用文—写作—高等学校：技术学校—教材 Ⅳ.H152.3

中国版本图书馆CIP数据核字（2008）第083006号

机械工业出版社（北京市百万庄大街22号 邮政编码100037）
策划编辑：李俊玲 李 莉　　责任编辑：李 莉
封面设计：张 静　　责任印制：常天培
河北虎彩印刷有限公司印刷
2025年7月第1版第12次印刷
184mm×260mm·13.75印张·343千字
标准书号：ISBN 978-7-111-24275-8
定价：39.00元

电话服务
客服电话：010-88361066
010-88379833
010-68326294

网络服务
机 工 官 网：www.cmpbook.com
机 工 官 博：weibo.com/cmp1952
金 书 网：www.golden-book.com
机工教育服务网：www.cmpedu.com

前　　言

物业管理行业在我国处于起步发展阶段，尚未形成完善的物业管理科学体系。表现在高校的物业管理专业教学中，主要是教材理念滞后，内容陈旧，脱离行业发展实际，因此，物业管理专业的教材建设已成为物业管理专业建设亟需解决的重点问题。

物业管理应用文写作是物业管理工作者的一种管理手段，这一观念已在现代物业管理实践中得到了越来越广泛的认同。因此，作为以职业技能培养为己任的高等职业技术教育，从其出现伊始，便将物业管理应用文写作能力作为高职物业管理专业学生一项必备的基本技能，要求学生全面掌握。为保证这一培养目标的实现，促进学生专业知识和业务技能水平的提高，同时为了提高企业在职人员的应用文写作能力，促进物业管理企业行文处理的规范化，推进物业管理企业管理的规范化，在深入物业管理企业调查研究的基础上，根据物业管理企业行文的实际需要，我们组织编写了本教材。本教材具有以下几个特点:

1）在教材内容上，突出物业管理实践的需要，所选文种均为实际工作中使用频率较高的文种，如此安排，是为了在教学中实现物业管理应用文写作与专业知识、业务技能的有效衔接，促进学生写作能力的提高。表格是物业管理实践中经常使用的文种，根据物业管理企业常用表格的基本要求，教材中设置了“物业管理服务常用表格”一章，这是以往物业管理应用文写作教材所没有的。

2）在编写体例上，保持写作教材的基本特色，设有文种阐释、例文、能力训练三大模块，力求体现以理论学习为基础，以例文为引导，以能力训练为主线的教学指导思想，以此来强化实践教学环节，突出能力培养的教学目标。这其中为突出写作能力的培养，考虑到学生写作基础知识的掌握情况，为提高教学和训练的效率，在能力训练模块打破了以往写作教材设有写作基础知识和写作能力训练两部分的传统思路，只安排了写作能力训练的内容。

3）文种知识的阐述力求简约、准确，易于把握。通过文种阐释的表达方式，从形式到内容实现了对理论的淡化，突出侧重实践技能，对与学生未来岗位要求关联性不强的知识淡化带过，而将知识重点放在学生对业务范围的认识了解和对实践技能的掌握上，突出了内容的实用性和针对性，突出了实践中分析能力和写作能力的培养，突出了教学中动手能力的培养。

4）例文的选择上，充分考虑了教学的需要，遵循了浅显易懂、贴近现实的原则。“浅显易懂”，就是要让学生有阅读的兴趣、学习的兴趣，让学生能够真正体会到学习中的循序渐进，体会到物业管理应用文写作与专业知识的有机结合，把握物业管理应用文写作的规律。“贴近现实”，既体现在例文的时代感上，是新近的案例，也体现在例文的现实性上，是物业管理实践或学生现实与未来择业时所经常需要的。

本教材由鲁捷、杨凤平任主编，王君义、武丕才任副主编，沈殿示、万岩竹参编。具体编写分工如下：第 1 章、第 7 章由杨凤平、万岩竹编写，第 2 章由鲁捷、王君义编写，第 3 章由王君义、武丕才编写，第 4 章由杨凤平编写，第 5 章由鲁捷编写，第 6 章由鲁捷、沈殿示编写，第 8 章由武丕才、沈殿示编写。

上海百联物业管理有限公司副总经理董咸慧通审了全稿，提出了许多宝贵的改进意见，谨致谢忱。

教材编写中，我们力求做到尽善尽美，但由于能力和实践经验的不足，错漏之处难免，还望大家不吝赐教。

本书配有免费配套电子课件，供选用本书作为教材的老师参考。请登陆 www.cmpedu.com 下载或拨打 010-88379375 索取。

编　者

目　　录

第 1 章

物业管理应用文写作概论

学习目标

通过本章学习，了解物业管理应用文的概念和特点，了解提高物业管理应用文写作能力的基本途径，认识物业管理应用文在物业管理服务中的重要作用，掌握主旨、材料、结构、语言、表达方式等写作基本知识，能够正确把握写作基本规律，为写作能力的提高奠定扎实的基础。

关键词

物业管理应用文　主旨　材料　结构　语言　表达方式

1.1　物业管理应用文概述

1.1.1　应用文的概念和特点

1．应用文的概念

应用文是国家机关和其他社会组织及个人处理公务和日常事务、传播信息时使用的格式规范、行文简约的实用性文书，同时也是处理个人私事时不可缺少的工具。

2．应用文的特点

应用文的写作，一般都具有明确的目的、对象和使用范围，其具体文体有着各自特定的格式，语言简洁平实，有着与其他文体明显不同的特征。其具体表现为：

（1）实用性　应用写作的目的非常明确，就是要处理实际事务，解决工作、学习和生活中的实际问题。从国家政策法规到私人信件往来，社会生活的各个领域都在使用着应用文，应用文是社会生活不可缺少的一种工具。

（2）真实性　应用文写作的目的是处理、解决社会生活中的具体事务和实际问题，要想实现这一点，真实是非常重要的，否则就会对应用文的写作目的产生不利影响。无论是公务文书还是私人文书都应以事实为依据，客观地反映事实情况，对涉及到的资料、数字等都要保证其准确无误，在遣词用语上要恰当准确，避免发生歧义，引出纠纷和争议。

（3）规范性　应用文的写作目的要求在使用应用文的过程中要讲求效率，这样就逐渐形成了其不同文体各自的惯用文面形式和结构形式。这些惯用文面形式和结构形式约定俗成，便形成规范，称为惯用格式。它使得应用文便于掌握，也便于沟通、理解和执行，能够高效地发挥其社会功用。

（4）简约性　出于实用和讲求效率的需要，应用文必然要求用最少的文字、最小的篇幅，将要表达的内容表述得准确明白。这种简约性可以节约阅读时间，提高工作效率。

（5）时效性　应用文讲究“以用为尚”，办公办事都要有一个时限要求。因而要求写得及时、发得及时、办理得及时，否则应用文就失去了存在的价值。

1.1.2　物业管理应用文

1．物业管理应用文的性质与特点

物业管理应用文是物业管理企事业单位在实施物业管理服务过程中，为处理公务和日常事务、传播信息时使用的格式规范、行文简约的实用性文书。

物业管理应用文除了具有上述应用文的基本特点外，自身还具有以下特点：

（1）行文的针对性和定向性　物业管理应用文的写作是针对物业管理服务活动中的具体事件、具体情况和具体问题，以及特定的读者而进行的，其写作依据具体情况，目的明确具体，有很强的针对性。这种针对性还决定了物业管理应用文写作时所要面对的读者是经选择的、定向的。如收费通知书的写作目的就是要让业主知晓所应交纳费用的款项、金额和交纳时间，其读者就是管理辖区内的业主。

（2）内容的实用性和专业性　物业管理应用文的写作目的就是要解决实际问题，因此其为解决实际问题而提出的意见、建议、措施、办法和对策都要切实可行。在表达上，为满足定向读者的阅读习惯，常使用物业管理行业中的专业术语来说明问题，增强表达的专业准确性。这种专业性还表现在物业管理应用文经常引用的相关法律法规，体现出较强的法律意识。如装修管理环节中使用的装修整改通知书，其中的整改事由往往就要使用专业术语来说明违章情况，整改依据就要引用有关的法规政策。

2．物业管理应用文写作的作用

物业管理应用文是物业管理服务的重要管理手段。物业管理服务活动一般包括五个方面的内容：一是确定物业管理服务目标和计划；二是有效地指挥监控；三是及时准确地反馈信息；四是科学地分析判断；五是全面地沟通协调。这些内容在物业管理服务过程中都要通过物业管理应用文写作来加以体现。如登门维修服务过程的管理，就是通过填写维修通知单来实现对从接待报修、入户维修到业主反馈意见整个维修过程中的维修内容、维修质量和服务态度等的监控。可见，物业管理应用文是物业管理服务的重要管理手段，在使用中具有规范约束、记录凭证、沟通协调等管理作用。因此，物业管理服务从业人员必须具备岗位所需的物业管理应用文的写作能力。

3．提高物业管理应用文写作能力的基本途径

（1）掌握应用文写作的基本规律　“模仿——借鉴——创新”的逐步递进规律是学习应用文写作的基本规律和方法。“模仿”，就是以范文为蓝本，依一定要求，用相同或相近的手法仿写，这对初学者十分重要。通过范文的阅读与仿写，可以在潜移默化中逐渐将他人写作经验变为自己的体会，在自己的写作实践中产生效用。“借鉴”，就是在模仿的基础上，汲取他人所长，在逐渐蜕掉模仿痕迹的过程中，追求自己的个性与风格。“创新”，就是在借鉴的基础上，有所开拓和创造，形成自己的写作特点和风格。

写作是一种能力，而能力的获得，不是仅靠阅读学习知识就能完成的。知识向能力的转化，必须依靠实践的环节。提高物业管理应用文写作水平的途径，只有通过写作实践，在写作实践中形成良好的写作习惯，掌握写作的实用技巧。

（2）提高理论政策水平和业务水平　物业管理应用文是物业管理服务实践的反映，物业管理服务是以有关的法律法规政策为依据、依靠娴熟的业务能力来开展的。因此，掌握物业管理应用文写作，首先必须学习领会有关法律法规政策，不断提高理论政策水平，建立正确的观点和方法，才能保证写作的质量；其次必须具备较高的业务水平，能够客观准确地分析问题、解决问题，提出合理的建议，才能保证写作的实用性。

（3）培养调查研究、分析综合能力，提高语言文字水平　善于调查研究，才能掌握第一手材料，为内容的“真”、表达的“准”奠定基础。分析综合能力是对研究对象进行分解、剖析，在联系、运动中把握事物本质和内部规律的能力。善于调查研究和分析综合，才能抓住事物的本质，深刻地反映和揭示客观事物。

语言文字水平是遣词造句、表达思想的基础，是利用语言传情达意的基本能力的体现。物业管理应用文要想写得观点明确、简练畅达、条理清晰，就离不开一定的语言文字功底。观点明确，依靠概念准确、词语确切，这需要词法基本知识；简练畅达，需要词语组成自然通顺，合乎逻辑；条理清晰，既要求语句、段落合乎逻辑，又要求深浅、难易、轻重、分类安排合理。可见，没有一定的语言文字水平显然是做不到的。

（4）要深刻理解物业管理服务的真正内涵　物业管理服务的核心就是服务，物业管理服务的主要对象是人—— 业主和使用人。这就决定了物业管理应用文的写作要充分考虑到对读者对象的尊重。写作时要多用谦辞和协商的口吻，少用行政式语言，即使是行政公文的写作也要注意到这一点。要本着“以人为本”的精神，做到既表达准确到位，又亲切细致。这也是物业管理应用文写作有别于其他应用文写作的显著之处。

1.2　主旨

1.2.1　主旨的概念和性质

应用文的主旨，是写作者在说明问题、反映情况、表明主张时，通过文章全部内容所表现出来的基本态度和看法，也是写作者所表达出的主要意图和主张，也称主题、观点或中心思想。如请示中的“请示事项”、批复中的“批复意见”、调查报告中的“建议”、装修违章通知书中的“整改要求”等。

主旨是应用文诸要素中最具决定意义的要素。应用文的主旨决定了文章材料的搜集、占有和选择，决定了文体的选择。应用文主旨的形成和确定，一般是由写作目的决定的。如为了使业主了解入住手续的办理程序，减少不必要的麻烦，就要撰写“入住须知”；为了保证装修期间的消防安全，物业管理企业就要设计“动用明火申请表”，并要求装修人员认真填写申报。

应用文的写作，一般是因工作业务需要，由上级领导布置，写作者“领命而作”。因此，主旨的确立，只能是按照既定的写作目的、写作意图和写作要求，以现时的环境和材料为基础，去分析研究，有明确的针对性和约束性。

1.2.2　确立主旨的原则

1．正确

主旨正确是写作应用文的基本要求。应用文的主旨既要符合政府的方针、政策和法律、法规，又要符合客观实际，表达正确的意图和主张，否则就可能会带来负面影响，引起不良后果。

2. 鲜明

主旨鲜明是要求应用文的观点明确、态度鲜明。写作者首先应该对要表达的问题有深刻清楚的认识，其次语言要简洁平实、准确，使人易于理解和接受，切不可模棱两可，似是而非，使人产生歧义。

3. 集中

主旨集中是指应用文的主旨要单一，重点要突出。应坚持一文一事的原则，围绕一个主旨，集中表达一个观点意见，这样才能把问题分析透彻、讲解清楚。不要在一篇应用文中表述许多意图，也不要在文中使用与主旨无关的材料。

4. 深刻

主旨深刻是指主旨能够揭示事物本质，反映事物内部规律。一篇应用文的主旨是否深刻，是写作者对材料的理解，对事物的认识程度的反映。因此要善于抓住事物的主要矛盾，发掘具有本质性和倾向性的问题，提炼出规律性的认识和行之有效的工作措施。

物业管理应用文主旨的确立还要充分考虑到符合国家法律法规政策，符合物业管理的实际状况和需要，符合业务程序规范可行的要求，以便及时、有效、正确地解决物业管理服务实践中的具体问题，规范、协调好各类关系和行为，提高工作效率，保证服务质量，促进物业管理行业和物业管理企业的健康发展。

1.2.3 表现主旨的方法

主旨在文章中，有不同的表现方法，现介绍如下：

1. 标题明旨

应用文的标题，特别是公务文书，应十分概括明确地表达主旨。如国税发（2004）69号《国家税务总局关于住房专项维修基金免征营业税问题的通知》，在标题中即体现出对住房专项维修基金的不计征营业税（标题中“免征”）的主旨。

2. 开宗明义

在应用文首句，应用简明扼要的语言，或交代写作目的，或直接表述主旨，或阐明写作依据，或叙述写作缘由。如建住房（2005）178号《关于推进东北地区棚户区改造工作的指导意见》开首写道：

做好棚户区改造工作，是实践“三个代表”重要思想，落实科学发展观，构建社会主义和谐社会的重要举措；对改善城市低收入居民的居住和生活条件，维护社会稳定，振兴东北老工业基地都具有十分重要的意义。为贯彻落实党中央、国务院关于振兴东北地区等老工业基地的战略部署，推进东北地区棚户区改造，现提出如下指导意见：

这份通知中的首句就提出写作目的，表达主旨，即推进东北地区棚户区改造工作，是为贯彻落实党中央、国务院关于振兴东北地区等老工业基地的战略部署的需要，是构建社会主义和谐社会的重要举措，意义重大。

又如国税发（1998）217号《国家税务总局关于物业管理企业的代收费用有关营业税问题的通知》开首写道：

关于物业管理企业代收费用是否计征营业税的问题，根据《中华人民共和国营业税暂行条例》及其实施细则的有关规定精神，现通知如下：

这份通知首句阐明了写作依据是《中华人民共和国营业税暂行条例》。

3．文末点题

用文章的结束语句来表述主旨。如《科学建立物业管理师制度　推动物业管理行业又好又快发展》，是建设部齐骥副部长2007年12月30日在全国物业管理师大会上的讲话。该讲话稿最后指出：

同志们，当前我国物业管理步入了以法制化、规范化的发展时期。党的十七大提出加快推进以改善民生为重点的和谐社会建设，十届全国人大五次会议颁布实施的《物权法》对涉及物业管理的基本民事法律制度作出规定，国务院修订的《物业管理条例》把基层人民政府纳入物业管理监管体系，广大人民群众对物业管理充满了热切的期待和关注。让我们在党的十七大精神的指引下，抓住物业管理师制度启动实施的契机，凝聚全行业的智慧和力量，扎实工作，锐意进取，更好地满足人民群众多层次、多方面、多样性的物业服务需求，为推进物业管理又好又快发展做出更大的贡献。

这次会议主题，就是在全国物业管理行业全面贯彻落实物业管理师制度。因此，讲话的主旨就在于揭示物业管理师制度对规范物业管理活动，对促进物业管理健康发展的重要意义。这段话高度概括出了物业管理师制度对充分发挥物业管理在促进经济增长、提高人民群众居住水平中的作用，表达了讲话稿的写作主旨。

4．段首显旨

用文中段落的小标题或段首的首括句来表述主旨，使主旨贯通全文，将文章形成有机的整体。如经验总结、调查报告和讲话稿主体部分的小标题或序号后面的首括句，便是每一段的主旨，各段主旨综合在一起，就是全文的主旨。

如石家庄市居安物业管理中心在中国物业管理协会华北地区物业管理工作交流会上介绍物业管理服务经验《超前规划 精心运作 推动企业健康发展》一文中，安排了四个小标题：

一、明确思路，把握重点，奠定企业发展基础

二、强化管理，完善机制，提供高质量服务

三、抓好防范，消除隐患，确保小区安全

四、以人为本，亲情服务，营造温馨家园

四个小标题综合在一起形成了全文经验介绍的主旨。

5．片言居要

把主旨句放在文章内容的转折之处或因果关系的关键之处，或起过渡作用，或起归纳作用，片言即显主旨，给人深刻印象。

如前所提《超前规划 精心运作 推动企业健康发展》一文中的“明确思路，把握重点，奠定企业发展基础”部分写到：

物业管理是一个正在崛起的新兴行业，市场竞争日趋激烈，要在同行业中立于不败之地，必须创出自己的品牌，必须走规模化发展的道路。为此在物业中心成立之初，我们就确定了企业发展的总体思路：以高效优质的服务创出“居安物业”品牌，再以“居安物业”服务品牌带动相关产业的发展，进而实现企业集团化的规模发展。

要实现这一发展思路，物业公司必须要抓好两件事，即：摆正自己的位置，处理好两个关系。

摆正自己的位置，就是要求物业公司切忌以管理者自居的形象出现，无限扩大自身权利，想管什么就管什么，想怎么管就怎么管。……

“要实现这一发展思路，物业公司必须要抓好两件事，即：摆正自己的位置，处理好两个关系”一句，以过渡句的形式，彰显了本部分的主旨。

1.3 材料

1.3.1 材料的概念和性质

应用文的材料是指写作者为了某一写作目的，收集或积累的能够表现文章主旨的事例、数据、道理等资料。

如果说主旨是应用文的灵魂，那么材料就是应用文的血肉。材料是形成主旨的基础，没有材料，就无法确立主旨；主旨需要材料来证明，没有材料，主旨就无所依托，失去了说服力。材料的好坏、多寡、真实与否，直接影响到应用文的作用和价值。因此，广泛地占有材料，是应用文写作的首要任务。

1.3.2 材料的搜集方法

要想写好应用文，首先必须占有丰富、翔实的材料。“巧妇难为无米之炊”，没有材料，写作就无从谈起，材料不充分，也不可能写出好文章。“兵马未到，粮草先行”，材料就是粮草，在写作前应把所需要的材料准备好。因而要多下功夫搜集材料，掌握、占有足够的材料。搜集材料的方法通常有：

1．感受和观察

感受就是写作者在实践中通过对客观外界事物的切身接触，感受、认识和接受客观事物，对客观事物进行思考、分析。它是进入思维的前提和基础。

观察是一种主要运用视觉和听觉对客观事物所进行的审视和思考。它是一种有意识的行为，是一种目的性很强的有意注意。观察事物的方法一般有以下几种：

1）多角度观察。

2）比较观察。

3）动态跟踪观察。

通过感受和观察获得的材料是第一手材料。第一手材料是写作中最具体生动、真实可信并具有说服力的材料。撰写通报、述职报告等，主要靠这种方法取得材料。

2．调查和采访

调查，是指为了摸清情况，总结经验或发现、解决问题而进行的有目的的，并按一定的方法和步骤对某一事物进行了解的行为方式。

采访就是寻访有关的人物，搜集要写的社会生活事件相关信息。

调查采访一般有三种方式：开调查会、个别采访、问卷调查。撰写调查报告、总结等，主要靠这种方法取得材料。

3．检索和阅读

在应用文写作中，利用图书馆、资料室、档案室等，阅读各种文件，博览群书，从书籍报刊和各种机关实用文书中获取写作资料，可积累大量的材料。具体方法有：

（1）撰写笔记 对重要的资料、数字和有关情况，采用撰写笔记的方式，积少成多，建立资料库。

（2）资料卡片 对有重要价值的资料，制成资料卡片，便于查找。

（3）剪贴资料 把一些报纸杂志上的资料，剪下来贴到自己的资料本上，积少成多，集腋成裘。

（4）网络查阅 现代社会，由于计算机的普及，知识信息的网络化，通过计算机网络广泛收集资料已成为积累材料的最常用、最重要的手段。

1.3.3 材料的选择原则

通过搜集获取的材料并不一定都能写进文章，只有那些最能体现文章主旨和内涵的材料才能写进文章，其他的都应该舍弃，这就是材料的选择。材料的选择和使用是为主旨服务的。因此选材时要做到：

1．真实

应用文体的生命在于真实。选择材料时应当对所选材料的真伪加以分辨，对材料中的时间、地点、人物、事件的过程及具体的数据加以核实。只有做到材料的绝对真实，才能保证应用文的可信度和说服力，才能实现应用文的写作目的。

2．典型

选择材料，一定要选择能深刻反映事物的本质和规律，具有广泛代表性和强大说服力的典型材料，舍弃那些平淡无奇的材料。应用文的材料宜精不宜多，这是应用文的文体特点所决定的，否则，就会影响办事的效率。如《物业管理如何强化团队建设》一文中提出“在团队中建立相互信任的沟通机制”的论点，其使用的材料如下：

公司领导构成的团队也积极与管理处团队进行有效的沟通，通过深层次访谈、管理处现场沟通、定期会议、电话问候和咨询、内部网在线沟通等多种形式进行信任理解型的沟通，建立和谐的信任服务体系。通过积极的沟通，金地物业的团队与团队之间，团队成员与成员之间建立了实现共同目标的服务机制，为实现金地物业的“精品服务 真情关爱”的目标奠定了团队基础。

这里具体的沟通方式就是典型的材料，有力地说明了建立相互信任的沟通机制的有效途径，具有较强的说服力。

3．新颖

新颖的材料就是能反映时代精神的、给人以新鲜感的材料，或是别人很少使用甚至没有使用过的材料。新颖的材料往往反映新事物、新情况、新思想和新的科技成果，更符合时代的特点，容易引起人们的注意，给人以启示。如《沈阳市和平区将实现物业管理全覆盖》（《沈阳日报》2007-3-4）一文提到：

今年，沈阳市和平区将全面推广北市场街道办事处实行的非物业小区服务队管理新模式，组织残疾人和贫困户成立非物业管理小区服务队，负责卫生扫保、治安巡逻。用两年时间基本实现物业管理全覆盖。兴办社区商业、服务和文化教育网点，建立“一刻钟”生活、卫生、文化服务圈，到2010年前，基本实现“小需求不出社区、大需求不远离社区”。

这其中的非物业小区服务队管理新模式就是创新思维的新成果，是新颖的材料，对于提高物业管理服务的覆盖率具有一定的借鉴意义。

4．数字

在物业管理应用文中，使用数字材料是一种简便有效的方法，因为数字可以给人准确的量化感受，易于认识把握，有说服力。如《房屋接管验收标准》（ZBP 30001—1990）中规定：

4.5.7.3 卫生间、厨房内的排污管应分设，出户管长不宜超过8m，并不应使用陶瓷管、塑料管。地漏、排污管接口、检查口不得渗漏，管道排水必须流畅。

出户管长度的验收标准极易掌握，超过8m就不符合验收标准。

1.3.4 材料的使用

材料的使用，就是根据主旨的需要，对选择的材料确定先后顺序、主次、详略，进行加工处理，合理安排。材料的使用也称剪裁。对材料的使用应做到：

1．要服从主旨的需要

在处理材料时，首先要服从主旨的需要，分清主要材料和次要材料；然后再根据文种的需要，决定其前后顺序、详略轻重。

2．要合理安排材料的顺序

对已选定的材料，要有条理地组织安排顺序。有的开门见山，先提出观点，接着用材料来说明观点；也有的先用材料阐述观点，然后水到渠成地得出结论。

3．要点与面结合

既要有整体的情况说明，又要有典型事例的介绍，才能全面具体反映情况，抓住重点、突出中心。

4．要详略得当

根据主旨的需要，哪里需要多下笔墨，哪里只需轻描淡写，非常关键。这就要求不能眉毛胡子一起抓，而要有选择，主要材料要详写，使它起到突出主旨的作用。

1.4 结构

1.4.1 结构的概念

结构就是文章内部的组合构造，是对观点与材料、内容与形式进行组织安排的具体体系。结构所要解决的问题就是文章的脉络层次和发展顺序。只有将应用文各要素有机组合，才能形成一篇中心突出、结构严谨、层次分明、条理清楚的应用文。如果不能按照清晰的思路把材料有条理的组织起来，材料就只是散沙碎石。

1.4.2 结构安排的原则

1．要服从主旨的需要

主旨是文章的灵魂，结构要为表现主旨服务。离开了主旨，结构安排就没有了依据和准绳。因此，应从表现主旨出发，既要注意每篇文章整体上的篇章结构，也要注意全文的逻辑结构。

2．要体现文体的特点

应用文的种类不同，结构各异。应用文的正文一般都具有开头、主体、结尾等部分，但在具体安排结构时，还要根据不同的文体特点安排不同的结构层次的形式。

例如：行政公文的正文都有固定的格式，这种格式是《国家行政机关公文处理办法》规定的；述职报告、工作报告、计划、总结等陈述性文体，内容比较复杂，常采用总分式或综合式的结构层次；行政法规、经济合同和协议书等文体，侧重说明依据、规则及措施，常使用条款式和表格式组织结构；调研报告、学术论文等说理性的文体则要运用论据对论点进行论证，其结构一般按提出问题——分析问题——解决问题的次序组织结构。

1.4.3　结构的内容

结构的内容主要有段落和层次、开头和结尾、过渡和照应。

1．段落和层次

段落指自然段，是组成文章最基本的单位。它是文章的思想内容出现转折、停顿、强调、间歇等情况时所造成的文字的停顿，具有明显的换行标志，在形式上显示出是文章最基本的组织单位。

层次指的是文章表达客观事物的意义单位和表现次序，是应用文中思想观点或情节的次序和地位，层次反映了作者的思维过程。在应用文中，层次的表示方法主要有：用小标题，用数量词（如“一、二、三”，“第一、第二、第三”），用表顺序的词或词组（如“首先”、“其次”、“最后”）等表示。

安排结构层次的常见顺序有：

（1）时间顺序　时间顺序就是各层次之间的先后顺序关系，是以时间的自然推移来加以安排的。先发生的先写，后发生的后写。在应用文写作中，这种结构安排多用于事情、情况的说明、介绍，如通报中事实经过的陈述。

（2）逻辑顺序　逻辑顺序分为并列式和递进式。并列式就是说明主旨的各个层次的内容是一种平等、并列的关系，规章制度、说明书等文体一般都是按照并列关系成文。递进式一般指内容层层推进、环环相扣，决定、通报和调查报告等文体常采用这一形式。

（3）总分顺序　总分顺序一般按总——分——总、分——总、总——分的关系安排层次。通知、计划、总结、报告等文体通常采用这种形式。

（4）综合式　综合式也称纵横式，是由于有的应用文内容复杂，因而综合运用几种顺序来安排层次结构。例如先以时间为序划分大的层次，再以问题为序划分小的层次，或反之。

2．开头和结尾

（1）开头　应用文的开头多为开门见山，平实直接。一般有如下几种：

1）目的、根据式。这样的开头一般都是用“根据……”，“为了……”的形式。通知、规章制度和计划等常用这种形式的开头。如建办人〔2006〕59 号《关于物业管理师资格认定考试工作有关事项的通知》的开头：

根据人事部、建设部印发的《物业管理师资格认定考试办法》（国人部发〔2005〕95 号文件）有关要求，为保证认定考试工作的顺利进行，经商人事部同意，现将物业管理师资格认定考试工作有关事项通知如下：

2）概述式。交代主要内容、基本情况或主要问题。调查报告、总结等常用这样的开头。如深圳房地产和物业管理进修学院周心怡2007年12月30日在全国首批物业管理师大会上的发言《再扬风帆向未来——对注册物业管理师继续教育问题的几点思考》的开头：

2006年开始实施的物业管理师制度，使我国物业管理行业的发展步入了一个新的历史阶段。这一制度的建立和实施，对于促进物业管理人力资源的合理利用、增强物业管理专业人才的职业归属感、提高行业的社会地位、促进行业的持续健康发展具有重大的现实意义和历史意义。现代科学技术日新月异地飞速发展，物业管理行业新思想、新理论、新技能的不断涌现，从客观上要求对注册物业管理师进行继续教育，以更新其知识结构，适应市场更高的消费需求和服务需求。

3）提问式。先提问题，然后引起下文。如《谈近阶段我国物业管理的发展方向和目标》一文的开头：

物业管理在我国发展了20多年，形成了一个新兴产业的雏形，拥有企业近3万个，从业人员有200多万人，有较强的社会影响力。但企业盈利水平不高，员工待遇比较低，业主认识差距较大，服务工作中普遍存在困难和矛盾，人们未免担心物业管理的前途和命运，物业管理究竟要往何处去？物业管理应当往何处去？物业管理要追求什么样的发展方向和目标？此类问题成了业界的一个重要课题，很有必要认真探讨并给予科学的结论，本文试对近期物业管理发展的主要方向和目标进行初步思考，希望对业界有所裨益，起到为行业鼓劲、明晰奋斗方向与目标的作用。

4）结论式。把观点主张先说出来，然后具体阐述。如某物业管理企业工作分析报告的开头：

自从2月份实行楼管员体制以来，各项工作分工明确，更清楚地了解所管理楼宇住户状态和公共设施设备分布情况，使公司各项工作管理体制更进一步完善，逐步迈向正规化管理。具体表现在：一方面，明显提高了对业主的服务质量。例如工程报修问题，维修及时、能尽快解决业主的困难。另一方面，体现了包干制提高管理效率的优势，促进了工作进度，从而为业主创造了舒适、祥和的生活环境。下面将这几个月工作情况汇总如下：

（2）结尾　应用文的结尾常见有如下几种：

1）总结式。归纳全文，篇末点题。总结、经济预测报告等篇幅较长的文章多用这种结尾。如《物业管理企业如何向物业服务企业转化》一文的结尾：

综上所述，实现物业管理企业向物业服务企业的转化，不是简单地要求物业企业如何去寻找、开发新的服务切入点，树立服务理念，而是要求物业企业重新审视自己的管理权利，将那些未经业主授权、本不属于物业企业的管理权限还回给业主，摆正与业主的权利关系，尊重业主的民主自治，尊重业主的民主选择。物业企业在管理实践中，要站在服务者的立场，加强对人的服务、对物的管理，认真履行合同，做好合同规定的分内工作，未经业主授权，手不要乱伸，事不要乱管，要摆正自己的位置。

2）号召式。归纳全文，提出希望，发出号召。一些公文、总结和讲话稿多用此法。如中国物业管理协会会长谢家瑾2007年12月30日在全国首批物业管理师大会上的讲话《切实提高从业人员的专业素质 自觉承担行业发展的历史使命》的结尾：

"雄关漫道真如铁，而今迈步从头越"，有幸成为全国首批物业管理师，是各位职业生涯的光荣；最终实现物业管理事业的振兴，是全体物业管理人的梦想和追求。尽管物业管理师制度建设刚刚起步，摆在我们面前的问题困难依然很多，但是我们有理由相信，在人事部和建设部的正确领导下，在相关部门的通力协作下，在从业人员的共同努力下，物业管理师制度建设必将取得新的成就，中国第一代物业管理人的光荣和梦想必将得以实现。

3）公文式。以习惯用语和固定格式构成的结尾，如公文、经济合同、诉讼文书、礼仪信函等的结尾都有较固定的格式。

3．过渡和照应

（1）过渡　过渡是指上下文之间的衔接和转换，具有承上启下的作用，能将上下段落、前后层次连接起来构成一体。

应用文常用关联词语、词组、句子或段落过渡、衔接。常用的关联词语如："综上所述"、"……如下"、"总之"、"为此"、"特此"等。应用文常见的过渡处有：

1）内容开合处。文章内容由总到分或由分到总时需要过渡。如《浅谈如何发挥物业管理行业在建设和谐社会中的作用》一文开头部分向正文部分的过渡：

党的十六届四中全会提出了"构建社会主义和谐社会"的目标，构建和谐社会已成为党和政府工作重心。在推动社会主义和谐社会建设中一项重要工作就是要努力创造和谐社区。而物业管理作为社区管理服务的直接提供行业，在参与社区管理的过程中，涉及到开发商、业主（使用人）、居委会、政府监管部门、各公用事业单位等方面的利益主体，关系错综复杂。如何处理好与这些利益主体之间的关系，达到相互协调与合作，相互信任目的，如何发挥物业管理行业在建设和谐社区中的作用，笔者认为应从以下几方面体现：

2）意思转换处。文章的内容由一层意思转入另一层意思，这两个相邻层次段落之间需要过渡。如沈阳市物业管理协会会长在沈阳市物业管理协会成立十周年庆祝大会上的讲话中由回顾转入展望的过渡：

回顾过去，道路坎坷，业绩显著。我们虽然取得了一定成绩，但我们更要看到在未来工作中所面临的矛盾和困难，特别与兄弟省市相比还存在差距。我们将以十年庆典作为协会发展新的契机，以理智的态度、坚定的信心、不屈的意志去战胜困难。……

3）表达变动处。由叙述转入议论或由议论转入叙述处，需要过渡。如《从沈城居民供暖想到的》一文的开头部分，由议论转入叙述的过渡：

当前，随着沈城棚户区改造和住宅建设速度的加快，城市供暖面积也在与日俱增。进入冬季以来，居民供暖这一关系到千家万户的社会热点、难点和焦点问题已经摆到了各级领导的议事日程。妥善处理好今冬明春的百姓供暖问题，减少和避免供暖方面的矛盾纠纷，是关系到沈阳市安定团结、社会和谐的大事，因此，应当引起各级领导和供暖单位的高度重视。本文向大家推介3个事例，供各级领导、供暖单位、广大业主引为借鉴。

（2）照应　照应是指文章的前后相互关照、呼应。照应一般有以下几种方式：

1）首尾照应。即开头与结尾相呼应。应用文常通过一些前后搭配的习惯用语来照应。

2）内容前后照应。即文章前后的内容相互照应。应用文在行文中要围绕主旨，各层次之间内容相互呼应，保持一致。

3）文题照应。即在行文中照应标题，对主旨加以揭示。

1.5 语言

1.5.1 应用文的语言特点和要求

应用文文体属于事务语体。在长期写作中，应用文的语言已形成特定的模式，词语和句式相对比较固定。有对应的习惯用语；句式一般都用肯定句、陈述句，而不用感叹句；为了使语言准确、严密，多通过词语进行修饰限定等。

应用文语言总的要求是准确、简明、规范、平实。

1. 准确

准确就是要求所用词语能恰如其分地表现客观事物。

（1）切忌含糊　在应用文写作中，经常涉及到一些数字、概念，在用词时不能含混不清，一定要准确、恰当，切忌使用“可能”、“差不多”、“大概”等含混字眼。

（2）要注意区分词语在意义上和用法上的差别　一件事情不允许做，可用“不能”、“不准”、“严禁”，但表意程度上有很大差别。

（3）要注意语言的感情色彩　词语感情色彩分褒义、贬义、中性，在应用文写作中，尽量多用中性词，使写作对象保持其原始的真实状态，不过多地掺杂写作者的感情。

2. 简明

简明就是用尽可能少的文字，反映尽可能多的信息，言简而意赅。要做到简明，就要：

1）认识问题明确，抓住实质。

2）陈述事实时抓住事物关键。

3）提出意见和办法时抓住要点。

4）善于概括，删繁就简。

3. 规范

应用文不宜使用文学语言，也不宜使用口语、方言，具体要求是：

（1）使用规范化的书面语言　首先，不要使用口语。如：在公文中使用“拟”、“商榷”、“业经”等书面语，而不用“打算”、“商量”、“早已经过”等口语；其次，不使用生造的晦涩难懂的词语和不规范的方言和简称。如：“散步”，不能用“遛弯儿”；“中国人民银行”不能简称“中人”。

（2）选用含义明确而限定准确的词语　撰写公文要避免使用词义不确切的词语，“最近×××表现不好”，其中“最近”是指什么时间？而“表现不好”缺乏明确而具体的衡量标准。公文在表述事物的状态时，宜用含义单一、确定的数量词、名词、动词和代词，尽量不用或少用副词与形容词。如：说明一项工作任务已“基本完成”，不如说“已完成80%”更为确定；表述事件发生的时间，应确切地写出“×日×时×分”，而不要写“太阳已经落山”或“时近黄昏”；如果因为事物性质复杂，无确切的词语表示，就要增加修饰、限定的词语，使概念明确。

（3）使用应用文专用词语　长期以来，人们在应用文中沿用一些使用频率较高的专用词语，约定俗成，有助于文章表述得简练。

4. 平实

平实是应用文语言的本色。平实就是语言朴素，语意实在。

要做到平实，就要多讲实事，少说空话；直接表述，直言其事；不用或少用形容和描写，不做过多的语言修饰。但是平实并不是不生动，平淡乏味。

1.5.2 应用文常用的专用词语

1．称谓词

在应用文中，涉及机关或个人时，一般应直呼机关的全称或规范化的简称，以及对方的职务或“××同志”、“××先生/女士”。在表述指代关系的称谓时，一般常用下列专用词语：

（1）第一人称　“本”、“我”，后面加上所代表的单位简称，例如部、委、办、厅、局、厂、所等。

（2）第二人称　“贵”、“你”，后面加上所代表的单位简称。一般用于平行文或涉外公文。

（3）第三人称　“该”，可用于指代人、单位或事物。例如“该厂”、“该部”、“该同志”、“该产品”等。

2．引叙词

引叙词是用以引出应用文撰写的根据、理由或应用文的具体内容的词。应用文的引叙词多用于文章的开头，引出法律、法规、政策以及指示做依据，或引出事实做根据；或用于文章中间起前后过渡、衔接的作用。常用的有：

根据、按照、遵照、为了，接……、前接（近接）……，获悉、据悉、……收悉、惊悉、欣闻……现……如下、为……特……、……查……，等等。

3．经办词

经办词是用来说明工作处理过程的已然时态，表明处理时间及经过情况。在使用时，要注意这类词语在表述次数和时态方面的差异。常用的有：

业经、前经、均经、即经、复经，等等。

4．综述过渡词

综述过渡词是用来承接上文转入下文时使用的关联、过渡词语，用于陈述理由及事实之后引出作者的意见和方案等。常用的有：

为此、据此、故此、鉴此、综上所述、总而言之、总之，等等。

5．期请词

期请词是用于向受文者表示请求与希望。常用的有：

希、敬希、请、望、即请、拟请、敬请、烦请、恳请、希望、要求，等等。

6．商洽词

商洽词又称询问词，用于征询对方的意见和反映，具有探询语气。这类词语一般在公文的上行文、平行文中使用，在使用时要注意确有实际的针对性，即在确需征求对方意见时使用。常用的有：

是否可行、妥否、当否、是否妥当、是否可以、是否同意、意见如何，等等。

7．目的词

目的词即直接交代行文目的的词语。人们撰写应用文尤其是公文都有明确而具体的目的，须有针对性地使用简洁的词语加以表述，以便受文者正确理解并加速办理。

（1）用于上行文、平行文的目的词还须加上期请词　如：请批复、请函复、请批示、请告知、请批转、请转发，等等。

（2）用于下行文　如：查照办理、遵照办理、参照执行，等等。

（3）用于知照性文件　如：周知、知照、备案、审阅，等等。

8．表态词

表态词又称回复用语，即针对对方的请示、问函，表示明确意见时使用的词语。在使用时应对公文中的下行文和平行文严加区别。常用的有：

应、应当、照办、同意、不同意、可行、不可行、准予备案、特此批准、请即试行、按照执行、迅即办理，等等。

9．结尾词

结尾词即置于正文最后，表示正文结束的词语。

（1）用以结束上文的词语　如：特此报告、特此通知、特此批复、特此函告、此致、谨此、此复，等等。

（2）再次明确行文的具体目的与要求的词语　如：……为要、……为盼、……为荷，等等。

（3）表示敬意、谢意、希望的词语　如：此致……敬礼、致以谢意，顺祝……、专此敬贺、敬请光临，等等。

10．大量使用介词结构

应用文大量使用介词结构，并形成较为稳定的表达句式，能使词语表达的意义更加明确、严密。

（1）表示目的、原因　为、为了、为使、因、由于，等等。

（2）表示对象、范围　对、对于、关于、至于、将、除（除了），等等。

（3）表示根据、方式　根据、依据、按照、遵照、通过、经过、本着，等等。

（4）表示时间、起止　自、于、在、从、自从，等等。

1.6　表达方式

1.6.1　说明

说明是用简明的文字解说事物的形态、性质、特征、构造、成因、关系及功能。应用文以说明作为最基本的一种表达方式，使用广泛。

1．应用文的说明的要求

（1）抓住特点　任何事物都具有其特性，一个事物的特点是区别于其他事物的标志。说明只有抓住特点，才能使人们对被说明的事物有确切的了解。

（2）客观科学　说明要有科学的态度，运用科学的方法，实事求是地反映客观实际及其本质规律，不应以个人的好恶而随意褒贬。

（3）准确简明　准确是说明的生命，决不允许弄虚作假，无中生有，任意夸大或缩小。简明就是言简意赅，表达清楚明确。

2．常用的说明方法

（1）概括说明　概括说明就是对事物或事理的内容、特征予以概括，作出简明扼要的介绍，使人获得一个基本的了解。

（2）解释说明　解释说明就是由因及果或由果溯因，围绕事物的因果关系，说明物因事理。

（3）数字说明　数字说明就是运用数字说明事理、现象的特点，用事物的“量”反映其外观结构或变化过程，让人获得具体而准确的印象。

其他的还有诠释说明、分类说明、举例说明、引用说明、比较说明、定义说明和图表说明等。

1.6.2 叙述

叙述的主要特点就是叙说和交代。客观事物的来龙去脉、前因后果、活动过程，主要依靠叙述进行交代和介绍。一般情况下，应用文中多采用直述的方式。应用文常用叙述的人称主要是第一人称和第三人称两种，常用的叙述方法主要是顺叙、概叙和详叙，其叙述应做到：

1．真实可靠

应用文中的叙述要绝对的真实，包括人物、事件（细节）、时间、地点等，不可想象和联想，不能夸大和缩小。

2．交代清楚

叙述的六要素——时间、地点、人物、事件、原因、结果，要交代清楚。有的要素可以省略，但必须为文章提供清楚的基础和依据。

3．线索清晰

应用文在叙述过程中要理清线索，尽量平铺直叙，按时间的自然推移、事件的发展顺序来写，不拐弯抹角，迂回铺陈。

1.6.3 议论

议论是作者对客观事物进行分析、评论，以表明自己的观点和态度的一种表达方式。应用文中的议论简约、平实，一般采用直接议论的方式，就事论事，表明观点。

1．应用文议论的形式

（1）述评性议论　述评性议论通过对人或事物的叙述和评价来阐明观点、说明问题。其方法有：先叙后议、先议后叙、夹叙夹议。

（2）证明性议论　证明性议论正面地提出论点并用一定的逻辑方法加以证明和阐述。

2．应用文议论的要求

应用文中的议论大多使用立论，具体要求如下：

（1）庄重　对任何事物的评价要持实事求是的态度，以理服人。

（2）简洁　要直截了当地阐明观点，不拐弯抹角，不回避矛盾。

小　　结

在本章学习过程中，首先应在了解应用文概念和特点的基础上，进一步了解物业管理应用文的概念和特点，把握物业管理应用文写作的作用，提高对物业管理应用文在物业管理服务中的重要作用的认识，掌握提高物业管理应用文写作的基本途径，为后续内容的学习奠定基础。

其次，在学习主旨、材料、结构、语言、表达方式等写作基本要求和基本知识时，要注意从提高能力的角度去正确把握写作基本规律，而不是单纯地为掌握其概念而学习，要注重其与写作实践的紧密联系，主动地将基础知识与自己的写作体会和阅读经验紧密联系在一起，深入体会其写作实践意义。

具体地说，学习主旨知识，要结合实际深刻认识其正确、鲜明、集中、深刻的确立原则，认真掌握表现主旨的几种主要方法，并以对方法的掌握为学习重点。

学习材料知识，要在了解搜集材料方法的基础上，注意培养自己掌握其中的一两种方法，并以材料真实、典型、新颖的选择原则为指导，使自己能够养成要服从主旨的需要、合理安排材料的顺序、点与面结合、详略得当地正确地使用材料的习惯。

学习结构知识，要了解结构段落和层次、开头和结尾、过渡和照应等基本内容，掌握安排结构层次的常见顺序、开头和结尾、过渡和照应的主要方法，注意这些方法中结构与主旨、材料的关联，真正理解结构的原则，并以此指导写作实践，尤其是“要体现文体的特点”这一点，在应用文写作中是尤为重要的，因为应用文不同的文体有不同的结构层次安排形式，这对于后续内容的学习指导意义很强。

学习语言知识，一要体会并掌握应用文语言准确、简明、规范、平实的总要求，二要注意掌握应用文常用的专用词语，使今后物业管理应用文写作能够较好地体现应用文的语言特点。

学习表达方式知识，侧重在说明、叙述、议论这三种表达方式在应用文写作中的特点和具体的方式上，要通过对具体篇章的分析去体会、掌握。

总之，对本章物业管理应用文写作基础知识的全面掌握，很重要的一点是与写作实践的紧密结合。

能力训练

一、运用应用文专用词语填空。

1. ______同志______我公司××项目管理处员工，……

2. ________悉______公司成立，谨表贺忱。

3. ______贯彻落实《××省建设厅……意见》（×建发〔2005〕65号）文件精神，__________我委研究决定，……

4. 为了吸取教训，公司决定将这起特大交通事故向全公司________。各项目管理处和各有关部门要____________，切实抓好安全生产工作，________，公司提出________要求：……

5. ××公司：____公司2006年×月××日《关于……的请示》_______。

6. ××大学校长办公室：____因我公司员工宿舍紧张，特向____校联系安排30名男员工住宿________。______悉，______校学生宿舍尚宽余，__________希望予以大力支持与帮助。________函复。

7. 国务院______国家建设部《关于……管理意见》，现转发给______，请______。

二、下面是摘自《高层楼宇的管理内容和要求》一文中的四段话，请为第二、三、四段加首括句。

一、治安管理

高层楼宇由于人口集中，人员成分复杂，流动性强，加之建筑内楼梯通道、通风井道、竖井、天台、转换层、架空层、地下室等隐蔽死角多，容易形成治安隐患，所以，做好治安防范工作十分重要。一般需要从以下几个方面着手：

1.（　　　　　　　　）。高素质的治安人员是搞好大厦治安保卫工作的根本。为此，在人员招聘时就要严格把关，要注意身体素质、文化素质，更要注意思想素质、道德品质，要抓好上岗前的物业管理服务基本知识技能培训、法律制度教育、职业道德教育、文明执勤教育，还要抓好平时业务技能的训练、演习，以保证有一支爱岗敬业、纪律严明、应变能力强、行为文明规范的专业保安队伍。

2.（　　　　　　　　）。为了使高层楼宇的治安防范疏密不漏，必须建立健全各种安全管理制度。健全的安全管理制度是周密严谨持久的治安保证，为此，高层楼宇的治安管理应建立《保安员上岗执勤制度》、《值班出入口大堂访客登记制度》、《巡逻保安员岗位职责》、《保安员应付紧急事件行动方案》、《机动车停车场管理规定》、《摩托车、自行车保管规定》等规章制度，要求保安人员严格遵循执行这些制度规定。同时，要熟悉大厦常住人口情况及变动情况，在易引起治安事件的时段、地点重点检查防范，确保大楼安全。

3.（　　　　　　　　）。技术防范设施是治安管理中的硬件，适当配备先进的技术防范器具设施是提高安全管理水平、管理效率，切实保障大厦安全必不可少的条件。综合现有国内高层楼宇安全管理技术防范设施配备情况，主要包括以下设施设备：具有存储、记录、查询和自动检索功能的计算机治安管理系统，重要部位场所的闭路电视监控系统，可视对讲系统，电子门锁系统，通信联络系统，机械防盗系统，公共照明系统及总值班工作系统等。在此基础上，做好对上述设备的维护、保养、检修、更新工作，使之能真正发挥效用。

总之，人精器良，制度严明，方能切实保障大厦的安全。

三、下面是一篇病文，请评改其在主旨、结构和语言等方面存在的问题。

××物业管理有限公司简介

××物业管理有限公司是××市××房地产开发有限公司与××酒店物业管理有限公司合作成立的专业物业管理服务企业。通过全体员工的不懈努力，由××物业管理有限公司管理的××国际公寓项目，××酒店物业管理系统评为2002年度“优秀管理项目”。经工商管理部门注册登记，并取得××市物业管理资质证书。

全体员工以服务标准为客户提供物业管理服务，秉承“客户至尊、服务至上”的服务理念，并按照××酒店物业管理有限公司的管理模式。下设客户服务部、工程部、安保部、经营部和综合部。公司由具有丰富物业管理经验的管理人员和训练有素的专业服务人员组成。

××物业管理公司目前主要经营业务有：

1. 大型地下停车场的经营与管理。
2. 健身俱乐部（会所）的经营与管理，以及房屋租售等项业务。
3. 高档涉外公寓的物业管理。
4. 甲级写字楼的经营与管理。

四、请按安排结构层次的顺序要求，重新调整下面材料的排列顺序。

公　司　简　介

A. 我公司为股份制企业，拥有第一批进入中国物业管理行业的管理人员和业务骨干。我公司汲取物业管理的先进管理理念，摒弃了计划经济框架中的一些不良因素，确立了适合我国实际情况的物业管理理念、新机制。

B. 贯彻一种思想、体现一个模式、采取两项措施、实现四个满意。

C. 我公司根据“精诚合作、共求发展、服务完善、开拓创新”的宗旨，用规范、完善、先进的物业管理理念及其手段，为所有业主提供规范的管理、周到的服务。

D. 采取两项措施，

措施之一：建立一支高素质的员工队伍。

在充分利用我公司现有的技术、经验、人才的基础上，与公司本部抽调、招聘相结合，辅之以行之有效的培训手段，建立一支“门类齐全、结构合理、作风过硬、管理有方、服务周到”的高素质员工（管理人员、保安人员、清洁保洁人员、维修人员、专业服务人员）队伍。

1. 建立新型的用人机制，实行各级岗位聘任制，竞争上岗、优胜劣汰，倡导危机意识和竞争意识。按每年2%的比例实行员工综合考评末位淘汰制。员工无论来自何方均一律平等、一视同仁。

2. 坚持员工培训与考核并重。我们以“点——线——面——全局、操作——运行——指挥——策划”的阶梯培训体系为主导，强化观念性、人际性、整体性的培训，周密安排全员培训计划，同时辅以考核措施，使员工在服务观念、专业技能和基础知识方面打好坚实基础。提高员工素质（体质、智力、学识、技能）、确保管理品质。

措施之二：实施国际质量标准认证与开展创优活动并举。

实施国际质量标准管理和认证，遵循国际惯例，按照“国优”标准开展创优活动。全面实施物业公司标准和导入ISO9001(2000版)、ISO14001、OHSAS18001体系国际质量标准，有计划、有系统、有步骤地实施质量管理和开展创优活动。

E. 贯彻一种思想“精诚合作、热忱奉献、优质服务”，

精诚合作：重合同、守信誉、以诚信为根本。

热忱奉献：以物业企业的精神“团结、拼搏、敬业、尽心”为指导，倾情奉献。

服务宗旨：“业主第一、服务到位”为住户提供专业化、规范化的管理和优质服务是我们追求的目标。

优质服务：以物业管理法规、条例为依据，以合理成本费用为基础，确定服务内容、服务对象、服务质量、服务深度，提供高品质、高效率的服务。

F. 实现四个满意，

合作双方满意、业主满意、政府满意、社会满意。

G. 体现一个模式，

管理规范：严格按照国家、省、市的物业管理法律法规、政策条例及委托合同的要求，按照ISO9001（2000版）国际质量体系进行规范运作。

服务创新：以企业多年物业管理经验为根底，针对实际情况，不断创新，提供超越业主期望的各种服务。

科技先导：在硬件设施、设备比较齐全的管理基础上，积极推广应用物业管理的新兴科技，充分利用先进的管理方法，强化智能化的管理手段，提高技术含量；保持共用设施设备运转安全可靠、经济合理、性能良好，完好率达到规定要求；延长共用设施设备的自然寿命，

实现物业资产的保值增值。

效益综合：追求社会效益、环境效益和经济效益的统一。

五、请从本教材第 2 章的“总结”、“述职报告”、“调查报告”中任选一篇例文，分析其结构内容：段落和层次、过渡和照应、开头和结尾。

六、请针对物业管理某一现象，分别用叙述、议论、说明三种表达方式写三篇短文。

第2章

事务文书

学习目标

通过本章学习，了解计划、总结、调查报告、经济活动分析、简报、会议记录、竞聘演讲稿、述职报告等几种物业管理常用事务文书的概念和文体特点，掌握上述几种物业管理常用事务文书结构、内容和写作要求，能够撰写格式规范、内容符合要求的事务文书。

关键词

计划　总结　调查报告　经济活动分析报告　简报　会议记录　竞聘演讲稿　述职报告

2.1　计划

2.1.1　概述

1．计划的概念

计划是人们对未来一定时间内要做的工作或要完成的任务，提出明确目标，规定具体要求，制定相应措施，作出切实安排的一种文书。

2．计划的种类

计划是一个十分宽泛的文种概念，其种类较多，由于内容及涉及的范围、时限不同，名称也不统一，常见的有规划、设想、安排、打算、要点、方案等。一般地说，"规划"适用的时间较长，涉及面广，内容比较概括。"设想"适用的目标比较长远，线条较粗，仅供初步参考。"安排"、"打算"则适用的时间较短、涉及面窄，内容比较具体。"要点"适用于上级对下级布置任务，交代政策，提出要求。"方案"是指对某项工作的全面计划。

计划从不同的角度，可分为以下不同的种类：

（1）按内容分　有工作计划、生产计划、学习计划等。

（2）按范围分　有国家计划、地区计划、单位计划、个人计划等。

（3）按时间分　有长期计划（5年以上）、中期计划（2～4年）、短期计划（年度、季度、月份等）。

（4）按作用分　有指令性计划、指导性计划等。

（5）按结构分　有条文式、表格式、条文与表格兼用式。

（6）按性质分　有综合（全面）计划、单项（专题）计划。

2.1.2　结构和内容

从内容上看，计划都应包括制定计划的“任务、目标、措施、步骤”，也称“四要素”，其结构一般由标题、正文、落款三部分组成。

1．标题

标题应包括单位名称、计划期限、计划内容、计划种类，如《××物业管理公司2006年度工作计划》。个人制定的计划，标题可省略制定单位部分。有些单项计划标题中可没有执行计划时间部分。

如果计划是草稿或初稿，还应在标题后或下面加以注明，写上“草案”、“草稿”、“送审稿”、“征求意见稿”等字样。

2．正文

计划的正文一般由开头、主体、结尾三部分组成。

（1）开头　开头即前言（序言、导语），主要说明制定计划的依据和指导思想，包括：有关的方针政策和上级的指示；分析现时形势的要求，本单位的基本情况（完成任务的主观和客观条件的分析）；计划的总任务，计划的目的要求等。回答“为什么要做（制定计划）”的问题，也可以同时回答“能不能做”及“主要做什么，做到什么程度”等，写作时可灵活处理，没有定规和模式，总的要求是简明扼要，能统率全文。前言通常以“为此，××××年（或第×季度）要做以下几项工作”来领起下文。有的计划前言部分可不写，而直接写计划的具体事项。

（2）主体　主体即计划事项，说明计划的基本内容，是计划的核心，它紧接计划的开头部分，回答“做什么，做到什么程度，怎么做，什么时候做”的问题，即具体的任务、目标、措施、步骤。一般可采用序号或小标题的方法展开内容。

1）任务即“做什么”，是计划要完成的具体事项。任务要具体、明确、重点突出。

2）目标即“做到什么程度”，是计划完成任务所要达到的基本要求，要求应有量和质的标准，切合实际，有达到的可能性。

3）措施即“怎么做”，是指实施计划的具体办法。即达到既定目标需要采取什么方法，动员哪些力量，创造哪些条件，排除哪些困难等。措施是实施计划、完成任务的保证，是达到目标的具体手段。措施要实事求是，具体可行。

4）步骤即“什么时候做”，是指工作的程序和时间的安排。每项目标和任务在完成过程中都有其阶段性，先做什么，后做什么；主干什么，次干什么；每一步在什么时间，达到何种程度；人财物力如何调配、布局；各阶段如何配合、衔接等，都必须写得合情合理，环环紧扣，步步落实。

主体部分是计划的核心部分，要明确写明一定期限内，必须完成哪些任务，实现什么目标，做哪些事，数量和质量上有什么要求等，使计划执行者一看便知道准备做什么，做多少，什么时间完成，由什么部门负责执行等，使之心中有数。

总之，计划的正文要按照“做什么——怎么做——做到怎样”的顺序来安排结构内容，只有这样才能简明、全面、清楚地制定好计划。

（3）结尾　结尾即结束语，可提出希望，发出号召，以鼓励本单位全体人员为实现计划而努力，但也可视情况不写这部分。

3．落款

落款包括计划的署名和日期。如标题中已写明单位的不用再署名。日期指制定的年、月、日，可写在标题下，或正文的右下方。

2.1.3 写作要求

1．实事求是，防止过高偏低

制定计划一要认真研究上级政策精神，二要认真听取群众意见，根据实际情况，实事求是，把计划定得切实可行。要特别注意防止两种倾向：一是目标定得太高，说大话，好高骛远；二是目标定得过低，轻而易举就能完成。

2．明确具体，利于执行检查

制定计划要解决“做什么”、“怎么做”、“什么时间完成”等问题，因此，计划要定得具体明确，目标、措施、步骤、责任者、时间都要表达清楚，以便于执行，有利于督促检查。

3．层次分明，语言准确简洁

计划的目标、任务、措施、步骤等安排要合理、得当。表格式计划和字表结合式计划应图表明确、项目清楚、数据准确可靠。

4．经常检查，及时调整修改

计划实施过程中，要经常进行检查。如果发现在执行计划的过程中有些项目与客观情况不符，或者因为客观情况有所变化，就应对计划中的个别不适应的地方及时调整修改，以使计划不断完善。

【例文】

天和物业管理中心2007年工作计划

2007年是天和物业管理中心探索、稳步发展的一年。机遇和挑战并存，但挑战大于机遇，企业发展必须遵循“转变观念，树立服务意识”的指导思想，以“我为业主服务好，我为企业添光彩”为服务精神，以培养造就一批骨干，树立天和企业形象为宗旨，将物业管理规范化服务深入每个细节当中。物业管理企业的发展如“逆水行舟、不进则退”。如何开拓、创新、进取，如何降低、减少纰漏，是我们立足之本。针对天和物业管理中心的实际情况及发展前景，制定如下工作计划：

一、2007年工作指导思想

以服务业主为重点，规范物业服务行为，推动物业管理行业精神文明建设，促进和谐社区、和谐村镇的建设，适应村委会体制改革和物业市场竞争的需要，结合企业自身情况创建具有天和物业管理特色的物业管理模式。努力探索企业内部的管理机制，强化企业的综合服务能力和管理标准。坚持对客服务、多种经营的思路，全面提高各级人员的思想素质和业务素质。

二、2007年主要经营指标

（1）全面完成四方景园五区45696m^2住宅部分收入，510户物业费收费率达到98%以上。

（2）积极拓展停车场的租售活动，争取新的突破。

（3）底商物业费要达到全额收取（包括3号楼的物业费、供暖费）。

（4）多种经营收入利用现有资源、群策群力争取最大利润。

（5）开源节流，控制内耗，降低成本，节约能源，提高项目经营效益。

（6）合理安排岗位，根据员工自身特点、专长，进行合理评估，明确发展方向和目标，使企业的发展和员工的需求能有机结合，给有发展潜质的员工提供机遇。

（7）E区指标另行修订。

三、2007年管理指标计划

紧密围绕天和物业管理中心的发展方向，贯彻执行为社会服务、为业主服务、为用户服务、为企业服务的企业宗旨，通过服务实现社会效益、经济效益、环境效益和品牌效益的统一。为实现这一目标，特制定如下计划：

（1）建设团队，融入团队，立足本职，树立服务意识。

（2）锻炼队伍，打好基础，规范服务，构建和谐，赢得业主满意。

（3）强化管理，提高技能，培养选拔一批技术骨干，成为企业支柱，树立天和企业形象。

1）村委会体制的改变，成立了物业管理中心。从优越的环境逐步过渡到独立经营、自负盈亏的物业企业；从金饭碗到泥饭碗，在思想上转变需要一个过程。必须适应环境，忘记自我，从零开始，学好技能把握未来，把主动权留给自己。所以必须转变观念，摆正位置，真正融入到企业中来。

2）坚持良好的工作作风，逐步完善服务体系，理顺关系，明确责任，健全制度使管理工作逐步走向正常化。

3）坚持原则，维护团结，与协作单位经常沟通，保证较好配合；协调关系进行深层次开发，拓展领域争取有新的突破。

4）管理规范，树立健全各类档案，力争全面翔实有据可查。

5）定期走访业主，并进行满意度调查。不断变换工作方式让业主满意，树立天和物业形象。

6）逐步完善各项规章制度，通过实践，修改，再实践，再修改，最终达到有章可循。保持员工队伍的纯洁品质，不断提高员工的综合素质。

四、2007年的基础准备工作

（1）端正思想、改变认识，与开发商保持统一的思想，树立“本一家”的理念，勇于承担责任，为了共同的利益，不计得失，做好全方位的服务，赢得业主对我们的信任，通过我们的言行让开发商和业主了解、理解、肯定、选择天和。

（2）做好专业化物业管理流程的准备，使已管理项目都能够通过规范的作业流程，确保实现在事先设定的品质目标、成本目标和时间目标。

（3）做好新项目接管的准备工作。

（4）做好业绩考核与激励机制的准备。依据职责和计划客观评估工作业绩，并以此为基础公正确定职务晋升和利益分配，让利益差别与业绩差别成比例，保证团队持续的工作热情。

（5）要做好多区域、多级分权管理架构的准备，要使整个体系的运转高效且风险受控。

（6）要做好核心管理和团队建设的准备。

五、2007年主要工作计划

1. 规范服务、构建和谐

以“规范服务、构建和谐”为主题，进行深入规范化活动，以服务业主为重点，规范物业管理的服务行为，提高物业管理工作水平，为业主创造一个良好的居住和工作环境，推动天和物业管理中心精神文明建设，促进和谐社区的建设。紧扣“规范服务、构建和谐”主题，组织员工开展“知情、真情、亲情、社情”活动。工作重点如下：

（1）知情：继续按照住宅物业服务基本标准，在管理项目的适当位置向广大业主公开物业服务标准、收费标准及依据；利用各种形式，宣传物业管理的政策法规，在宣传栏等醒目位置张贴或以手册、宣传页形式向业主发送《物业管理条例》、《业主大会规程》、《业主（临时）公约》等文件，让居民了解、熟悉相关法律、法规、政策，做到服务透明，居民知情。

（2）真情：通过召开业主座谈会、发放民意调查表等形式了解居民对物业服务的意见和建议，真正倾听业主的呼声，在此基础上制定切实有效的措施，进行认真的改进。

（3）亲情：在“元旦”、“春节”前后开展形式多样的爱民、便民、助民活动，开展上门服务，慰问孤寡老人、军烈属等，为广大居民创造更加便捷的生活条件和环境，增进相互了解，融洽彼此关系，体现亲情，凝聚人心。从业主最关心的问题入手，切实为业主办实事，如免费检查电气线路、义务维修、建立孤寡老人档案、参观机房设备、宣传燃气使用常识等，加强业主回访、征求业主意见等。

（4）社情：通过业主座谈会形式建立与社区居委会的协商议事制度，定期共同研究社区共驻共建共管事项，及时沟通，做到掌握社情，了解民意；支持和配合各级开展安全防范、文明礼仪、科普、教育、文化体育等社区建设活动，促进团结友善、邻里互助的良好社会风气的形成。

2. 加强物业管理知识的学习，提高专业化管理水平

通过对员工的定期、不定期业务培训和考核，从而提高服务层次，改进服务质量，使员工专业培训率达到100%。初步达到具有一定的专业知识和处理正常事务的能力。人人熟悉掌握各岗位工作的要求和细则，不断提高工作质量和专业化管理水平，树立良好的服务意识，积极主动地为业主服好务，赢得对天和物业管理中心的信任。

3. 树立热爱企业、建设企业的思想，积极配合、开展工作

在工作中我们要始终强调“主人翁”精神，以热爱建设项目的态度去工作。不等、不靠、不推、不拖，各部门岗位做好配合，发挥团队精神，主动为客户服务。不强调客观，有条件要做，没有条件创造条件也要做。只要对项目部发展有利，都要积极做好。当好主人，热爱、建设、管好项目，为天和树立良好的品牌。

4. 健全设备、设施档案，做好维修工作检查记录

为了保证设备、设施原始资料的完整性和连续性，必须健全档案管理。档案是在物业管理活动中直接形成的文件材料，在形式上，留下了管理者的笔迹和签名；在内容上，记录着物业、业主和管理过程的真实面貌。要求各部门档案按期、细致地整理完成，并不断更新，保持数据的完整性。同时督促厂家做好对设备、设施的保养，保持良好运行，延长使用寿命。并在合理控制公共能源上集思广益，征集合理化建议，把能源费控制在最低水平，减少开支。

5. 大力加强项目安全保卫工作及安全生产工作

项目保卫及安全生产工作一直是项目部工作的重点，我们要做到事前控制与流动巡视堵塞漏洞相结合，消除安全死角，确保项目不发生任何安全问题。对施工单位出现违章操作和违反操作规程的事件，要立即予以制止，并上报上级领导进行批评，对突发事件要做好预案，同时也要让全体员工牢记生产事故对社会及个人的危害性。

6. 加强社区文化活动，促进精神文明建设

发挥天和物业管理中心本地区域优势，依托村委会的支持，积极开展有益的社区全民健身文化交流、民俗展示等一系列活动，以满足业主业余文化的需求，积极参加上级单位和地区的公益事业，如给灾区捐款捐物等。

7. 搞好宣传教育，拉近业主与物业的距离，用心与业主接触沟通交流

（1）从四面八方聚集到一个新的生活环境下的业主们，开始肯定有很多的不适，尤其是由于预期值很高的消费心理与实际情况的落差会导致产生极大的心理不平衡。这种不平衡会持续相当长一段时间，如果在这段时间或装修中出现不顺心的事，其心态会有更突出的异常现象，这要靠我们在实际工作中去强化日常的宣传工作，用热心的服务感动他们。

（2）在物业管理这个事物或管理服务形式被全面认可接受前，要有一个较长的逐渐被认识、被接纳的过程和过渡期。在这个时期，方方面面都要做好物质和经济基础方面的准备，做好意识观念、法规理论、管理标准等方面的准备；我们需要积极、主动地去做一些基本的宣传工作，去与业主、客户做沟通工作，介绍我们的基本日常工作和基础工作，使我们企业的管理服务理念深入人心，主动创造条件、机会，营造适合的氛围；主动引导舆论，去控制舆论导向。

（3）物业要充分利用宣传栏，开展物业基本知识、政策法规、社区活动、消防常识、防盗窍门等一系列宣传活动。同时把一些典型案例分析介绍给业主，真正为业主着想，共同建设自己的家园。保持和谐的邻里关系，物业要真正起到穿针引线作用，让业主满意。

六、各部门工作计划

1. 行政部

（1）2007年将接管世纪风景E区，行政部将提前做好以下准备工作：

1）配合工程、物业、安保、财务等部门制定接管验收以及业主入住等相关资料、表格，并联系印刷工作。

2）准备和购置办公用品。

3）注意了解员工情况，向领导推荐有特点、有专长的员工，给有潜力的员工提供施展才能的机会。

4）配合各部门进行E区的接管、验收、入住工作。

（2）完成E区入住后的工作重点。

1）培训工作：制定培训计划，包括行为规范、专业知识、先进经验的学习等。不定期地对员工的培训效果采取多种形式的考核，严格要求并把奖惩制度落实到工作中。做好新入职员工的培训工作，完善培训程序，做好培训记录。

2）质检工作：与领导协商，争取下半年出台质检细则，各部门按标准执行。质检检查要纳入部门下半年工作重点，加大检查力度，把好质量关。

3）协调工作：在做好本职工作的基础上，支持配合领导，协调好与各部门的关系，与员工们一起共同学习，共同提高。

4）档案管理：建立健全各类档案，认真细致地收集各类档案，将收集到的档案进行认真细致的整理、归档，做到资料完整、规范，记录清楚、详细，查找方便、快捷，真正做到有据可依、有案可查。

5）后勤保障工作：关心员工，加强凝聚力，尽力为员工解决实际困难，做好项目部的后勤保障工作。

2. 物业部

实现物业专业化管理，迎接小区业主顺利入住，为住户营造优美、舒适的居住环境，是2007年物业部的工作目标和努力方向。

（1）业主的档案资料建立及时、完整，符合公司的质检要求。

（2）对员工进行细化培训，不断提高工作质量和专业化管理水平，树立良好的服务意识，积极主动地为业主、客户服务。

（3）加强与业主的沟通，物业部人人要建立自己的客户群体。为业主办好事、办实事。业主满意度要达到98%以上。

（4）积极开展业主需求的调查，提升物业服务价值。

（5）根据与保洁公司所签订的服务合同监督指导保洁公司做好园区内的保洁、绿化工作，努力为小区住户营造优美、清洁、舒适的居住环境。

（6）积极开展社区文化活动，营造温馨、健康的社区生活环境。

（7）对入住业主进行满意度调查，全年覆盖率达100%。

（8）开展丰富多彩的社区文化活动，为业主增添生活乐趣。

（9）利用宣传栏，向业主们介绍物业知识、生活常识、健康信息等，同时也向业主们随时介绍物业公司的工作，便于业主的认知和监督。

（10）做好园区内的卫生清洁、消杀防疫、环境保护、绿化管理等基础性服务工作。

3. 工程部

（1）设备设施的计划保养工作：

1）严格执行定期巡视检查制度，发现问题及时处理，每日巡检不少于1次。

2）根据季节不同安排定期检查，特别是汛期，加强巡视检查力度，确保安全。

3）消防系统的维护结合安保部的需要，及时检查、维护保养，使各类消防水泵、烟感、喷淋设施、声光报警器以及消火栓设备处于良好的状态，根据实际需要采购备品备件，以便及时更换，确保设备发挥应有的作用。

4）庭院铁艺护栏根据实际情况安排除锈刷漆。

5）业主装饰装修已基本接近尾声，2007年将全面进行楼道、电梯厅等公共区域墙面的粉刷工作。

6）根据实际情况对各类设备（水泵、风机、电梯等）进行维护保养。

（2）完善配套设施：

1）督促开发建设单位完善园区道路照明设施。

2）督促施工单位完善设备设施的维修工作。

3）督促开发商将楼四周沉降部分进行修复。

（3）节能降耗：

1）进行地下停车场的照明设备的改造，将车场能耗降到最低。

2）将楼道、电梯厅的灯改为节能型。

3）将楼梯内照明控制开关改造为触摸延时开关。

（4）设备设施的重大技术改造：建议开发建设单位对四方景园五区的地下停车场、电梯等安装监控设备，以降低天和物业管理中心的人力成本。

（5）提高服务质量：树立为业主竭诚服务的职业志向，自身要做到仪表端庄；语言谦逊、文雅、准确；主动热情，事事为业主着想。对业主委托的事情要认真做好，对业主的后顾之忧要积极想办法解决，使业主能身心愉快地在小区内安居。

（6）解决房屋遗留问题：配合开发建设单位督促施工单位进行房屋遗留问题的返修工作。

（7）做好安全生产管理工作：逐级落实安全生产责任制，签订安全管理责任书。

（8）环境秩序的管理：做好对房屋外立面、内部结构、室内装修的管理和控制，维护园区环境的美观，制止乱搭乱建、乱码乱放、违章占用公共区域的行为，保持优雅宁静的良好环境秩序。

（9）防冻保温措施：冬季防冻保温工作不容忽视，针对楼内设备设施情况制定相关防冻保温措施。

（10）E 区工作计划。

1）前期介入：

时间：2007 年 3 月～2007 年 5 月。

目的：介入 E 区的施工管理，从物业管理的角度出发，参与 E 区的设备设施的调试和竣工验收工作，包括分部、分项工程的验收、隐蔽工程的验收及综合验收。

要求：熟悉和掌握 E 区所有设备设施的详细情况，学习设备的使用操作程序，对发现的问题进行详细记录，提出相关的合理化建议，督促施工单位进行整改，确保施工质量，减少接管后的返修工作量。

2）接管验收：

时间：2007 年 5 月～2007 年 8 月。

内容：

① 制定物业接管验收的相关文件、资料、表格及交接验收程序，确保 E 区的接管验收工作顺利进行。

② 针对验收结果督促施工单位组织人员对验收中检查出的问题进行全面维修，确保业主顺利入住。

3）返修管理工作：针对业主入住验房时提出的整改要求组织施工方人员进行返修，确保在规定期限内整改完毕，避免不必要的推诿扯皮现象。

4）装修管理：

① 健全装修施工管理服务内容，做好装修手续的办理工作，确保装修手续办理率 100%。

② 做好日常装修管理工作，随时关注业主装修情况，发现违章行为，及时予以纠正。

③ 与各部门通力合作，避免破坏房屋结构或侵犯其他住户利益的行为发生。

5）正常期管理：

① 完善配套设施：根据 E 区实际情况另行制定相关计划。

② 节能管理：根据 E 区公共区域、地下停车场以及其他现有设备，挖掘节能措施。

③ 其他管理工作：根据实际情况另行制定工作计划。

4. 安保部

（1）治安管理：治安管理包括防盗、防破坏、防罪案等一系列管理活动。

1）加强门岗的检查力度，严格执行来客登记制度，对进出小区人员进行严格管理，确保小区无闲杂人员进入，保证业主安全。大宗物品持出门证出门，各种机动车辆的进出严格登记并查阅车证。

2）加大巡逻检查密度，做到勤巡视、勤检查，要害部位无异常、无隐患。

3）加强对员工的安全管理教育，如突发事件的处理，报警、现场保护、急救、事故报告等。

4）对保安员、车场管理员、中控人员进行治安管理培训，明确各自的岗位职责。

（2）消防管理：火灾是物业安全管理的最大“敌人”，一旦发生火灾，人身和财产都会受到严重威胁。

1）严格根据《中华人民共和国消防条例》的规定，建立健全防火组织，并确定相应的防火责任人，将防火责任分解到各户，由各业主、住户、装修单位等个人或团体负责所属物业范围内的防火责任。

2）每日进行防火检查，根据检查出的火险隐患制定和落实消防整改措施。

3）以保安部为中心组建义务消防组织，实施严格的消防监督管理。

4）加强对消防设备设施的巡检和维护，对发现的问题及时进行处理和解决。

5）建立和健全防火安全制度，向住户、员工落实应急疏散程序等消防常识。组织保安、车场管理员、消防中控人员及相关部门人员进行消防演习，培养处理突发事故的能力。

（3）车场管理：加强停车管理，对管理人员进行专项培训，提高停车管理的技能和服务质量。做到进出车辆记录清楚，进行车况检查，核对车证的真实性及有效期，加大便民服务力度，做到车场收费，票据钱款清楚，交接清楚。

七、2007年的六大希望

（1）个人要在持续反思中强化责任心、热情和对人的尊重。

（2）有意识去感受工作乐趣，追求大家合作成就一番事业的幸福感。

（3）对自身能力要扬长补短，将自己不足之处列成清单，逐项改进。

（4）重视工作的模式，注意总结改进工作方法，把成功做法形成模式，运用到同类问题的处理。

（5）树立经营意识，珍惜资源，要患得患失，重视投入产出关系。

（6）强化项目管理能力。

2007年是天和物业管理中心成长壮大的一年，在物业市场日趋激烈竞争的时代，随着政策法规逐步完善，业主维权意识逐步提高，媒体不利的舆论导向使业主更加敏感，也使物业管理陷入尴尬境地。要摆脱尴尬除站稳市场，抓住机遇外，就要在服务的整体水平和服务质量上下功夫，服务重在细节。细节贵在“以人为本，以诚为准”于细微处见精神。我们要精诚团结，提高整体服务水平和服务质量。关键的时刻，如何适应市场，得到业主认可，关键在“转变观念、树立服务意识”，做好各项基础工作，充分利用现有资源及开发商与村委会提供的平台，认认真真、扎扎实实地做好每一件工作，努力进取，把握机遇，让大家感到“我们行、我们一定行”！

天和物业管理中心

2006年12月10日

（资料来源：天添资源网　http://www.ttzyw.com）

2.2　总结

2.2.1　概述

1．总结的概念

总结是单位或个人对过去一段工作或一项活动进行全面、系统的回顾和分析评价，判明得失利弊，提高理性认识，从中找出经验教训，引出规律性的认识，用以指导今后工作的书面材料。

2．总结的种类

（1）按性质分　有综合性总结、专题总结。

（2）按内容分　有生产总结、工作总结、学习总结等。

（3）按时间分　有年度总结、季度总结、月份总结等。

（4）按范围分　有国家总结、地区总结、部门总结、单位总结、个人总结等。

（5）按功用分　有经验性总结、汇报性总结等。

在实际应用中，总结不外乎两大类，即综合性总结和专题性总结。

1）综合性总结（全面总结）是指对一个单位或部门在一个阶段内的所有工作进行全面的总结，总结的综合性有两方面的含义：从时间上说，是指对一个阶段内的工作进行综合总结，如月份总结、季度总结、年度总结等，都要求总结一个阶段内的所有工作；从内容上说，是对一项工作任务的各个方面进行综合总结。当然，全面中要突出重点，不要面面俱到。

2）专题性总结是对一个单位、一个部门的某项工作或某个专门问题进行专门性总结。一般选取工作中的某些突出成绩、典型经验，或某些带有普遍意义的问题。通过总结，指导全面工作。这类总结内容集中，针对性强，使用更加广泛。在写作中要抓住中心，突出特色，切忌泛泛而谈。

2.2.2　结构和内容

总结一般由标题、正文、具名和日期三部分组成。

1．标题

总结的标题从形式上分为两大类，即单行标题和双行标题。单行标题又有两种，即公文式标题和文章式标题。

（1）公文式标题　公文式标题是由单位名称、总结时限、总结内容、总结种类构成的，如《××项目管理处2006年维修工作总结》。

（2）文章式标题　文章式标题是指直接标明总结的基本观点和内容范围的标题，多用于专题总结，特别是经验总结，如《在调整中继续前进的一年》。

（3）双行标题（正副标题）　双行标题是指同时使用上述两种形式的标题。多是正题采用文章式标题，点明总结的主要观点或基本经验（教训），让人易于把握；副题采用公文式标题，补充说明单位、时限、内容，如《化干戈为玉帛——××物业管理公司社区文化工作经验总结》。

2．正文

总结正文大致可分为四个部分：总结概述、工作情况、经验教训、总结结语。

（1）总结概述　这部分常要概述工作全貌，写明工作根据、指导思想、综合成果，有时也概括一下经验。目的是先给人一个总体印象，为下文做好铺垫。这部分要写得简明扼要，高度概括。

（2）工作情况　这部分要写明工作的进程，采取哪些措施，实行了什么步骤，取得了哪些成绩，还存在什么问题。或综述或分述，都要写清楚。

这部分着重回答“做了什么”的问题，在综合性总结中一般单独列项，并且成绩要列于特别突出的位置，而在专题总结中，常与经验教训融为一体。

（3）经验教训　这部分是总结的核心，着重回答“怎么做”的问题。它是根据工作情况总结出来的带有规律性的东西，常常还要加以分析说明，使之更有说服力。

“经验”部分，要用翔实的材料，将成绩及取得成绩的做法写明，最好要有实例，有数字，还要有体会，要能够从中找出规律性的东西。

“教训”部分，要实事求是地把工作中的失误和问题写明，并深刻分析产生失误和问题的原因，指出应当吸取的教训。

工作情况和经验教训两部分是总结中最重要的部分，是总结中必备的内容，必须做到观点与材料相统一、情况与分析相结合，而且材料要具体，情况要真实，观点要正确，分析要深入，只有这样，写出的总结才会具有较高的价值。夹叙夹议或先叙后议，都是这两部分常用的写法。把存在的问题和解决问题的措施放在一起，也是比较常见的写法。当然由于侧重点不同，在具体叙述安排中，也可各有详略。具体结构形式有三种情况。

1）分块式。综合性总结常采用此式。最常见的写法是分成成绩块、经验块，以前后为序。这种写法结构分明，层次清楚。

2）过程式。这种写法是以工作过程为序，把工作分成几个阶段，然后按工作过程的阶段、步骤，归纳总结出相应的经验教训。这种写法突出的重心是工作成绩，好处是看完后，对工作有比较完整的印象。

3）经验式。这种写法是以工作经验为线索，把主要经验按性质分类，然后分条来写，每条之间要有一定的逻辑关系。在每条经验教训之后，常用工作过程中有关措施、成绩、步骤作为论据来说明证实。此类写法突出的重点是经验、教训，专题总结常用此法。

（4）总结结语　这部分要结合经验和教训，着重回答“今后怎样做”的问题，提出改进工作的办法或下一步努力的方向。有的总结是在最后展望前景，表明决心；也有把存在的问题写在这一部分的，然后再写今后改进意见。这部分要写得简洁、明确。有些总结采用自然结尾，因此，就没有总结结语部分了。

3．具名和日期

一般在正文的右下方署名，并写上日期，也有的在标题下方署名。

2.2.3　写作要求

1．表达要叙述、议论相结合

叙述、议论是总结最常用的表达方法。叙述是总结行文的基础，它通过对过去工作情况的交代，使读者明白某单位、某个人的工作状况。议论则是指分析、综合、论证，它能把分散的、感性的材料转化为具有指导意义的理论。在说明工作过程，列举典型事例时，应以叙述为主；分析经验教训，阐明努力方向时，应以议论为主。

2．要有实事求是的科学态度

实事求是，就是尊重客观实际，这是一切工作的出发点。总结中的观点必须是从客观实际的材料中提炼出来的，“求是”是“实事”的理性认识，材料虚假，就会导致观点的虚假。要用一分为二的观点来认识事物，工作中既有成绩、经验，又有问题、教训，总结时，一般都要兼顾到。尤其是综合性总结更应注意，对成绩不能夸大，对缺点不能缩小，全盘肯定，全盘否定，把问题绝对化，都应该避免。

3．要归纳规律性的东西

搜集材料讲求全面，要全面了解自身实践活动的全过程，包括工作中的各个方面，过去是怎样做的，现在是怎样做的，有哪些好的做法值得发扬，哪些做法需要引以为戒，从而概括出普遍的经验、教训，即规律性的东西。不要就事论事，记流水账。同时，使用材料必须经过取舍，要把那些典型的、有说服力的材料写入总结。只有抓住突出的、能反映事物本质的材料，才能做到材料和观点有机统一，具有说服力。

4．要突出个性

这是保持总结活力的重要方法。总结一定要抓住最突出的、最能反映客观事物的本质特点，加以概括和总结，突出总结的个性特征；又要注意总结自身的特征，不能“例行公事”、“老生常谈”，而应抓住新经验、新方法、新思路。当然，也不能无中生有地标新立异，要注意新的情况、新的问题及经验教训的代表性和普遍意义。

【例文】

阳光家园物业管理处2005年度工作总结

2005年是公司寻求发展的重要而关键的一年。年前，公司提出“紧抓目标、紧盯利润、想方设法经营创收，千方百计服务客户，适时参与市场竞争”的经营理念，使管理处认识到了在市场经济体制下竞争的残酷性。阳光家园是集团公司开发较早的一个楼盘，各类公共设备设施已处于老化阶段，有些老化的设施必须要更换，这既增加了各项日常维修费用的支出，也增加了管理难度。

为了使阳光家园管理处能紧跟公司步伐，并承受市场经济竞争机制的洗礼，2005年初，家园管理处制定了“管理有序，服务规范，创建品牌，提高效益”的工作目标，管理处全体员工认真遵循这一原则，同心协力、开拓进取，积极寻找新的利润增长点，全方位展开各种有偿服务，各方面工作均取得了突破性和实质性进展，为管理处2006年工作有更大发展奠定了坚实的基础，创造了良好的条件。为了总结经验，寻找差距，规划前景，促进2006年工作再上一个新台阶，现将2005年工作总结如下:

一、积极开展各项经营活动，提高经济效益

阳光家园管理处在2004年工作中，在成本控制上下了很大的功夫，首次突破零利润，创造出一份来之不易的经济利润。2005年工作全面展开之后，管理处为了寻求更大的利润增长点，召集全体员工在公司发展目标和经营思路的框架下进行分析，集思广益，根据阳光家园小区实际情况，制定出适合自身发展的经营项目，如家政清洁服务、小孩接送、房屋中介等各项有偿服务。

阳光家园管理处全体成员在上半年工作中积极开展了各项有偿经营服务活动，在保证小区正常管理服务秩序的前提下，管理处全体员工不计得失，利用休息时间加班、加点开展各项有偿服务项目。做家政清洁，保洁员做不过来，保安人员去协助，甚至上夜班人员也要抽出半天时间主动协助。2005 年 1 月份是家政清洁的高峰期，管理处为了充分利用这段宝贵的时间创造利润，在保证小区正常工作的前提下，一天接 4 家家政清洁服务，就这样管理处全体成员在分分秒秒创造着利润。截至 10 月末，家园管理处仅有偿服务这一项已产生 10028 元的利润，给公司创造出一定的经济价值。

二、以高效、优质的服务赢得新的利润增长点

阳光家园是集团公司开展较早的一个项目，通过几年和业主的磨合，已经形成较为成熟的管理运作模式，业主对物业公司也给予了认可。但由于小区面积不大，入住率虽高，住户资源不是很丰富，收费低下，物业管理经费不足，无法保证物业管理的正常运作。过去，阳光家园一直以一种较为平稳的管理方式在运行，突出业主至上的服务模式，只要求品牌不看重利润，物业管理处于维持状态。2005 年公司整体思路作了调整，根据这一状况，管理处在 2005 年度工作中也相应调整了工作思路，即在保证小区各项工作稳定的状态下，管理处立足现有的管理服务模式进行创新，使业主感受到超值服务，以服务带动管理费用的上调，弥补由于管理面积小而产生的亏损。经过不懈地努力创新，服务水平显著提高。优质的服务赢得了业主对涨费的基本认可，管理处又进行了艰难的解释和沟通工作，终于在 7 月份将物业管理服务费涨到国家标准范围内的最高标准，在原来的基础上涨幅达到 0.13 元/m^2，使管理处产生一项新的经济增长点。

三、开源节流，降低成本，提高效益

1. 加强各项费用的收缴工作

鉴于物业管理是一个高投资、高成本、低回报的服务行业，要确保管理处工作持续正常进行，必须做好物业管理各项费用控制，并保证按时足额收缴。截至 11 月末管理处收费率达到 98%以上。

2. 厉行节约、降低成本

今年管理处全体员工继承发扬 2004 年的优良传统，时刻树立成本意识和节约意识。严格控制各项管理费用的支出，使各项费用支出降低到最低限度。截至 11 月末费用支出比同期支出节约 28243 元。

通过管理处全体员工的共同努力，阳光家园的工作扎实而富有成效。截至 11 月末收入目标完成率达到 124%，已产生利润 56336 元，客户的满意度也明显提升。我们相信阳光家园管理处在公司领导的正确带领下，将在 2006 年工作中谱写出新的篇章。

（资料来源：21 世纪秘书网　http://www.21mishu.com）

2.3 调查报告

2.3.1 概述

1. 调查报告的概念

调查报告是通过对典型的问题、情况、事件的深入调查，经过分析综合，进而揭示出本

质或客观规律的书面报告。具体地说，调查报告是根据某种特定的目的和需要，进行周密调查研究后而写成的有情况有分析的参考性文书。调查研究是报告的基础，报告是调查的反映；调查研究是报告的依据，报告是调查的综合。调查报告广泛应用于社会生活的各个领域，是工作中使用频率较高的一种文体。

2．调查报告的种类

调查报告按内容的性质划分，通常有三种。

（1）反映情况的调查报告　这类调查报告因调查目的、范围和用途的差异，有两种情况：一种是反映具体情况的个案性调查报告。其调研目的是为了把一个具体问题界定清楚，调研范围单一、具体，报告的内容一般用来作处理某一具体问题的依据或重要参考。另一种是反映基本情况的综合性调查报告。调研的目的是为了掌握某一领域或某一方面的概貌，调研范围相对宽泛，涉及的对象较多，报告的内容主要用作宏观决策参考，或者用于说明某种客观现象、某一观点。

（2）传播典型经验的调查报告　这类调查报告所反映的是具有代表性的个别事物，具有普遍意义和典型意义。一般要写出典型在某一方面的成型经验，归纳出其规律性和指导意义，供有关方面学习借鉴。常发挥以点带面，典型引路的作用。写作中应注意从理论和实践相结合上，提出经验的可行性。

（3）揭露问题的调查报告　这类调查报告是为了弄清某一存在问题而深入调查，弄清问题发生的原因，分析问题的实质、危害，并提出今后如何避免同类问题的发生。它所反映的常常是带有迫切性和突出性的问题。写作时要客观如实地说明问题产生的原因、后果和影响程度，重点指出问题的主要根源、实质、危害等，分析利弊得失，提出措施，以达到解决问题和加强教育的双重目的。

2.3.2 前期工作

1．要做好调查前的准备

为调查报告写作而进行的调查，首先应该围绕调查对象和调查目的做好工作计划。诸如调查程序、方法、重点、必须掌握的材料等，都应该做到心中有数，在调查开始和进行中应始终有为写作做准备的思想意识，否则调查归调查、写作归写作，“调查”与“报告”就脱节了。

2．调查力求深入细致

调查不深入，对客观对象的了解和认识就可能局限于肤浅的表面；材料掌握不全面，就难免偏颇或者以偏概全。因此，应尽量多收集、掌握第一手材料，同时，查阅已有的书面材料和听取介绍或汇报（第二手材料），也是很必要的。

3．对材料进行认真分析研究

分析研究的过程，是逐步认识和接近事物本质和规律的过程，也是提炼调查报告主题的过程，必须以认真的、客观的、实事求是的态度，对调查中取得的材料进行分析研究，去粗取精，去伪存真。任何形式的先入为主、主观臆断或真假不辨、虚实不分、粗心大意，都将影响到认识和结论的真实、准确。

4．采用适当的调查方法

调查方法总的来说分为两种，一种是间接调查法，一种是直接调查法。

间接调查法就是带着某种目的到被调查单位查阅有关的书面材料，或听取有关部门的情况介绍。直接调查就是深入到现场亲身实践，掌握真实、可靠的材料，调查方式有开调查会、个别访问、蹲点调查、现场察访等。

2.3.3 结构和内容

调查报告一般包括标题、署名、正文三部分。

1. 标题

调查报告的标题为单标题和双标题两种。单标题有公文式和文章式，如《关于旧住宅小区物业管理现状的调查》、《旧住宅小区物业管理的出路在哪里？》。双标题由正题和副题构成，一般正题提示报告的主旨，副题标明调查的对象、范围、内容和文种，如《车位、车库究竟归属谁——关于沈阳市车位、车库问题的调查》。调查报告的标题中有时也写有“调查”、“考察”、“调查记”等字样。

2. 署名

署名即写明作者的姓名，位置在标题下方。

3. 正文

正文一般由导语、主体、结尾三部分组成。

（1）导语　导语部分一般是简要地说明调查的目的，即为什么进行调查；调查的时间、地点、对象、范围、经过以及采用什么方法；调查对象的基本情况、历史背景；调查后的结论等。这些方面的侧重点由调查人根据调查目的来确定，不必面面俱到。常用的方法有：

1）成绩突出法。先概括被调查对象在某些方面所取得的主要成绩或典型经验，对全文起总领和提示作用。这一方法多见传播典型经验的调查报告。

2）概况说明法。根据调查对象和内容不同，简要介绍被调查对象的基本情况，以使读者对其有大致了解和认识。这种方法用于社会情况调查报告和揭露问题调查报告。

3）成绩问题对比法。将调查结果先提出来，即归纳出被调查对象的主要成绩和突出问题，用以提示读者注意阅读本文内容，加深对事物的认识。

（2）主体　主体是调查报告的重点部分，是对调查情况、调查结果全面真实的反映，也是对被调查对象本身的发生、发展过程作具体叙述并进行分析评价。它的内容包括：调查情况、分析研究、建议和措施，也称主体三要素。即一是调查到的事实情况，包括事情产生的前因后果、发展经过、具体做法等；二是研究、分析事实材料所揭示的事物本质及其特点、规律；三是提出具体建议或应采取的一些具体措施。

1）主体的材料安排。为使主体部分内容充分、翔实，写作时常常选用以下材料：

① 运用综合情况。它概括地反映被调查对象总的或几个方面的情况，用来说明整个事物的面貌。但不宜用得过多，以免针对性不强。

② 运用典型事例。在同一观点下，可以用一个或几个典型事例来说明。选择时要求各有特点，互不雷同，彼此间又有紧密的内在联系，能从不同角度、不同侧面有力地说明观点。

③ 运用群众语言。使用群众语言作出评价、揭示本质、概括观点，具有较强的说服力。引述群众语言应注意其表达的思想倾向和文章主旨的一致性，对于群众语言的选择要力求生动、新鲜、活泼。

④ 运用统计数字。因某种特殊的需要，数字可以反映事物的面貌和本质。用准确的数字说明观点可以增强科学性和说服力。

⑤ 运用对比材料。这是调查报告突出观点的一种好方法。对比可以是历史和现状的对比，也可以是正面和反面的对比。通过对比，可使观点鲜明突出。

2）结构安排。主体需要用大量的材料，不同的材料组织在同一篇文章里，使用时尽管有主次、详略之分，但必须能为表现观点服务。或是先提出观点，后叙述材料；或在叙述材料的过程中体现观点。总之，结构安排力求做到有事实、有分析、有结论，内容丰富，条理清晰，简洁明快。

因主体部分写作内容不同，结构安排有所不同，常见的有：

① 根据逻辑关系安排结构：纵式结构、横式结构、纵横式结构。这三种结构以纵横式结构常为人们采用。

② 按照内容安排结构："情况——成果——问题——建议"式结构，多用于反映基本情况的调查报告；"成果——具体做法——经验"式结构，多用于介绍经验的调查报告；"问题——原因——意见或建议"式结构，多用于揭露问题的调查报告；"事件过程——事件性质结论——处理意见"式结构，多用于揭示案件是非的调查报告。

（3）结尾　结尾是调查报告分析问题得出结论、解决问题的必然结果。结尾有的总结全文，深化主题；有的展望未来，提出希望；有的归纳主题，强调意义；有的附带说明有关情况，如调查过程中遇到的一些情况，主体中没有提及，需在末尾加以说明；有的附带材料需要加以说明的，如一些典型材料、专题报告、统计图表等。也有自然收尾，不用结尾的。

2.3.4 写作要求

1. 调查要深入，观点要求新

深入调查，占有材料是写好调查报告的基础。有些事实对于写作者来说可能知之甚少或一无所知，只有经过深入细致的调查研究，详尽地占有材料，写作者才能对事物的本质有所了解、有所掌握，才能进行分析，才有写作的资本。因此，写作前一定要做好调查，详尽地占有材料。

调查报告的主题贵在有新意。所谓新意，是指要善于揭示社会现象的本质，要反映社会生活中的热点、难点，工作中的新情况、新经验、新探索、新动态等有启迪或有指导意义的东西。

2. 内容要具体，重点要突出

调查报告是用事实说明道理的，而事实是客观存在的。调查报告反映的情况应是客观实际的真实再现，其中的事例、数据等应是有实在内容的材料。调查报告的观点是从大量材料中提炼出来的，观点一旦形成就要统率材料，做到观点与材料的一致。因此，写作时对材料要进行认真筛选，筛选那些最能充分说明观点的典型材料，用以支撑观点，说明观点，使材料与观点形成有机整体。

重点突出指行文时要做到主次分明、详略得当，避免现象罗列和内容繁琐。主要问题要表达清楚，使读者对所写内容有一个完整、突出的印象。

3. 布局要合理，表达要恰当

调查报告的结构没有固定的格式，主要根据文章的具体内容和作者的写作目的来决定。

写作时，应紧紧围绕中心，合理地布局谋篇，注意选取典型事例说明问题。

调查报告一般用第三人称，常用的表达方式是以叙述为主，兼用说明、议论。叙述是铺叙情况、事实，说明则是在必要处对情况、问题的一种介绍和解释；为表达观点有时在叙述中议论，也只是为帮助读者进一步理解文章。

【例文】

关于我市住宅小区物业管理情况的调查报告

马鞍山市市长公开电话办公室

物业管理问题是加强社区建设，构建和谐社会的重要内容之一。综合市长公开电话每年受理情况看，物业管理方面的投诉一直居高不下，年年都在热点、难点之列。仅今年上半年，我办就接到此类投诉 890 余件，主要是房屋质量不好、高层供水难、卫生状况差、量化徒有虚名、被盗现象严重、地下室或车棚挪作他用、乱搭乱建、油烟噪声扰民、强制指定消费太阳能等涉及物业管理工作的问题。就此，我办于近日进行了调研。

一、小区物业管理基本概况

我市物业管理自 1998 年起步，现已有物管企业 61 家，其中二级资质企业 3 家，三级资质企业 48 家，暂定级企业 10 家，从业人员 3000 多人。已交付使用的住宅物业管理项目 118 个，总建筑面积 668.69 万 m^2，其中已成立业主委员会的有 81 个小区；在建住宅物业管理项目（实施前期物业管理）27 个，总建筑面积 480 万 m^2。这些管理项目中，荣获物业管理部优称号的 1 个，省优称号的 20 多个。

二、小区物业管理存在的问题及原因

随着城市建设的快速发展，房地产市场的逐步完善以及市民生活水平的不断提高，小区物业管理矛盾也日渐突出，其中既有业主和物业企业主观上存在的问题，也有客观环境制约带来的问题；既有历史遗留的老问题，也有发展中产生的新情况。具体表现在以下几方面：

（一）业主对权利义务的认识不对称

随着住房商品化、私有化程度的提高，业主的维权意识日渐增强，对物业管理企业不断提出高标准的服务要求，但也有相当一部分业主对自身应承担的义务认识不清。表现为：一是房屋维修养护责任意识不强，“产权归己，维修自理”的观念没有树立；二是不服从管理，乱装修、乱搭建屡禁不止，自律意识淡漠；三是不按时交纳或不交纳物业管理费，尤其是老旧小区。不交费的理由多种多样，物业服务不到位自不必说，房屋质量等开发商遗留问题、邻里纠纷、下岗等都作为不交费的理由。如此恶性循环，直至物业企业服务质量下降，干脆关门走人，广大业主也深受其害。最典型的就是年初闹得沸沸扬扬的××××业主与××物业纠纷，最终两败俱伤。据了解，目前我市已有七八家物业管理企业因收费难，物业管理工作难以为继，无奈撤出，涉及 13 个小区，50 多万 m^2 住宅；四是业主委员会流于形式。很多小区业主主人翁意识不强，放弃物业管理自主权，对成立业主大会参与物业管理漠不关心。业主大会召开难，作用发挥不够，业主委员会并没有实行真正意义上的自治管理，业主和物业管理企业之间的矛盾和问题因缺少沟通而无法解决，为小区

物业管理和发展带来隐患。

（二）企业对管理服务的定位不准确

我市物业管理企业从业人员文化层次普遍较低，素质不高，很难树立科学的管理和服务理念，加剧了业主和物业企业之间的矛盾。主要表现在：一是某些物业管理企业员工缺乏客户至上意识，服务态度不端正，服务用语不文明，服务行为不规范，对业主的正当要求不能满足，更谈不上主动帮助业主排忧解难。特别是由于物业企业造成的问题也不能得到及时解决，直接影响物业管理服务水平的提高和客户满意度的提升。二是某些物业管理企业缺乏专业人员。日常维修是物业管理一项重要工作，维修不及时、不到位都会使业主对物业管理企业的服务质量产生怀疑，甚至出现矛盾。三是部分物业管理企业从自身经济利益出发，出租车棚、地下室等，用于经营谋利，产生的各种污染等负面影响直接侵害了业主的利益。

（三）老旧小区基础条件不配套

我市物业管理住宅小区分为三类：一是缺乏物业管理配套设施的老旧住宅区，占全市物业管理住宅区面积的 40%；二是实行半封闭管理的住宅小区，占全市物业管理住宅小区面积的 21%；三是配套设施完善、实行全封闭管理的住宅小区，占全市物业管理住宅小区面积的 39%。其中，老旧住宅区面广量大，建设标准普遍不高，历史欠账多，硬件环境、公建配套、区内公共秩序、居住对象的弱势群体、管理运转等各种矛盾突出。具体表现在：一是可用于小区管理与服务的物业管理用房、车库配套设施数量低，无法建立市场化管理运作机制。二是安全防范设施匮乏，大多是敞开"不设防"住宅小区，无法实行封闭管理，小区环境秩序混乱，治安案件时有发生。三是小区支干道路、宅前道路出现不同程度的破损，小区公建配套用房及房屋本体屋面、楼道墙面等公共部位陈旧、破损严重。四是地下管网不畅，经常出现下水堵塞或雨天积水问题。五是小区绿化布局不合理，常年失养，地被植物逐年减少。六是收费率低，每月每户在 4～10 元，且只能收到 50%，物业企业基本上只是对小区进行维持型管理。

（四）开发商遗留问题的解决不到位

开发商遗留问题突出，相关部门没有按规定进行验收，严重影响了物业管理。一是新建住宅小区交付使用条件不明确，对交付使用环节缺乏有效监督，一些项目交付使用时往往绿化、封闭、道路等配套设施尚未完善，业主未得到承诺利益，引发物业服务收费矛盾，也制约了物业管理的顺利开展。二是有些公建配套设施，如：车库、地下室、架空层、活动中心、会所等权属界定不清，易引发纠纷。有的开发商侵占和出售配套公用设施所谓"使用权"，侵害了业主利益，留下了隐患，加大了后期管理难度。三是房屋质量问题。新区交付使用一段时间后，房屋质量问题陆续暴露出来，物业公司难逃其咎。此外，物业管理市场竞争机制未建立，有些物业管理企业为了扩大管量，对开发商妥协，降低承接标准接管物业，也为日后的管理工作埋下隐患。

（五）热难点问题影响物业管理正常运作

1. 供水、供电设施移交不到位。一些开发建设单位没有将小区的供水、供电设施移交专业部门，而是交由其子公司，即属下的物业企业管理，留下隐患：一是水、电是专业设施，物业企业维护能力不足；二是出了故障后，与专业部门相互推诿扯皮；三是开发企业一旦改制，先天不足的物业企业又承担不了相关责任。

2. 新建高层住宅供水困难。高层用水难问题一直是投诉热点，涉及牡丹园小区、正棱山庄、康乐家园、金汇城市花园、九缘城市花园、采秣小区、站北村、康嘉花园等。主要原因是小区建设时，内部管道口径小，且部分地区地势高。近几年，我市东南成片开发了许多小区，管道压力更大。高层供水缺乏系统的改造方案，只有在小区新建加压泵房才能彻底解决，而其所需资金却又难以落实。

3. 私搭乱建、违章装修、油烟噪声污染是困扰物业管理的三大难题。依法制止这些问题的发生，物业公司有畏难情绪，也苦于没有处罚权，无法尽责，只得放任自流。

4. 公共照明设施的正常使用不能得到保证。一是老旧小区公共照明设施的电费和维修标准偏低，调整艰难，严重影响了正常使用；二是部分物业企业人员工作责任心不强，主动维护小区照明设施的意识淡漠，只有等到市民投诉、电话交办后才被动维修。

（六）现行物业法规操作困难

1. 现行法规与监管体制不顺。如房屋管理由房产部门负责，但房屋性质改变却由建管处和装饰办监管，责任主体不明确。

2. 行政监管力度不大。如×××园地下室出租给人居住，租户接水、气，存在安全隐患，居民反映强烈。而××燃气公司和××水务公司认为只要用户申请，符合安装条件，就可以办理使用手续。而作为主管部门的房产部门却无法干预。

3. 现行法规中关于房屋维修基金的使用规定，脱离了我市市情，难以操作。

4. 成立业主大会的规定过于繁杂，又缺少行政的辅导与帮助。

三、解决物业管理问题的几点建议

（一）加强政府管理和引导，完善物业管理法制建设

在已制定的《物业管理条例》和《安徽省物业管理条例》基础上，进一步出台更加完善可操作性的实施细则，明确政府部门、开发企业、物业公司和业主各方的责任、权利和义务；深入宣传相关法律法规，让广大业主了解物业管理的重要性，履行相关义务，积极配合物业企业做好管理工作，同时也要善于运用法律武器维护自己的合法权益；进一步规范物业企业工作行为方式，完善招投标制度建设，引入竞争机制，把优秀物业管理企业引进来，以改变物业从业人员素质差，服务不规范，专业性不强，企业运作透明度不够的落后状况。

（二）提高业主意识，加快业主委员会制度规范化

相关部门要指导业主选出真正能够代表业主利益、热心公益事业、有一定知识水平的人员主持、参与业主委员会工作，能够在物业管理企业和业主之间起到桥梁作用，建立业主和物业管理企业之间的信任。业主委员会与物业公司签订物业服务合同，仔细斟酌条款，确定服务项目和服务费价格，并定期召开业主大会，监督经费使用情况，受理业主投诉。对于热难点问题，物业管理企业在进驻小区时，要与业主签订公约，对违章搭建、垃圾处理、噪声油烟扰民、放养宠物和乱停车等问题约法三章，共同维护小区稳定。

（三）严格把好小区验收关，努力推进老旧小区改造

开发商遗留问题日渐成为新建小区的物业管理难点。小区竣工验收时，相关部门要严把房屋、配套设施、水电气等质量关；要监督物业管理企业承接物业时必须履行的程序，坚决避免一些物业企业因盲目扩大管量而草率接管，为日后正常运转和自我发展留下隐患。有关部门要加大对老旧小区物业管理规划和投资力度，努力提高车棚、绿化、封闭等相关配套设施建设；物业管理企业要与社区紧密配合，加强对弱势居民的扶助。

（四）实行重大事项报告制度，积极探索新的管理方式

上海市房地资源局提出了《物业管理区域重大事件报告制度》和应急预案，明确规定了房地产行政管理部门和物业管理企业在应对这类事件时应负的职责，还设立了全市统一的报告重大突发事件特服电话，24小时受理物业管理重大事件报告，各区县房地产行政管理部门和物业管理企业也分别设立重大事件报告专线电话，落实专人值班。将重大事件报告制度的执行情况和应急预案体系的建立情况列入区县房地产局，物业管理企业和小区经理的工作考核内容，对未按规定报送通报、公布有关突发事件信息、不服从管理部门统一应急指挥和处置以及未及时应急处置的单位和直接责任人将依法查处。我市有关部门要积极创造条件，借鉴上海市和全国其他先进物业管理城市经验和做法，积极探索多样化物业管理方式，不断改进和完善物业管理工作，努力为人民群众创造和谐的社会环境。

（资料来源：中国公务网　http://www.cn-mpa.com）

2.4　经济活动分析报告

2.4.1　概述

1．经济活动分析报告的概念

经济活动分析报告是根据计划、会计、统计工作的报表资料，以及调查研究所掌握的情况，对本部门、本企业或本行业的经济活动状况进行综合或专题的客观分析而写出的反映分析内容和结果的书面材料。

经济活动分析报告要评价现状，总结经验，揭露矛盾，找出差距，查明原因，并且提出改进措施或意见。

2．经济活动分析报告的种类

（1）从时间上划分　分为年度经济活动分析报告、季度经济活动分析报告和月度经济活动分析报告三种。

（2）按目的和内容划分　分为综合经济活动分析报告、简要经济活动分析报告和专题经济活动分析报告三种。

综合经济活动分析报告，是对本部门、本企业或本行业在一定时期内的经济活动的各项经济指标进行全面系统的分析，从中抓住关键问题，以便考核其经济活动的结果。

简要经济活动分析报告，一般是部门在一定时期内对指标完成情况的分析。实践中，多以填写表格的形式，加以适当的文字阐述。

专题经济活动分析报告，是专门对某个重要问题进行的分析研究。这种分析，针对性强，有助于对关键问题的深入认识和了解。

2.4.2　结构和内容

一般包括标题、正文和落款三部分。

1．标题

经济活动分析报告的标题主要有完整标题和简要式标题两种。完整标题主要是由分析单位、分析时间、分析内容和文种等要素构成的，如《××项目管理处2006年经济效益情况分析》。简要式标题省略了单位名称、分析时限和文种等内容，只概括分析报告的主要内容，有利于突出主题，如《××物业管理公司是怎样转换经营机制的》。

2．正文

经济活动分析报告的正文没有固定的格式，比较常见的由前言、情况、分析、意见或建议等几个部分组成。

（1）前言　前言又称导言或概况，这部分的写法比较多样，有的是以简练的语言介绍经济活动的背景，有的是说明分析对象的基本情况，有的是交代分析的原因和目的，有的是明确分析的范围和时间，有的是评述分析内容，有的提出问题，有的揭示分析结论。也有的省掉了前言部分。

（2）情况　详细写明经济活动的情况，包括主要经济指标完成情况、技术或管理措施实施情况、业务工作开展情况等。为了把情况写具体，除文字叙述外，常使用一些指标数字或将指标数字列成表格。写情况是为了总结经验，揭露问题，为下文的分析作好铺垫。

（3）分析　经济活动分析以“分析”为主，不能堆砌材料，罗列事实。这部分要运用适当的分析方法，揭示完成指标的程度，分析造成问题的各种因素，以及各因素的影响程度，分清主次，抓住关键，力求揭示经济活动的内在规律与本质。

这部分常把“情况”和“分析”放在一起撰写，即完成一个方面的情况，接着便进行分析，然后再写另一个方面的情况，再对之进行分析。边写情况，边进行分析，边提出问题，边做出回答。

（4）意见或建议　分析问题是为了解决问题，“建议”是“分析”的结晶，是经济活动分析报告中重要的一部分。在这个部分中，一般是根据分析的结果，回答今后的经济活动将会“怎么样”或者应当“怎么样”的问题。

有的经济活动分析报告还有一个结尾或结语部分，对全文作一个简短的总结。

3．落款

落款一般有两项内容，一是标明撰写经济活动分析报告的单位名称或人员姓名，二是标明写作日期。

2.4.3　经济活动分析的主要方法

经济活动分析是建立在数据指标体系基础上的，指标数据的分析要依据目的要求和资料数据掌握情况，采用一定的科学的技术方法。方法的选择是分析的重要步骤。常用的分析方法是：

1．指标对比分析法

指标对比分析法又称比较分析法。它是把同一基础上的两个或两个以上具有可比性的指标进行数量上的对比，以确定差异的一种分析方法。目的在于发现差距，进而分析形成差异的原因。常用作对比的指标有：实际指标与计划指标对比。旨在考核计划的完成情况，为进一步分析指明方向；本期实际指标与基期（上年同期或历史最高水平）指标对比。可以分析出企业经营中的变化趋势、潜力或措施效果；本期实际指标与国内外同类企业的先进指标进行对比。如果说前两种是纵向比较的话，这是一种横向的比较，实际上是与先进的科技成就、先进的管理工作方法对比，有利于克服故步自封，发现差距，开阔视野，向先进看齐，为赶超先进而努力。

2．因素分析法

因素分析法是把综合指标分解为若干因素进行分析的方法。通过分析，可以分清各因素影响程度的大小，判明主次，评价企业的管理工作。如果说对比分析法善于发现差异，提出问题，那么，因素分析法重在剖析差异的原因，揭示问题的实质。

在实际的经济活动分析工作中，指标对比分析法与因素分析法常常结合运用，收效显著。

2.4.4　写作要求

1．注重分析

经济活动分析报告不能只罗列现象、堆砌数字，而要透过现象抓本质，分析原因，揭示经济活动的客观规律。

2．资料可靠

经济活动分析要充分利用计划、报表、凭证、账册等有效数据进行分析。

3．措施实在

经济活动分析报告的写作目的，不仅在于了解已发生的情况，而且还在于明确今后的行动，因此措施要切实可行，具体实在。

4．完成及时

经济活动分析报告的时效性是很强的，经济活动分析报告如果不能及时完成，就会失去实际作用。

【例文】

××物业管理公司2003年度关于A大厦物业管理
目标完成情况分析

我公司于2003年4月份通过投标方式取得××开发公司开发的A大厦的物业管理权，同时按照合同负责大厦的出租经营。该大厦为纯写字楼，位于我市中心繁华地带，××商城北侧，地上26层，地下1层，建筑总面积为20820m^2，建筑总高度为75.30m。

我公司非常重视物业管理的各项工作，建立健全了各项规章制度，明确了各项工作流程，重视员工素质，不仅从公司总部抽调了一批有经验的业务骨干，而且通过公开招聘的方式从社会上选聘了一批年轻的、素质好的新员工。通过上岗培训、在职培训等多种方式，保证了员工的业务素质。为了实现开发商提出的树立楼盘品牌和企业信誉、创造良好经济效益的目标，我公司也提出了具体的管理目标。

为了更好地加强内部管理，促进工作的正常进行，现就我公司2003年4～12月各项管理目标的完成情况进行分析（表1），以便发现问题、解决问题，保证我公司物业管理服务的工作质量。

表1 ××物业管理公司2003年度关于A大厦物业管理目标完成分析表

项目 指标	房屋完好率	道路完好率	路灯完好率	管道完好率	消防装置安全使用率	投诉率	费用收缴率	维修合格率	小修、零修及时率	出租率
计划指标（%）	≥95	≥98	≥98	≥98	≥100	≤2	≥98	≥100	≥99	≥90
实际完成（%）	100	100	100	100	100	2.5	95	100	100	75

一、取得的成绩

通过表1可以看出，2003年我公司较好地实现了管理目标，多项指标都超过了计划指标，达到100%。一方面是由于A大厦是新投入使用的大厦，物业及设施设备本身状态良好，为各项管理目标的实现奠定了良好的物质基础；同时，我公司管理规范，对员工严格要求，始终遵循“全心全意为业主、用户服务”的宗旨，这也是较好完成工作的保证。

二、存在的不足

但是，我们也应看到有几项指标没有完成。

（一）投诉率偏高

实际投诉率高出目标0.5%。经过调查分析，主要原因有2个：

1. 在入住装修阶段，住户对我公司按照有关法律法规制定的装修管理办法有意见，认为限制了他们的装修自由而引发的投诉。

2. 为了保证用户的财产安全，我公司制定了《大件物品出门登记制度》，要求用户有大件物品运出大厦时，需要在门卫处登记，有少数用户不理解，认为麻烦而引发的投诉。

（二）费用收缴率偏低

实际费用收缴率低于目标3%。经过调查分析，主要原因是少数用户刚开始经营，效益不理想，因而拖欠了物业管理费。还有个别用户有“搭便车消费”的侥幸心理，故意不交物业管理费。

（三）出租率偏低

虽然第一年的出租率达到75%已经是不错的业绩，但低于计划15%。经过调查分析，主要原因是市场推广力度不够，应让更多的企事业单位了解A大厦，入住A大厦。

三、措施

1. 加强公司的内部管理，继续提高服务质量，对业主的投诉，应耐心解释和疏导，消除误会。

2. 加强对业主及用户物业管理知识的宣传，特别是法律知识的宣传以及我公司各项管理规章的解释，让用户理解，从而加强自律，主动配合我公司搞好物业管理。

3. 进一步加强市场宣传，尤其是根据市场部反馈的信息，本市甲、乙、丙等几家企业需要新的办公场所，我公司应重点向这几家企业加大宣传力度，通过我们良好的管理和服务，赢得这些企业的信赖，提高A大厦的出租率。

总之，我们通过近一年的工作，已基本取得业主和用户的信任。我们需要继续发扬优势，克服工作中出现的困难，努力工作，保证今年圆满完成各项管理任务。

××物业管理公司

2004年2月20日

2.5 简报

2.5.1 概述

1. 简报的概念

简报就是简明扼要的情况报道，它是机关团体、企事业单位编发的用以传递信息、沟通情况、交流经验的一种内部文书。

简报不是一种文章的体裁。因为一份简报，可能只登一篇文章，也可能登几篇文章。这些文章，可能是报告、专题经验总结、讲话、消息等。简报是一种定期或不定期出版的综合性文书，但它只在内部交流，不予公开发表。其选登的文章是用简明的文字把社会动态、组织内部活动、经验、问题等及时地反映出来。

简报的名称繁多，有工作简报、情况反映、内部参考、××动态、××信息等。

2. 简报的种类

简报的种类较多，如按其内容和性质划分，可以分为以下四种：

（1）工作简报　工作简报是一种以报道本单位工作及业务活动为主要内容的经常性简报，一般需要定期编发。从中可概观本单位在一段时间内日常工作的进展情况，获得总体印象。

（2）专题简报　专题简报也称中心工作简报，它是一种围绕某一阶段的中心工作或某项重要工作而专门编发的简报。其目的在于及时地反映工作的进展情况，从而更好地促进工作的顺利开展。这种简报随工作的结束而终止。

（3）会议简报　会议简报是一种由大、中型会议的组织者或秘书处在会议进行中连续编发的简报，可以是综合性的，也可以专就一件事或一个问题而编发，其目的在于交流会议情况，传递信息，开好会议。

（4）动态简报　动态包括情况动态和思想动态。这类简报主要是供给组织决策部门看的，对组织决策影响较大，因此，所反映的情况应准确而客观。

2.5.2 结构和内容

简报的格式比较固定，由报头、报体、报尾三部分组成，其中报头和报尾有约定俗成的书写格式。

1. 报头

报头在简报的首页上方，约占全页 1/3 位置，一般都事先印成固定的格式，报头部分包括以下内容：

（1）简报名称　上端居中位置，用大号字体套红印刷，以显得醒目。

（2）简报期号　一般在简报名称正下方加上括号写明期号，如（第×期），也可以不加括号。如果是增刊，则要注明“增刊”字样，并单独编排期数。

（3）编发单位　位于期号左下方，要写明编发单位的全称或规范化的简称。会议简报一般注明“××会议秘书处”。

（4）编发日期　位于期号右下方，年、月、日要写全，不能随意省略。

（5）密级　有的经济简报内容涉及经济机密则需标明密级，密级分绝密、机密、秘密三种，需要根据内容的保密程度而定。一般简报也可以写上“内部刊物，注意保存”。

（6）编号　保密简报一般还需加上编号，以利于收发、存档。编号位置同密级相对，标在简报名称的右上角。一般简报就不必加编号了。

报头、报体之间用一条或两条粗红线隔开。

报头的样式如下：

内部刊物　注意保存

简　报

第×期

××物业管理公司办公室　　2002年2月1日

2．报体

报体主要由按语、标题、正文三部分组成。

（1）按语　内容重要的简报要加写按语。按语是用来表明办报机关（单位）的主张和意图的，它一般用“按”或“编者按”表示，其内容或肯定某一经验，或批评某一错误，或提出一些值得探讨和注意的问题。简报中转发从其他媒体摘选的文章，或转发下级呈报上来的材料，都需要写按语说明转发的原因、目的。按语要写得简短、明确，具有针对性、指导性，同时也要注意把握好分寸。

（2）标题　标题是简报正文内容的概括。标题的写法可以采用单行标题，如《封闭管理运行正常》；也可以采用双行标题，如《一方有难八方支援/公司职工积极参加赈灾义卖活动》；也可以用三行标题，如《只有识别才能杜绝/我公司在××小区举行假冒伪劣建材产品展示会/500种伪劣假冒建材产品当众曝光》。

（3）正文　简报正文的结构安排，没有固定的模式。原则是根据报道意图和具体内容的需要，能够简要清楚、准确无误地传递信息。常见的写法有五种：

1）新闻式。这是简报最基本的一种结构模式，与新闻稿的写法相似，只不过要求不那么严格，不必导语、背景、主体、结语样样齐全，而往往有导语式的开头，然后或按类别区分、或按时间先后、或按内在逻辑顺序叙述具体情况。

2）总结式。其写法类似经验总结，但不像总结那样面面俱到、详为解析，而是扼要介绍。一般先简单交待事实背景，然后或一二三四罗列或采用小标题引述具体做法。

3）指示式。上级机关对下级机关部署工作可以编发简报，它不同于公文，不具有行政效力，只是参照执行。一般先以导语写明指示的目的和意义，然后分条列项说明具体的指示内容。

4）短讯式。这是一种适用于内容单纯、事实性较强、性质相同或相近的信息的结构模式，无所谓开头、结尾、过渡，一般按并列关系把材料汇编在一起。

5）转发式。这是用简报的形式转发对本单位（或本系统）有借鉴或参考作用的重要文章，编发时，需要加“编者按”，一般用于提示说明所转发材料的内容和意义。

3．报尾

报尾是在简报正文结束后的末页底部，用两条平行横线与正文隔开，平行线中间的左侧注明简报发送范围，右侧注明印刷份数，有的还要注明拟稿人、核稿人或责任编辑姓名。

报尾的样式如下：

拟稿人：	核稿人：
本期发至：	共印××份

2.5.3 写作要求

1．要简明扼要

在形式上，简报刊登的文章要篇幅简短，以尽量少的文字交代重要内容，以有限的篇幅传播更多的信息。

2．要迅速及时

信息是一种财富，简报传播越是及时，信息的价值越高；时间越久，信息的价值就越低，甚至完全失去价值。在收集信息、整理材料、编写、发送等各个环节都要有强烈的时间观念，要求快写、快审、快编、快印、快发、快报，便于及时沟通交流信息。

3．要内容新颖

在内容上，简报要有新意。要反映工作中的各种新情况、新问题、新经验，要善于抓住新人、新事、新动向，尤其是那些带有倾向性、苗头性的事物。

4．要真实可靠

简报最主要的作用是向上级领导机关反映情况，让下级部门了解本单位工作动态，它所提供的信息既要反映本单位的工作方向和进程，也影响着领导机关对工作状态作出判断。因此，简报所反映的内容一定要真实可靠。

【例文】

内部资料 注意保存

××项目简报

第二期

维弘物业公司公司办公室编印　　　　2006年8月3日

推“首问责任制”

随着小区服务工作逐步细化，各专业加深管理，服务质量需求和日常工作中的问题表明我们仍须进一步提高服务水平，因此，以市场为着眼点，以业主、住户为中心，引入“首问责任制”，以增加公司和华展小区的竞争力，推动小区楼盘升值，提高自身的管理价值。

……

（雍静姝）

小 常 识

1. 公共维修基金是用来维修物业共用部位、共用设施设备的基金。

2. 共用部位、共用设施设备是物业管理辖区内属全体业主或部分业主共同所有，共同使用的部位及设施设备。

……

（待续）（雍静姝）

短 讯

本月10日13:00在会议室开展一次普及“诊前急救常识”培训，参加人员为公司全体职员，讲师为陈××女士（前北京××大学护士学校校长）。我们将联合业主委员会共同公示，吸引小区业主及使用人报名参与（如参观学习人员众多，我们将把大课堂移到小区中心花园）。本月中安排一次中文基础知识：《的、地、得应用要点》《遣词造句方法》的培训，讲师为原北京市团委委员的××部工程分局景××先生。

（公司办公室宣）

物业管理酬金制实施前景

——在上海市首次“我是业主网——物业联盟”酬金制物业管理研讨会上的发言摘要

上海业伟业主咨询服务有限公司总经理 刘生敏

一、酬金制的本质体现了物业管理的本质

（一）物业管理的本质

1. 物业管理的主体是业主。
2. 物业管理决策的主体形式是业主大会。
3. 业主委员会是业主大会的执行机构。
4. 物业管理企业由业主大会选聘，并由业主委员会代表业主签订物业服务合同。

……

（摘自“我是业主网—物业联盟”）

封闭管理运行正常

封闭管理是华展小区规范运行的初衷，我公司4月1日起进驻即负起了这一责任。至6月15日我们进行了两个多月的宣传和制证工作，向业主和使用人免费发放了2336张出入证。6月15日起我们开始执行出入验证和访客登记制度。到目前为止，绝大部分业主和使用人都在配合小区管理。少数不同意见的业主和使用人也在渐渐地承认这一措施的合理性。其中发生过的极个别使用人主观上试图将个人凌驾于小区整体利益并随意报110事件，大部分以“报警人”向民警认错告终。

……

（李山涛）

代收、付创新物业电费的说明

我公司代收、付的创新物业电费，包括业主自用电费和公共部位用电（如：电梯、水泵、公共照明等），且公共部位用电占的比例较大。而公共部位用电费用的支出，来源于物业费收入。

……

（维弘公司物业华展项目部）

拟稿人：×××　　　　核稿人：×××

本期发至：公司各部门及各项目管理处　　　　共印××份

2.6 会议记录

2.6.1 概述

1．会议记录的概念

会议记录是对会议组织情况以及会议上讲话、发言、决定、决议等内容进行记载，以供整理会议文件、存查备考的会议原始记录。

2．会议记录的种类

（1）详细性会议记录　在会议过程中详细具体地记录，有言必录，尽量记录原话，主要用于比较重要的会议和重要的发言。

（2）摘要性会议记录　在会议过程中只记录会议议题、要点、中心内容以及结论、决定、决议和表决结果等，多用于一般性会议。

2.6.2 内容与格式

1．会议记录的内容

会议记录的内容一般包括两部分，即会议的组织情况和会议的内容。

（1）会议的组织情况　要求写明会议名称、时间、地点、出席人数、缺席人数、列席人数、主持人、记录人等。以上情况，应尽可能在会前写好。

（2）会议的内容　要求写明发言、决议、问题。这是会议记录的核心部分。

会议记录应该记录的重点有：

1）会议中心议题以及围绕中心议题展开的有关活动。

2）会议讨论、争论的焦点及其各方的主要见解。

3）权威人士或代表人物的言论。

4）会议开始时的定调性言论和结束前的总结性言论。

5）会议已议决的或议而未决的事项。

6）对会议产生较大影响的其他言论或活动。

会议结束，记录完了，要另起一行，写“散会”二字。如中途休会，需要注明“休会”字样。

正式会议记录要由主持人和记录人在正文的右下方签名。

2．会议记录的格式

会议记录的格式为：

1）会议名称。

2）会议时间。

3）会议地点。

4）出席与列席会议人员。

5）缺席人员。

6）会议主持人。

7）记录人。

8）主要议题。

9）发言记录。

10）审阅签字。

2.6.3　会议记录的技巧

一般说来，会议记录的技巧有四条：一快、二要、三省、四代。

一快，即书写运笔要快，记得快。字要写得小一些、轻一点，多写连笔字。要顺着肘、手的自然去势，斜一点写。

二要，即择要而记。就记录一次会议来说，要围绕会议议题、会议主持人和主要领导同志发言的中心思想，与会者的不同意见或有争议的问题、结论性意见、决定或决议等作记录。就记录一个人的发言来说，要记其发言要点、主要论据和结论，论证过程可以不记。就记一句话来说，要记这句话的中心词，修饰语一般可以不记。要注意上下句子的连贯性，一篇好的记录应当独立成篇。

三省，即在记录中正确使用省略法。如使用简称、简化词语和统称。省略词语和句子中的附加成分，比如“但是”只记“但”；省略较长的成语、俗语、熟悉的词组、句子的后半部分，画一曲线代替；省略引文，记下起止句或起止词即可，会后查补。

四代，即用较为简便的写法代替复杂的写法。一可用姓代替全名，二可用笔画少易写的同音字代替笔画多难写的字；三可用一些数字和国际上通用的符号代替文字；四可用汉语拼音代替生词难字；五可用外语符号代替某些词汇等。

但在整理和印发会议记录时，均应按规范要求办理。

2.6.4　会议记录的要求

1）准确写明会议名称（要写全称），开会时间、地点，会议性质。

2）详细记下会议主持人、出席会议应到和实到人数，缺席、迟到或早退人数及其姓名、职务，记录人姓名。如果是群众性大会，只要记参加的对象和总人数，以及出席会议的较重要的领导成员即可。如果某些重要的会议，出席对象来自不同单位，应设置签名簿，请出席者签署姓名、单位、职务等。

3）忠实记录会议上的发言和有关动态。会议发言的内容是记录的重点。其他会议动态，如发言中插话、笑声、掌声，临时中断以及别的重要的会场情况等，也应予以记录。

4）会议记录要求忠于事实，不能夹杂记录者的任何个人情感，更不允许有意增删发言内容。会议记录一般不宜公开发表，如需发表，应征得发言者的审阅同意。

【例文】

与业主沟通会会议记录

会议时间：9 月 11 日　19:00—21:00

会议地点：12 号楼地下室物业办公室

参会人员：××房地产公司工程部徐经理、左经理；××房地产公司销售部张秋颖；××物业赵主任；金泰阁业主 7 名

下面就此次开发商及物业公司及业主的沟通要点以问答的方式简要记录如下：

问题 1： 有的楼层公共区域的纱窗有丢失或损坏的情况。

徐经理答（以下简称答）：物业对全楼公共区域的窗户进行检修。

具体承办人：工程部左经理。

问题 2： 电梯高峰运行时间（即两部电梯同时运行的时间）不符合业主的实际需求，要求调整高峰期时间。同时希望在周末及节假日也能同时开通两部电梯。

答：可将原高峰运行时间调整为：早 6:00—9:00，晚 5:00—8:00。周末及节假日也算为高峰运行期。此事的具体办法由物业进行协商后下月起开始执行。

具体承办人：物业赵主任。

解决时间：下月起。

问题 3： 热水水质不好，经常出现黄色细颗粒。

答：黄色细颗粒系管道内水垢，目前已采取两步措施进行解决：

1. 清洗已有水垢。

2. 添加净水设备两套。在经过以上两个措施之后，水垢及水质问题可基本得到解决。

问题 4： 热水出水温度不够。

答：出口温度为 50（±5）℃。恒有源设备的一个特性是在使用该设备进行供暖或供冷期间，供水水温会较高，也就是说夏、冬季的水温会较春、秋季的水温高。在春、秋季，物业可根据实际情况适当提高热水出口温度，但由于技术原因，水温的调整范围不可能很大，只能是小范围内调整。另外，原来管道内水垢层过厚也是造成热水到达业主家中时水温降低的原因，随着水垢清理的结束，水流及水温会有所上升。

问题 5： 18 楼业主反映水压太小。

答：目前物业调的水压值是 7.5～7.8 个水压，根据金泰阁的实际情况看，这样的水压值是足够的，高层业主反映水压小的主要原因还在于管道内水垢太多，造成水流的减小。

问题 6: ××有线电视收视效果太差，希望能换为××有线。

答：对于这个问题，我们会向××有线反映，希望他们尽快改进设备及技术。至于更换××有线，在目前看是不现实的，主要是经济上的问题，操作起来费用太高。

问题 7: 物业收费没有提供发票。

答：物业是属于代收代缴，需要开具发票的业主可以在缴费时向收费人员提出要求。

问题 8: 为什么业主买电只能到物业购买，而不能到银行购买？

答：因为金泰阁用的是××的电，所以只能到物业购买，无法直接向供电局购买。

问题 9: 自从上次水质检测报告不合格之后，业主多次向开发商提出改进水质的要求，到现在已经过去很长一段时间，仍未见到结果。

答：改进后的水质检测报告已经出来，工程部会在下周一将新的检测报告送到物业办公室。

问题 10: 南面临街的业主反映噪声过大，希望开发商能借鉴其他楼盘经验，给临街的业主家安装隔音窗。

答：我们会先了解一下情况，10 天之内给答复。

问题 11: 上月漏雨事件对部分业主造成很大的损失，开发商打算如何处理？

答：上个月的漏雨事件有一定的自然灾害性质。现在我们已经联系了厂家对窗户进行维修。我们的窗户完全符合国家标准，那次的暴风雨是石景山区 20 年以来最大的一次暴风雨，因此如果要求此次漏雨所造成的损失完全由施工方赔偿，是不合理的。下周开发商会和施工方一起找部分业主了解情况，对受损严重的业主酌情进行补偿。

问题 12: 关于暖气收费问题，可否按户计量收费？

答：暖气分户计量收费的问题，因为国家未出台相关收费标准，因此目前仍无法实现。今年的收费标准仍为 27.9 元/m^2；单位报销暖气费的业主按 30 元/m^2 缴费，物业另外退给电费。

问题 13: 开发商补偿给业主的取暖风机所耗电费的测算，经过去年一年的实践证明是不合理的，希望能重新进行测算。

答：测算是否合理的问题，首先公司内部要进行讨论，同时会重新安排相应的测算，如果测算的结果证明原来的是不合理的，就多退少补。

解决时间：争取在今年供暖季开始之前，具体时间无法确定。

问题 14: 有关冷气收费问题存在两个最突出的问题：一是没用时也走字的现象；二是既收电费又收冷气费属于双重收费，与物业服务协议上标明的情况不符。

答：关于冷气没用时也走字的现象，我们和表厂讨论过，认为这属于正常现象。计量表在有热量损失时进行计量是完全符合国家标准的，如果不进行计量反而是不合格产品。对于计量表走的速度太快的问题，我们会联系表厂对表进行检修。

关于双重收费的问题，因为涉及到法律问题，我们将在咨询过律师之后再作解答，我们认为这种收费方式是合理的。

问题 15: 希望物业能就运转费用进行公示。

答：按照有关规定，这部分数据将对业主委员会公开，但由于我们仍未成立业主委员会，因此到目前仍未公开。

2.7 竞聘演讲稿

2.7.1 概述

1．竞聘演讲稿的概念

竞聘演讲有时也称竞职演讲，是指竞聘者为了实现竞争上岗，就自我竞聘条件、未来的工作目标和构想所发表的公开演讲。

竞聘演讲稿是竞聘者在竞聘演讲之前写成的准备用作口头发表的文稿。竞聘演讲的目的，就是要使听众对竞聘者有充分的了解和认识，从而决定其是否能胜任该职位。

2．竞聘演讲稿的特点

（1）目标的明确性　一般说来，在竞聘演讲时，竞聘者向评审人员及听众一要讲清自己的应聘条件，突出自己的优势，并且这种优势足以完成应承担的职务和工作；二要回答“若在其位，如何谋其政”。要在有限的答辩时间内完成上述工作，演讲的总体内容应始终围绕一个目标——岗位职务工作进行，做到目标明确，语不离宗，不可开口千言，离题万里。

（2）内容的竞争性　竞聘演讲的全过程，其实是听众和评委就候选人之间未来推行的工作目标、工作构想、工作方案进行比较与选择的过程。竞聘除了基本素质条件之外，实际上更重要的是工作目标与工作措施的竞争。写作时应在此处压倒对方，只有具备了明确、先进的工作目标，且有切实可行的工作措施来保证，才会取得竞争的成功。

（3）演讲的技巧性　竞聘演讲是演讲的一种，也存在演讲技巧问题。它除了要求演讲者具备良好的心理素质和较强的语言表达能力外，还应当充分考虑竞争对手、听众的心态、临场状况等多种因素，用据理力争的方式，巧妙地说明“他不行，我行”，或“他行，我更行”。当然自我推销要有艺术性，切忌为了竞争而贬低对手，所遵循的原则是“唯真唯实，具体可信”。

2.7.2 结构和内容

1．标题

竞聘演讲稿的标题有两种写法。一种是文种标题法，即只标“竞聘演讲稿”；一种是公文标题法，由竞聘人和文种构成或竞聘职务和文种构成，如《关于竞聘××公司经理的演讲》。

2．称谓

称谓即对评委或听众的称呼。一般用“各位评委”“各位听众”即可。

3．正文

（1）开头　为制造友善、和谐的气氛，开篇应以“感谢给我这样的机会让我参加答辩”“恳请评委及与会同志指教”等礼节性致谢词导入正题。紧接着阐明自己发表竞聘演讲的理由。开头应写得自然真切，干净利落。这种用诚挚的心情表达自己谢意的写法，能使竞聘者和听众产生心理相融的效果。

（2）主体　主体是全文的重点和核心。应围绕以下几个方面展开：

1）介绍竞聘者简历。可分两个层次：一层简明介绍竞聘者的自然情况，使评委明了竞聘者的基本条件；第二层紧接第一层对竞聘者与竞聘岗位有联系的工作经历、岗位认识等加以介绍和阐释。

2）摆出竞聘条件。竞聘条件包括政治素质、政策水平、管理能力、业务能力以及才、学、胆、识各方面的条件。竞聘条件是决定竞聘者是否被聘任的重要因素之一，应该重点强调。但切忌夸夸其谈，应多用事实说话，“事实胜于雄辩”。可以采取引而不发的办法，结合自己前一时期的工作来写，如自己曾做过什么相关的工作，效果如何，从中展露出自己的水平、能力、知识和才华。通过这些事实，让评委及听众自然而然地得出肯定的结论。

3）提出工作目标、工作构想、工作方案。这部分是竞聘者假设已被聘任后，对应聘岗位所提出的目标及实现的具体措施。选招、选聘单位除了看竞聘人基本素质条件之外，还要考虑竞招、竞聘的工作目标和工作措施。竞聘者应鲜明突出地提出自己的工作目标和工作措施。这些目标和措施既要适应总体形势，又要体现部门特点。基本目标要具有客观性、明确性和先进性。要定性定量相结合，能量化的尽量量化，以便评委进行比较、评估。目标还应围绕人们对竞聘岗位较为关注的焦点、难点、重点提出。基本目标必须有切实可行的措施做保证，因此，保证措施十分重要。措施必须针对目标来制定，要明确具体，有可操作性，且密切联系岗位实际，从岗位工作出发。

（3）结尾　一要写出竞聘的决心和信心，请求有关部门和代表考虑竞聘者的愿望和请求；二要表明对竞聘成败的态度。

2.7.3　写作要求

1．气势要先声夺人

竞聘演讲的一个重要特征就是具有竞争性，而竞争的实质，是争取听众的响应和支持。而做到这一点的有效方法之一，就是要有气势，“气盛宜言”。

2．态度要真诚老实

竞聘演讲其实就是“毛遂自荐”。自荐，当然应该将自己优良的方面展示出来，让他人了解自己。但要注意的是，在“展示”时，态度要真诚老实，有一分能耐说一分能耐，不能为了自荐成功而说大话，说谎话，应该用简练有力的语言把自己的思想表达出来。

3．思路的“程序”性

思路，就是竞聘者的思维脉络；“程序”是指演讲中先讲什么后讲什么的顺序。竞聘演讲不像一般演讲那么“自由”，它除了题目和称呼外，一般分为五步：

第一步，开门见山讲竞聘者所竞聘的职务和竞聘的缘由。

第二步，简洁地介绍竞聘者的情况：年龄、政治面貌、学历、现任职务等一些自然情况。

第三步，摆出竞聘者优于他人的竞聘条件，如政治素质、业务水平、工作能力等。既要有概括的论述，又要有“降人”的论据。比如，讲竞聘者的业务能力时，可用一些获得的成果和业绩来证明。

第四步，提出假设竞聘者任职后的工作措施。这一步是重点，应该讲得具体翔实，切实可行。

第五步，用最简洁的话语表明竞聘者的决心和请求。

【例文】

物业管理中心工程部经理竞聘演讲稿

各位领导、各位评委、同志们：

大家好！

首先，感谢管委会、软件园、物管中心和同志们给予我这次展示自我的机会和舞台。我叫×××，1962年出生。1983年毕业于浙江××大学××工程专业，工程师；1983年至1996年在××厂工作，历任专业教师、技术员、设备分厂副厂长；1996年招入原发展物业公司工作，现为发展物业中心副经理。今天竞聘的岗位是发展物业管理中心工程部经理。

我今天演讲的主要内容分两个部分：一是我竞聘工程部经理的优势；二是谈谈做好工程部经理的工作思路。

回顾本人近年来的工作情况，可以总结为三个方面。

第一，尽职尽责为发展物业的初期建设鞠躬尽瘁。1996年发展物业公司物业部组建初期百业待兴，针对建筑设计及施工中的大量缺陷，我配合主管副总构建了物业管理部的基本架构，并力排众议，从实际出发，力主建立一个精简、高效的物业管理队伍，制定了一系列初期的规章制度。在这一时期，工程部重点做了两项工作，一是自主编制了一套计算机物业管理软件，使物业管理初步纳入到现代化管理轨道；二是改造及改正了大量大厦设计、安装中的不恰当、不适宜的缺陷，使得设备设施运行更安全、更经济、更可靠。

第二，尽心尽力为发展物业的发展做出了应有的贡献。众所周知，发展物业经历了多次变革，但我始终一如既往地尊重、支持各任领导的工作，维护领导的威信，愿当配角、甘作绿叶。辩证地看待自己的长处和短处、扬长避短，团结协作，做到：到位而不越位，补台而不拆台。在保证自己所管辖的工程部工作符合公司要求外，还为公司主编了一套“发展大厦物业管理制度汇编”及以后辅助编制了一系列管理制度，为发展物业管理从无到有，从小到大，并且不断走向规范、走向成熟，贡献了自己的光和热。

第三，全心全意为发展物业的突破发挥自己的聪明才智。为了发展物业有一个更好的未来，我已积累了各种资料约10多万字，计有《物业管理招投标方案》、《住户手册》、《员工手册》、《质量手册》、《安保手册》、《企业CI手册》、《管理表格汇编》、《管理制度汇编》、《合同协议汇编》、《设备操作规程汇编》、《应急处理程序汇编》等。

我没有辉煌的过去，只求把握好现在和未来。今天，我参加工程部经理职位的竞争，主要基于以下几个方面的考虑：

一是我有吃苦耐劳、默默无闻的敬业精神。在物业初创时期，我事必躬亲，到过大厦的每个地方，摸过大厦的每个部件，工作上踏踏实实，兢兢业业，一丝不苟，充分体现出“特别能吃苦、特别能忍耐、特别能战斗、特别能奉献”的爱岗敬业的良好品质。

二是我有虚心好学、开拓进取的创新意识。我从学校毕业后，从没间断过学习提高。1984年参加××省首批汉语言文学专业自学考试，连续两年合格，后因参加新厂筹建设计及以后的安装、调试、运行等繁重的工作而中断；为了进口设备筹建、安装工作的需要，我又参加了英语专业学习；在担任设备分厂副厂长后，又针对所管工种需要，参加了电工、司炉、空调、管道等操作培训；随着进入发展物业公司工作，我又应工作需要，学习了电信、消防设备维护、安装和保养知识；根据现代化物业管理和公司实际需要，我又自学了计算机操作和编程，掌握了计算机辅助制图、设计；当国际软件园入住我大厦后，我又很快掌握了网络设计、施工和调试知识。现在为适应公司发展和自身学历的需要，我正在读物业管理专业大专。

三是我学以致用、从实践中来到实践中去的务实精神。一直来我不唯书、只唯用，不唯虚、只唯实。我基本做到了文理贯通、机电一体，既有广博的理论基础，又有实际工作经验，所以在我的工程技术工作中时常会揉和感性的审美元素和分析问题的融会贯通、解决问题的快捷实效；我水、电、暖、通、空、消防、电信、电脑、网络皆有所学。我想，虽然我不是最专业，但我确实很全面，这对一个技术管理工作者来说，非常重要。

四是我有勇于实践、敢于挑战的求是精神。经过多个工作岗位的实践锻炼，培养了自己多方面的能力，能说，能写，能干事，干成事。工作20年来我思想活跃，爱好广泛，勇于实践、接受新事物快；同时我朝气蓬勃，精力旺盛，工作热情高、工作干劲足。我分别参加了两个2000多万元投资的××厂的空调除尘专业设计、施工、安装及调试，我还为多个工厂企业的水电专业设计、施工、安装及调试，又为多个软件、商贸企业装潢、电气、网络专业设计、施工、安装及调试，另为一物业公司设计了全套物业管理竞标方案，并多次为大物业、控股公司上等级及技术问题献计献策、排忧解难。

五是我有严于律己、诚信为本的优良品质。我信奉诚实待人、严于律己的处世之道。我曾经多年在上百人的分厂工作，既要维护分厂领导的权威，又要和工人师傅打成一片，正因为具有良好的人格魅力和做人宗旨，同工友们建立了亲如兄弟的深厚感情，受到了工友们的爱戴。到发展物业工作后，我在日常生活和工作中，不断加强个人修养，以“老老实实做人、勤勤恳恳做事”为信条，严格要求自己，尊敬领导，团结同志，得到了领导和同事的认同。

六是我有一定的管理能力。我在基层管理岗位，已达10几年之久，从事物业工程管理工作，也有6年了，所管设备从未出现过大的事故。

综上所述，我认为自己已具备担任物业公司工程部经理的素质和才能。那么如何做好一个合格又称职的工程部经理呢？我认为就是应该认清角色、摆正位置、行权而不越权，到位而不越位，认真履行好本职工作，具体概括为“一个原则”、“两个中心”、“三个转变”、“四个做到”。“一个原则”就是上为领导分忧，下为住户服务，以管委会领导提出的“三个满意”为原则，作为全部工作的出发点和落脚点。“两个中心”就是围绕服务与管理两个中心，突出服务意识，以服务促管理，以管理带服务，提高自身和部门的业务素质，搞好队伍思想政治工作建设。“三个转变”就是实现由管理型工作向服务型工作的转变，由事务型工作向精品型工作的转变，由管家型思维向主人翁精神的转变。“四个做到”就是：第一，全面提高自己的综合素质，努力做到政治上成熟、业务上过硬、纪律上严明、作风上优良、为人上正派、工作上突破、业绩上突出，不负众望，不辱使命，做到“以为争位，以位促为”。第二，锐意进取、增强改革创新意识，做到守法不旧、创新不变，与时俱进，全面推动工程部各项工作上台阶上水平。第三，妥善处理三个关系，做到对上级要尊重，充分发挥自己的参谋助手作用；对下级要多关心、多帮助，充分调动他们的积极性、主动性、创造性；对同级要多沟通、多交流，相互配合、紧密合作。第四，廉洁做事、树立形象，做到有权不滥用、有名不自争、有功不自居、有责不自推，以自己良好的形象和表率作用感召人、影响人、带动人、增强本部门的凝聚力、战斗力。

尊敬的各位领导、各位评委、全体同仁们，竞争上岗有上有下、有进有退，上固可喜、下也无悔，一如既往；进也可贺、退也不馁，一片丹心。我没有惊人的业绩，也没有耀眼的资历，更没有显赫的学历，优势也不足挂齿。我不敢奢求什么，只想让大家认识我、了解我、帮助我，亦或喜欢我、支持我。也正因为如此，我更加清醒地看到了自身存在的差距，促使我在以后的工作当中，励精图治，恪尽职守，努力学习，勤奋工作，以绵薄之力来回报组织和同志们。

最后我要说，在我多年的工作经历中，属于我的舞台不多，今天借此机会，表达一下我的心愿，感谢各位领导多年来对我的教育和培养，感谢与我同舟共济、朝夕相处的全体同事对我的帮助和信任。谢谢大家！

（资料来源：搜-百范文 http://www.soloo.cn）

2.8 述职报告

2.8.1 概述

1．述职报告的概念

述职就是陈述职责。述职报告，是指各级管理人员和专业技术人员，向主管单位或本单位群众，陈述自己在一定时期内履行岗位职责的评述性文体。

2．述职报告的特点

（1）履职的自鉴性　述职报告是述职人（即作者）对自己任职期间德、能、勤、绩等方面的情况作自我定性、自我评估、自我鉴定，这是一件极为严肃的事情，述职者必须以认真、慎重的态度对待，既要对自己负责，也要对公司负责，对业主负责。

（2）内容的纪实性　写述职报告应以纪实为主，是实实在在已经进行了的工作和活动，原原本本地反映事情的本来面目，切忌弄虚作假和内容不详，也不能“添油加醋”或借题发挥，大作字面上的文章，更不允许无中生有，胡编乱造。

（3）表达的直陈性　述职报告的纪实性决定其表达方式必须以叙述为主，运用明白流畅的语言，直截了当地把做过的事情和开展过的活动及其效果写出来，不发议论，也无需旁征博引，进行论证。

（4）思路的明晰性　述职是用口头方式进行的，应使人一听就明白。这就要求在写述职报告时，对工作的走向，前因后果，要说得清，道得明，“能见度”高；所叙述的事情要简明扼要，条清缕晰，使人听了，能了然于心，易于作出恰当的主观判断。

（5）语气的谦诚性　这是由述职时述职者的身份决定的。他们是被考核者，要接受评议、监督。表述的口气，运用的语言，应有礼貌、谦虚、诚恳、朴实、大方，分寸得当，切不可傲慢，盛气凌人。

3．述职报告与个人总结的区别

述职报告同个人总结既有联系，又有区别。其相同之处在于，它们都是对已经完成的某一阶段或某一项工作进行系统回顾和分析，都要求事实材料和观点紧密结合，全面系统地反映情况，总结经验、教训和今后的努力方向。述职报告与总结的不同之处有：

（1）回答的问题不同　总结要回答做了什么工作、取得了哪些成绩、存在什么缺点、什么经验教训等；述职报告回答的则是肩负什么职责、履行职责的能力如何、怎样履行的、称职与否等。

（2）写作的重点不同　总结在于全面归纳工作情况，体现工作成绩；述职报告则必须以履行职责方面的情况为重点。

（3）所起作用不同　总结在于回顾过去、展望未来，为下一步工作取得成绩奠定基础；述职报告则是为了有利于上级了解考察员工的优劣好差，促使员工强化职责观念，不断提高思想理论和政策水平。

（4）使用方式不同　个人总结一般以书面形式上报存档，作为领导掌握下属工作情况的依据；述职报告一般是通过会议形式向领导和他人讲述，但也有以书面形式上报给有关部门的。

2.8.2　结构和内容

述职报告的写作，一般应包括标题、称谓、正文和落款四个部分。

1．标题

标题写法比较灵活。一种是单独使用文种名称，如《述职报告》；另一种是任职时间或人称加文种名称，如《2006年述职报告》；还有一种是新闻式双标题，正标题概括述职报告的中心内容，副标题由第一人称、文种构成或由时间、文种构成，如《在困难中开创××工作的新局面——我的述职报告》。

2．称谓

称谓是述职者对听众的称呼。称呼根据听众对象的身份、地位而定。如“各位代表（委员），同志们”、“各位领导，同志们”。

3．正文

正文一般由引言、主体、结尾构成。它们所要回答的是：我“干了些什么？”、“怎样干的？”、“干得怎么样？”等问题。

（1）引言　概述述职者的基本情况。即述职者的姓名及现任职务、任职时间、分管哪些部门或哪些工作、岗位职责和年度工作目标或任务是什么。这部分要写得简明扼要，给听众一个大体印象。

（2）主体　主体写工作业绩。这部分是述职报告的核心，主要写履行职责和完成任务的情况，即工作实绩。一个人的实绩往往体现在很多方面，如对上级交办事项的完成情况和对所分管工作任务的完成情况。不仅如此，还要写在工作中出了哪些主意，采取了哪些措施，作出哪些决策，解决了哪些实际问题，纠正了哪些偏差，做了哪些实际工作，取得了哪些业绩。其中，主要业绩有哪些，是否达到了岗位目标的要求，哪些目标有所突破等。除此之外，还应对个人的思想作风和职业道德作扼要的交待。这些是述职报告应写的基本内容。当然，不同类型的管理人员又有不同的重点。总之，管理类人员主要陈述实现质量和利润、成本、技术履行等经济指标，以及改善职工工资收入和福利待遇等方面的情况。业务类人员，主要陈述完成上级下达的各项任务的情况，经济和社会效益如何，处理日常事务的情况，有什么创新、突破，以及调查研究的情况等。这部分应写得充分、翔实，言之有物，有说服力，以利于考评人员首肯。

这部分涉及的面较广，内容较多，一般采用分条列项的写法。

（3）结尾　结尾写存在的主要问题，并分析问题产生的原因，提出今后改进的意见和措施。这样，一方面可以使述职者明确今后的努力方向，另一方面有助于考评者和群众了解述职者解决问题的能力和态度。这部分行文要求简短、有力、自然。

4．落款

落款写述职者的单位名称、姓名和述职时间。

2.8.3 写作要求

1．实事求是，充分展示自己

每个述职者要在客观事实的基础上充分展示自己的良好形象，切不可把集体或他人的工作成绩当作自己的工作实绩来写。任何工作都是有分工的，所以，是自己的，就是自己的；是集体、别人的，就是集体、别人的。写作中，只能挖掘属于自己的东西，即交待清楚自己在其中所担任的工作及所起的作用。

2．强化重点，反映履职实绩与能力

述职报告的写作目的不是为了评功摆好，而为了说明是否称职。它的写作重点应紧紧围绕“职责”二字，把履职的实绩和履职的能力表现出来。如果像流水账一样泛泛罗列，看上去似乎面面俱到，成绩也不少，一分析就会发现，把所有的工作都平分秋色，结果毫无主次之分。最好在行文前对自己工作职责全面回顾，大小轻重一目了然，写起来容易强化重点、主次分明。

3．突出个性，力争写出本色

上级是通过素质、经验、能力等个性去深刻地认识述职者，发现述职者的创新、开拓精神，发现述职者独有的气质和贡献，从而加深印象。所以，在写作中，一要注意选取材料时突出个性的准则；二是写作技巧服务个性，如只详细介绍有代表性的成果或成绩，其他则综合概括。

【例文】

述 职 报 告

2005年3月，组织调任我为××社区副主任。回顾在××物业公司担任经理的6年来，所取得的成绩离不开公司党委和公司各科室的大力支持。在这6年中，我时刻不忘作为一名党员干部的神圣职责，虽然班子成员几经变动，但我始终与班子成员团结协作，带领公司全体干部职工以“创一流物业管理公司”为目标，艰苦创业，努力工作，不断强化管理，规范运作，拓宽市场，提高服务质量，较好地完成了公司的各项工作任务。现述职如下：

一、加强学习，努力提高自身素质

这些年来，我坚持学习十六大精神和三个代表的重要思想，并同落实上级要求和创造性地开展工作结合起来，以增强干好工作的责任感和使命感，并紧紧围绕“观念怎样转变，思路怎么创新，物业如何发展”这些深层次的问题去实践。自从××物业公司成立之日起，我便以一个物业新兵的姿态去努力学习物业管理知识，去研究物业企业的发展方向和物业市场的发展趋势，我始终认为物业公司要生存，就必须走规模化道路。对此，我在思想上始终与社区保持一致，超前工作，做到了“认识到位、思想到位、工作到位”，在较短的时间内使公司的各项工作实现了有序运转。在工作中，我同班子成员一起研究确定了公司的管理运作模式、工作目标和“规范化管理、标准化服务、规模化经营、品牌化建设”的总体工作思路，并围绕这一思路开展了一系列扎实有效的工作，使公司的整体管理水平得到了进一步提高。我深知，作为一名管理者，要想带领大家创市场、求生存就必须不断地学习。为了提高自身领导能力和管理水平，我几年如一日的坚持经常性学习，学习物业管理相关知识，学习市场经济理论，以不断充实自己，提高自己适应改革发展的需要。

二、履行职责，努力做好本职工作

作为公司经理，把精力用在管理上，用在抓服务上，用在抓队伍和品牌建设上，这是本职要求。6年来，我坚持按照“精、细、美”的工作标准和“严、恒、细、实”的工作要求去安排、布置、检查各项工作，制定并完善了公司各项工作制度、工作标准和考核办法，按照精干、高效的原则，组建了符合公司特点的运行机构，并对基层工作运行情况进行不间断的检查。我坚持定期到各队站听取意见，指导工作，帮助解决困难，在基层干部中树立起了“不干则罢，干就干好”的争一流精神。在抓好管理和服务的同时，我与班子成员一起积极协调各方关系，努力开拓外部市场，增加公司收入，并积极筹措资金，改善基层的办公条件。为了强化素质教育，在抓好员工岗位培训的同时还积极创造条件组织管理人员外出学习，开扩视野，增长知识，以提高基层干部的工作能力。工作中，我注重发挥班子成员的作用，坚持“重大问题集体决策，具体工作分工负责”的原则，及时沟通交流，工作上能够尽职尽责，尽心尽力形成合力做好各项工作，培养出一个团结稳健、充满活力的班子。

三、严格自律，树立良好形象

日常工作生活中，我严格要求自己，以身作则，注意听取班子成员的意见，尊重、团结每一个班子成员，不搞一言堂，不搞特权，不谋私利，自觉遵守廉洁自律的各项规定，对涉及到采购、录用、合同签订等敏感问题，自己始终坚持“工作人员具体运作，分管领导严格把关，主要领导最后负总责”的工作原则，能够做到不插手，不介绍，严格要求自己“堂堂正正做人，踏踏实实做事”，要在职工中树立一个良好的干部形象。

四、6年来的工作目标完成情况

6年来，在公司全体干部职工的共同努力下，各项工作目标均圆满完成。

一是完成了小区创建目标。2000年清苑小区创建为局级优秀住宅小区，雅苑创建为省级优秀住宅小区，2002年雅苑创建为国家示范住宅小区，2003年清苑、舒苑两个小区顺利通过了省级物业管理优秀住宅小区的验收。

二是基层建设目标的全部实现。截至2003年12月，共创建了一个“十佳示范队”，一个“名牌基层队”和两个“行业一强”，另有3个基层单位被评为“社区优秀基层队”。

三是实现了历年成本指标不超的目标。2000年公司成本控制在了652.26万元以内，并且水费实现了大幅节余；其他几年公司成本均控制在计划指标之内，并有一定节余。

四是外拓市场有了进一步发展。2001年，公司筹集50万元成立了以家政服务中心为依托的“××综合服务公司”，2003年公司实现外拓物业管理收入近百万元。

五是居民综合满意率历年来均保持在98%以上。

六是日常物业管理工作在社区考核与评比中实现了争第一的目标。

七是在探索物业管理“社会化、专业化、市场化”方面迈出了新的步伐。

五、存在不足及改进方向

一是成本控制力度还略显不够，虽然成本控制指标不超，但成本控制的机制还没有完善起来。

二是在摸准下情上做的还不够，听取职工对公司发展的建设性意见较少。

三是公司某些方面、某些环节按照“精、细、美”的工作标准去衡量还有一定差距，还没有把“精、细、美”的工作标准贯穿到各项工作的全过程，需要在精细管理上下功夫。

岗位的改变并没有改变我工作的热情，在今后的工作中，我将继续发扬成绩，克服不足，带领广大干部职工奋勇争先，努力做好上级安排的各项工作。

述职人：×××

2005年4月2日

小　结

写作计划，一要注意根据计划的内容、范围、时限的不同，正确地选择计划的种类；二要注意在编写计划主体部分时，一定要有明确的任务、目标，清晰的措施、步骤，让读者一目了然；三要按照任务、目标、措施、步骤的顺序安排主体部分结构，做到层次清楚。

写作总结，正文部分工作情况的叙述与经验教训的议论两个部分的有机结合是核心问题，一定要注意工作情况是经验教训的基础，经验教训是工作情况的分析归纳；在归纳规律的基础上，突出个性，是提高总结质量的重要途径之一。

写作调查报告，调查材料的真实、全面是保证写作质量的重要基础，其次，是对材料的认真分析研究。对材料的安排，与总结相同，那就是要强调材料与观点的一致。内容具体、重点突出，是动笔时要慎重考虑的，切忌面面俱到。

写作经济活动分析报告，总起来说，与写作调查报告基本相近，区别在于经济活动分析报告，除了要求材料可靠外，选择科学有效的经济活动分析方法并娴熟地使用，是关键的写作步骤，因为，这直接决定着分析的结论是否科学准确，对特定的读者来说是否具有可读性和可信度。意见或建议是经济活动分析的重要组成部分，决定着文章的价值，一定要注意其指导性和现实性。

编撰简报，一是要注意格式的规范，二是要注意选文选篇对实际工作的指导意义和时效性。选文选篇还要力求新颖、真实可靠。

记录会议记录，一要写明会议的组织情况，二要忠实记录会议的内容。做好会议记录书写速度或录入速度是关键，平时要注意多加练习，尤其注意掌握记录的技巧。

写作竞聘演讲稿，真诚、事实求是的态度是关键，材料的选择安排，要突出目标的明确性，摆出的竞聘条件要针对岗位要求，不要泛泛而谈，面面俱到；提出工作目标、工作构想、工作方案应是听众所关心的，不要过于具体，要切实可行；结构顺序要体现思路的程序性，即开门见山讲所竞聘职务和竞聘缘由；简洁地介绍个人情况：摆出竞聘条件和优势，提出任职后的工作措施，表明自己的决心和请求。

写作述职报告，首先要注意的是它与总结的区别，正确把握文体特点。其次，工作业绩要写得充分、翔实、言之有物、实事求是，既要突出一定的个性，又要避免泛泛罗列，没有重点。再有，要摆正自己在工作中的位置，交待清楚自己在其中所担任的工作及所起的作用，既不要贪他人功劳，也不要遗漏个人的工作实绩。

能 力 训 练

一、下列各计划的标题恰当吗？为什么？

1.《××物业管理有限公司开展优质服务的五年安排》

2.《××物业管理有限公司七月份业务培训纲要》

3.《××物业管理处三月份维修工作设想》

4.《××物业管理有限公司 2008 年环保工作设想》

5.《××物业管理有限公司 2008 年开展职工培训活动的初步要点》

二、利用实习，帮助实习单位写一份周工作安排。

三、下面是习作《个人期中总结》，读后请分析例文中是什么毛病？原因何在？

【例 1】

开学以来，经过半个学期的努力，在学习、思想、纪律、劳动、体育等几个方面都有很多收获，同时也有许多不足。

一、学习方面

本学期以来，我的学习更加刻苦了，对于知识无论是课内还是课外的，我都会吸其精华据为己有，以此来开阔我的视野；在实训课上，我也是尽量利用更多的机会专心致志地反复练习，力争又快又好地掌握动手操作能力。本学期，我把大多数时间都用在学习上，整天除了学习，当然也有许多有意义的活动，要劳逸结合吗！本学期，我走了十多家书店，读书几十本，看到了许多、也学到了许多……

二、思想方面

……

【例 2】

开学两个多月了，这段时间总的来说，收获少，失去的多……这主要有以下几点：

一、不认真听教师讲课。老师在前面讲课时，我在下面睡觉。

二、没能按时复习。……

三、不按时完成作业。……

四、浪费时间。……

四、利用实习，帮助实习单位写一份周工作总结。

五、不同类型调查报告的导语各有其特点，阅读下列几则导语后，请回答：

1．它们各属于哪个类型的调查报告？

2．此类调查报告的导语一般应着重写什么？

3．各例是从哪个方面开篇入题的？

A. 随着改革的不断深化，国营企业运行中市场的成分在逐渐加大。现在企业与市场之间是一种什么关系？企业与市场有多远的距离？最近，记者带着这些问题对湖北省襄樊市的七家工厂进行了一番调查。

这七家工厂都是国有企业，其中有四家大型企业，二家中型企业，一家小型企业。据襄樊市政府负责同志介绍，这七家企业在国有企业中具有代表性，能够反映目前国有企业的现状。

B. 化肥，作为粮食的粮食，对现代农业生产起着举足轻重的作用。其价格的变化格外敏感地刺激农民的神经，影响着农民从事生产的积极性。

今年以来，我省化肥销售市场出现价格上涨过高过快的局面，给兴致勃勃从事粮食生产的农民迎头泼了一盆冷水。农民们茫然了，国家强调重视农业，可是农业生产资料的价格为什么又提高得这么快，市场这么乱？带着这个问题，我们先后在7个市、14个县区，进行了专题调查。

C. 湖南兰溪，洞庭湖畔一个古老集镇，米市曾尤为发达。改革开放给兰溪人带来了经商致富的黄金时代。不少农民开始重操旧业，收购余粮，兴办米厂，逐渐发展成为产供销一条龙的粮食专业市场。5公里地段内，200多台组合米机一字儿排开，“轰隆隆”地响个不停。车水马龙，商贾云集，一片繁忙。这里，日成交粮食60万公斤，年成交总量达到2.5亿公斤。

六、进行社会调查，写一篇反映当前社会物业管理现实的调查报告。

七、请分析教材中经济活动分析报告例文主要运用了什么分析方法，并举例说明。

八、利用教学实习，为实习企业编撰一份企业管理服务活动简报。

九、组织一次有关近期物业管理服务热点问题讨论的主题班会，并认真做好会议记录。

十、根据“管理处主任助理岗位职责”，拟写一份竞聘演讲稿。

管理处主任助理岗位职责

一、负责本部门工作的策划、指导、监督、把关。

二、负责对本部门员工考核。

三、接待住户和来访客人，对住户投诉耐心解释，及时处理。

四、熟悉辖区楼宇及公共设施设备状况。

五、熟悉绿化、保洁、保安、交通、消防等管理规定，并熟练运用。

六、负责处理辖区内重大违章事件和突发事件。

七、定期巡查辖区，发现存在及潜在问题，并及时处理。

八、向员工和住户宣传国家物业管理法规政策。

九、负责指导、监督员工建立健全管理档案。

十一、下面是一篇述职报告的前言，谈谈有哪些毛病，请试作修改。

我1985年毕业于北京工业大学机械系，在部队锻炼一年半后，分配到重型机械厂工作，先后在车间任技术员、车间副主任、主任职务。2002年3月提任厂党委书记，至今已整四年，我在任职期间，只是一名“班长”，工作主要是一班人做的，我在这一年里能展开工作的主要原因是大家的支持和帮助，我这里表示感谢，下面将我们这个班子一年来的工作及我个人的情况向上级和同志们述职如下：

第3章 公务文书

学习目标

通过本章学习，了解公务文书的概念、种类、格式及发文、收文的办理程序，了解通知、通报、报告、请示、函、会议纪要的概念和适用范围，掌握物业管理活动常用公务文书的结构和内容，能够正确地选择公务文书文种，撰写格式规范、内容符合要求的公务文书。

关键词

公务文书　公文格式　书面格式　收文　发文　通知、通报、报告、请示、函、会议纪要

3.1　公务文书概述

3.1.1　公务文书的概念及种类

1．概念

公务文书是指国家党政机关、人民团体、企事业单位在进行公务活动时所使用的体式完整、内容系统的各种书面材料。

2．特点

（1）作者的法定性　公务文书的法定作者是依法成立并能以自己的名义行使职权和担负义务的机关、团体或组织。公务文书的内容受法律、工作需要和领导指示的制约，撰写和制发公务文书不是个人行为，其法定作者制发公务文书的权利和名义受法律的保护。

（2）严格的时效性　公务文书主要是发文单位针对公务活动中的某种具体问题而制发的，为保证公务文书及时地下发或上达，解决公务活动中的实际问题，公务文书具有严格的时效性，即在法定的或一定的时间范围内，它的执行才有效。

（3）程式的规范性　规范性是指公务文书的编制和办理具有一系列的原则、方法、程序和格式，一般参照《国家行政机关公文处理办法》和《国家行政机关公文格式》（GB/T 9704—1999）中对行政公文的文体、结构、格式、用纸规格、行文规则、公文的办理、归档管理等的规定，不得随意更改。

3．种类

国务院办公厅2000年8月24日修订发布，于2001年1月1日起施行的《国家行政机关公文处理办法》中规定的公文种类共有13种：命令（令）、决定、公告、通告、通知、通报、

议案、报告、请示、批复、意见、函、会议纪要。这里只重点介绍通知、通报、报告、请示、函和会议纪要这几种常用公务文书。

上述公务文书，按照行文方向划分，有下述三种：

（1）上行文　上行文指的是具有隶属关系的下级单位向上级单位报送的公务文书，如请示、报告等。

（2）平行文　平行文指同一组织系统的同级单位或不相隶属单位之间的来往公务文书，如函、议案等。

（3）下行文　下行文指上级单位对下级单位所属单位发送的公务文书，如命令（令）、决定、指示、公告、通告、通知、通报、批复、会议纪要等。

有些公务文书的行文方向并不十分固定。例如通知，主要为下行文，有时也具有平行文的性质；函，主要是平行文，有时也兼用作上行文。

此外，公务文书按缓急程度可划分为：特急、急件、一般文件三类；按保密级别可划分为：绝密、机密和秘密三类。

4．公务文书的行文规则

《国家行政机关公文处理办法》第13条规定“行文应当确有必要，注重效用”。第14条规定：“行文关系根据隶属关系和职权范围确定，一般不得越级请示和报告”。具体的行文规则详见《国家行政机关公文处理办法》第四章“行文规则”。

3.1.2　公务文书的格式

公务文书的格式，包括纸张要求、印刷要求和书面格式。其中书面格式与公务文书写作和处理的关系更直接、更密切。对公务文书的格式，参照《国家行政机关公文处理办法》和《国家行政机关公文格式》中的规定。

1．书面格式

《国家行政机关公文处理办法》中规定公文的格式通常由：份数序号、秘密等级和保密期限、紧急程度、发文机关标识、发文字号、签发人、标题、主送机关、正文、附件说明、成文日期、印章、附注、主题词、抄送机关、印发机关和印发日期等要素组成。

公务文书的书面格式可划分为眉首、主体、版记三部分。

（1）眉首部分　置于公务文书首页红色反线以上的各要素统称眉首，也叫文头。

1）公务文书份数序号：是将一文稿印制若干份时每份公务文书的顺序编号，用阿拉伯数字顶格标识在眉首的左上角第一行。“绝密”、“机密”级公务文书应当标明份数序号。如发文单位认为有必要，也可对不带密级的公务文书编制份数序号。

2）秘密等级和保密期限：秘密等级简称“密级”，是公务文书涉密程度的标识，根据涉密程度分“绝密”、“机密”、“秘密”三等，标识在眉首右上角。“平件”不予标注。保密期限跟在秘密等级后，写明具体年限。

3）紧急程度：是对公务文书送达时限和办理速度要求的标识。紧急程度分为“特急”、“急件”两种，标识在眉首右上角“秘密等级”下方。

4）发文单位标识：也称文件名称，一般由发文单位全称或规范化简称后加“文件”组成。如“国务院办公厅文件”、“××省人民政府文件”。联合行文时主办单位名称排列在前，也可以只用主办单位名称。发文单位名称，多用套红大字居中印在公务文书首页上部，又称之为“红头”。

5）发文字号：是由发文单位对其所制发的公务文书依次编排的顺序代码。排印在发文单位标识下空 2 行反红线之上居中排印。发文字号由单位代字、年份、序号组成。年份、序号用阿拉伯数字标识，其中年份应标全称，用六角括号“〔 〕”括入。几个单位联合行文，只标明主办单位发文字号。如“国办发〔2005〕89 号”中的“国办”，是国务院办公厅的代字；“发”是指此文由国务院办公厅发出的；〔2005〕是指该文是 2005 年发出的；“89 号”是国务院办公厅 2005 年发出的第 89 份文件。建住房〔2006〕196 号，是原国家建设部房地产业司 2006 年发出的第 196 份文件。

6）签发人：即代表发文单位核准并签发公务文书的领导人的姓名。上报的公务文书应标识签发人姓名，平行排列于发文字号右侧。

（2）主体部分

1）标题：应当准确、简要地概括公务文书的主要内容，并标明公务文书种类。完整形式的标题由发文单位名称、事由和文种三个要素构成，有的也可省略发文单位或事由。发文事由多以“关于……”这一介词结构形式出现，可分一行或多行居中排布，排列对称，间距恰当；回行时要做到词意完整，不应把词、词组拆开。如：

沈阳市房产局机关和事业单位工作人员

行政过错责任追究试行办法

标题中除法规、转发文件、规章名称加书名号外，一般不用标点符号。

2）主送单位：是指公务文书主要受理单位，即负责主办或答复行文的单位，应当使用全称、规范化简称或同类型单位的统称，在标题下一行顶格书写，回行时仍顶格。主送单位后面标注冒号。上行文只有一个主送单位，下行文的多个主送单位按主次顺序排列，依据主送单位多少及其级别和相互关系分别选用顿号、逗号、括号。公开发布的普发性公务文书通常不写主送机关。

3）正文：是公务文书具体内容部分。在主送单位下一行，每自然段空 2 格写起。数字、年份不能回行。正文一般由开头、主体、结尾三部分组成。

开头。用简洁的语言写明发文的目的、缘由、根据、起因。这部分或从行文的目的写起，常使用“为了……”，“为使……”等词语；或首先说明行文是以有关的政策、法规、指示为依据，常使用“根据”，“按照”等词语；或说明行文的缘由，常使用“由于”，“鉴于”等词语开头；或开头引述其他单位的来文。要求开门见山，简明扼要。

主体。这是公务文书的最主要的部分，这部分要在“一文一事”的写作原则下，阐明公务文书的主要事项。具体内容“因文而异”：如果是向上级报告或反映情况，就应该扼要叙述事实的经过；如果向上级单位有所请示或提出本单位意见，需要上级单位答复的，则必须陈述充足的理由；如果是对下级单位有所指示的，则必须提出依据的有关政策、法规，并结合实际情况，提出看法、意见、希望等。

这部分的写法比较灵活，结构上多用总分式，先概括要点，再具体说明；分条列项，层次分明。要求重点突出、条理清楚。

结尾。要根据公务文书内容和行文关系，或总结全文，或说明未尽事宜，或对受文单位提出具体要求或希望等；有些公务文书的结尾有较为固定的习惯用语，如“报告”常用“特此报告”，“通知”常用“特此通知”，等作结束语。

4）附件说明：是附在正文后的有关材料，包括随文转发、报送的文件，颁发的规章制度及文件中的报表、统计数字、人员名单等，是公务文书正文内容的有机组成部分，与公务文书正文具有同等效力。

5）成文日期：即公文生效的时间，以负责人签发的日期为准，联合行文以最后签发单位负责人的签发日期为准；用汉字书写（“零”写作“○”），即俗称的“大写”，同时年、月、日要齐全。

6）印章：加盖印章或签署人姓名是公务文书生效的标志。公务文书除“会议纪要”和以电报形式发出的以外，都应当加盖印章。印章要端正、清晰，骑年压月。

另外，当公务文书排版后所剩空白处不能容下印章位置时，应采取调整行距、字距的措施加以解决，务使印章与正文同处一面，不得采取标识“此页无正文”的方法解决。

7）附注：是需要说明的其他事项。附注说明文件的阅读、传达范围、使用方法等，是对正文中有关名词术语及有关事项的注释、说明。如“此件发至县团级”、“此件可见报”等。居左空2字加圆括号标识在成文日期下一行。

（3）版记部分

1）主题词：主题词是公务文书检索标识，是用来揭示公务文书基本内容并经过规范化处理的名词术语，便于各类公务文书的计算机存储、检索及管理工作。主题词一般由名词或名词性词组组成，以不少于三个、不超过五个为宜，依据含义由大到小，按类别词（反映公务文书主要类别），类属词（反映公务文书具体内容）和文种词（反映公务文书形式）的顺序排列。使用公务文书主题词时，要从国务院办公厅编制的《国务院主题词表》中选用规范的主题词。主题词的选用组合以能确切反映公务文书主题内容为原则。如深圳市物业管理协会《关于对深圳市×××物业管理有限公司在媒体宣传中发表不负责任言论的通报》的主题词是：物业管理 媒体言论 通报。主题词的位置居左顶格标识，后标冒号；词句之间空1字，不要加顿号。

2）抄送单位：是指主送单位以外需要执行或知晓公务文书内容或协助办理的上级、下级或不相隶属的单位。如有送抄单位，在主题词下一行，左右各空1字标识“抄送”，后标冒号；抄送单位间用逗号隔开，回行时与冒号后的抄送单位对齐；在最后一个抄送单位后标句号。

3）印发单位和日期：是指公务文书的印制主管部门，一般应是各单位的办公室或文秘部门。印发时间以公务文书付印的日期为准，用阿拉伯数字标识。

4）版记中的反线：版记中各要素之下均加一条反线隔开。

5）版记的位置：因为《国家行政机关公文格式》规定公务文书双面印刷，所以版记应置于公务文书最后一面（封四），版记的最后一个要素置于最后一行。

公务文书虽然有较固定的格式，但是在一般公务文书中，这些要素不一定都具备，而哪些要素可以省略，就要根据公务文书的具体内容决定了。

2．用纸要求和印制要求

（1）公务文书用纸　采用国际标准A4型（210mm×297mm），张贴的公务文书用纸大小，根据实际需要确定。

（2）文字符号　一律从左至右横写、横排。在少数民族自治地方，可以并用汉字和通用的少数民族文字。

（3）印刷装订　公务文书要双面印制，左侧装订。

3.1.3　公务文书的办理程序

公务文书的办理分为收文、发文两个阶段。

1．收文

凡是外单位送给本单位的材料统称为收文。

（1）签收　签收是指收件人员在对方的传递单或送交簿上签字，以表示文件收到并明确责任。

（2）登记　来文由文书（或专人）统一登记，其办法一般应按主送件、抄送件，分别以本单位收文顺序统一编号，登入《收文登记簿》。抄送件可直接送往有关部门。

（3）分发　分发要重点抓好分类、分办两个环节。分类是指文书根据文件内容及处理方式，对收到的来文划分为阅件、转办件、催办件三类；分办是在对文件登记分类后，分别按分工转给有关办文人员办理，分办文件应及时。

（4）拟办　拟办是指办文人员对来文应由哪位领导审批，哪一部门承办，以及承办过程中可能涉及到的事项提出初步处理意见，供领导人批办时参考。

（5）批办　单位领导人签批具体承办意见，包括指定谁（部门或人）负责办理，如何办理，办理到什么程度，以及时限等；然后文书根据领导同志的指示，把文件分别送交有关人员和部门办理。

（6）承办　凡是经领导人批办的公务文书，具体的承办人或部门要抓紧办理，不得延误、推诿。对不属于本单位职权范围或者不适宜由本单位办理的，应迅速退回交办的文秘部门并说明理由。

（7）催办　凡送交有关部门或人员办理的公务文书，文秘部门要负责催办，做到紧急公务文书跟踪催办，重要公务文书重点催办，一般公务文书定期催办。目的是防止漏办、积压延误。

（8）归档　归档也称立卷。公务文书办理完毕，把具有保存价值的单份文件，要按照一定的原则和方法，整理成一组有联系的案卷，以便查找利用，定期归档。

2．发文

以本单位名义制发公务文书的过程，统称发文。

（1）草拟　草拟就是起草公务文书，一般是由谁主管的事谁拟稿，重要公务文书由领导人亲自拟稿。草拟后在“发文稿纸”有关栏目内填写清楚。

拟稿前首先要明确发文的方式、主要问题、具体目的，初稿完成后，还要反复修改，使文稿准确、规范。

（2）审核　公务文书送负责人签发前，应当由办公室进行审核。审核的重点是：是否确需行文，行文方式是否妥当，是否符合行文规则和拟制公务文书的有关要求，公务文书格式是否符合《国家行政公文处理办法》的要求。

（3）签发　以本单位名义制发的上行文，由主要负责人或者主持工作的负责人签发；以本单位名义制发的下行文或平行文，由主要负责人或授权其他负责人签发。签发人要签署姓名和时间。

（4）复核　公务文书正式印制前，文秘部门应当进行复核。重点是：审批、签发手续是否完备，附件材料是否齐全，格式是否统一、规范等。

（5）缮印　签发的公务文书，要按规定的公务文书格式打印。做到清楚、整洁、美观。打印后的公务文书，要认真细致地校对，负责打印、校对的人，都要在“发文稿纸”上签名。

（6）用印　一般发出的公务文书，要盖上单位印章，盖章要端正、清楚。

（7）登记和分发　对已用印的公务文书，要把正件、附件全面检查一遍，再装封、编号、登记，对外发送。

3.2　通知、通报

3.2.1　通知

1．概述

（1）通知的概念　通知是批转下级单位的公务文书，或转发上级单位和不相隶属单位的公务文书，或发布规章，或传达要求下级单位办理和有关单位需要周知或者共同执行的事项，以及任免人员时使用的公务文书。

（2）通知的种类

1）发布性通知主要用于向所属下级单位发布有关行政法令和规章制度，有很高的政策性。撰写这类通知，一般要写明发布文件的名称和发布的意义，表明对这一文件的态度并提出实施要求。

2）批转性通知主要用于上级单位对下级单位上报的文件批转给有关单位。一般有两种：一是对所批转的公务文书表明批准或同意的态度，或作出评价与简要指示，要求受文单位研究执行。二是针对所批转的公务文书内容作进一步的阐释与论证，指明意义，提出执行意见与注意事项。

3）转发性通知主要用于向下级单位或部门转发上级单位或不相隶属单位的公务文书。这类通知一般要写明转发文件的名称，结合实际提出指示性意见或原则性要求。

批转性和转发性通知，常用“现将……批转（转发）给你们，请参照（遵照）执行”惯用语。

4）指示性通知主要是上级单位对下级单位传达指示、部署工作时使用。一类是传达上级指示、决定，布置需要执行与办理的一般性工作或具体事项，一类是上级主管业务部门向下级对口指导业务事项，一般用于对基层单位布置具体工作。

5）知照性通知主要用于知照有关单位或个人需要周知的事项，一般不需要执行或办理。如成立、调整或撤销机构，启用或废止公章。如有需要，也可通过传媒向社会公布。此类通知的结尾惯用“特此通知”或“以上事项望周知”等用语。

6）会议通知主要用于上级单位或有关部门通知重要会议或大型会议的召开，以保证会议如期召开。内容一般包括：会议名称、召开的根据和目的，会议的时间、地点和报到的时间和地点，与会人员，差旅费报销办法，乘车路线，与会者准备事项与注意事项、联系单位（联系人、联系电话）等。大型会议应附有会议日程和与会有关证件等。

7）任免、聘用通知主要用于任免、聘用事项。一般要分条列项写明：任免或聘用干部的单位（部门）名称、日期，任免、聘用人员的姓名与职务。聘用人员，还要写明聘用期限及有关待遇等。

2. 通知的结构和内容

（1）标题　标题一般由发文单位名称、事由、文种构成。有的通知标题也可以省略发文单位名称或事由。

（2）主送单位　主送单位要写明受文单位的全称或规范化简称。

（3）正文　不同类型的通知，正文的写法不尽相同，但通常由缘由、事项和结尾三部分组成。

缘由。这是制发通知的根据和目的。缘由之后，多用过渡语“特此通知如下”、“现将……的有关事项通知如下”等。

事项。这是通知的主体部分。内容较多的，要分条列项来写。内容的表达要具体、周密，语言要清楚、简练。

结尾。通知的结尾通常用“特此通知”等惯用语结束，也有的再次明确主题或提出要求和希望等。

（4）成文时间和发文单位（印章）

【例文一】

建设部关于印发《电梯应急指南》的通知

建住房〔2006〕3号

各省、自治区建设厅，直辖市建委、房地局，新疆生产建设兵团建设局：

为了应对电梯紧急情况，最大限度地保障乘客的人身安全以及设备安全，我部制定了《电梯应急指南》。现印发给你们，请做好宣传、贯彻工作。

中华人民共和国建设部

二○○六年一月四日

【例文二】

建设部办公厅转发《国家税务总局关于物业管理企业的代收费用有关营业税问题的通知》的通知

建办住房函〔1998〕161号

各省、自治区、建委（建设厅），直辖市、计划单列市建委（市政管委）、房地局（住宅局）：

现将《国家税务总局关于物业管理企业的代收费用有关营业税问题的通知》（国税发〔1998〕217号）转发给你们。

物业管理企业代收代缴水、电气等费用，是一项方便广大居民，提高办事效率和服务质量的工作。请你们按照《国家税务局关于物业管理企业的代收费用有关营业税问题的通知》精神，协调与有关部门的工作关系，指导、规范物业管理企业的代收代缴工作，努力推进物业管理行业的健康发展。

中华人民共和国建设部

一九九八年十二月二十九日

【例文三】

关于举办“2006年度物业管理师认定考试考前培训班”的紧急通知

高后物字〔2006〕11号

各会员单位:

去年年底，建设部和人事部联合发布了《物业管理师制度暂行规定》，指出国家对从事物业管理工作的专业管理人员，实行职业准入制度，纳入全国专业技术人员职业资格证书制度统一规划，物业管理项目负责人将由物业管理师担任。今后，物业管理开始步入法制化轨道，由建设部和人事部认定的物业管理师将成为物业行业的唯一从业标准。

今年8月16号，建设部办公厅〔2006〕59号文《关于物业管理师资格认定考试工作有关事项的通知》，明确了今年物业管理师认定考试的考核办法以及程序安排。第一批物业管理师认证资格考试将于今年的10月28日进行，考试报名截止日期为9月28日。

为了提高高校物业管理队伍的专业素质和理论水平，帮助高校报考人员进一步了解认定考试和明确并掌握正确的复习方向、方法，并顺利通过考试，经向建设部有关主管部门和中国物业管理协会培训中心的申请，并得到大力支持，高校物专会拟举办两期“2006年度物业管理师认定考试考前培训班”，届时将由“物业管理师认定考试”考前复习权威专家授课。现将珠海班有关事项通知如下:

一、培训时间和地点

1. 培训时间：2006年9月21日～24日（21日报到）。

2. 培训地点：广东省珠海市××大学珠海学院。

二、培训内容及方式

1. 重点培训今年认证考试的科目《物业管理实务》，同时结合相关政策、制度以及实际经营管理、操作的知识和案例。

2. 专家和职业教师结合考试和实操有目的性和倾向性的讲解。

3. 培训具体课时为：培训16个课时+串讲4个课时。

三、培训费用

学费：1300元/人（包含报名费、教材费、培训费）；住宿费自理。

四、报名方式和联系方法

1. 本次培训名额为50人。

2. 报名表传真至×××××××× 冯老师收；培训班报到时，将在现场指导填写《物业管理师资格认定考试申报表》。

3. 报名截止至9月15日18:00。

4. 根据报名先后次序，再发出报到通知书。

中国高教学会后勤管理分会
物业管理专业部
二〇〇六年八月三十日

3.2.2 通报

1. 概述

（1）通报的概念　通报是表彰先进，批评错误，传达重要精神或者情况的公务文书，是一种有较强的教育作用和指导作用的周知性的下行文。

（2）通报的种类

1）表彰性的通报主要用于表扬和宣传先进集体、先进个人的典型事迹，从中总结出成功经验，号召人们向先进学习。

2）批评性通报主要用于批评处理重大事故、事件、违法违纪案件等，告诫人们吸取教训，防止类似错误发生。

3）情况通报主要用于上级单位向所属下级单位传达有关重要情况、发布重要信息，以便上情下达，统一认识，协调工作，推动工作。

2. 通报的结构和内容

（1）标题　标题由发文单位、事由（表彰或批评的对象与事实实质）和文种构成，也有省略发文单位的。

（2）主送单位　通报的主送单位是发文单位的所有下属单位，所以有的通报也可以不写发文单位。

（3）正文　通报的正文通常由通报的原因、典型材料、希望或要求三部分组成。

1）表彰性和批评性通报的写法大致相同。一般包括以下部分：

开头。点明通报的对象，概述通报的原因，基本内容和作出的决定，并习惯用“现通报如下”、“予以通报表彰”等用语过渡下文。语言要简洁、概括。内容简短的通报，开头就直接叙述典型材料和作出的决定。

主体。叙述典型事例，要具体介绍被通报的人和事，如时间、地点、原因、经过、结果等，要清楚明白，重点突出。在此基础上进行适当的分析、评价，指出其教育意义——表彰的要揭示其主要精神实质，批评的要分析其要害和产生的原因。然后，作出表扬或处理的决定——表彰的，给予什么物质或精神奖励；批评的，给予什么处分、处罚。要简明扼要。

结尾。发出号召，提出希望或要求。

2）情况通报的写法，一般都要写明三方面的内容：一是通报情况；二是分析问题，要从现象到本质，揭示问题的实质；三是解决问题，即对所存在的问题，提出具体的措施和办法。行文要层次清楚，中心明确，文字简要，有明确的针对性和可行性。

通报的对象，必须是值得在社会上提倡的、具有典型意义的人或事；或者是与推进当前中心工作密切相关的重要事项、重大情况。通报的材料必须经过深入细致的调查和反复认真的核实，不能有半点虚假和错漏。通报只有通过对典型材料的具体叙述与入情入理的分析，才能令当事人与广大受文者心悦诚服、以达到倡导和鉴戒作用。

（4）成文时间和发文单位（印章）

【例文一】

关于表彰鼓楼区物业管理工作先进单位、先进个人的通报

宁鼓房〔2006〕2号

各物业管理公司、各业主委员会:

2005年度，鼓楼区物业管理工作长足发展，取得了良好成绩，各物业管理企业在服务意识、服务质量和管理机制上都有新的提高。为鼓励先进，鞭策后进，现通报表彰在2005年度物业管理工作中成绩突出的先进单位和先进个人。各物业管理企业和物业从业人员应以他们为榜样，学习他们的新理念、好经验、好做法，积极努力工作，在2006年物业管理工作中做出新的成绩。

南京市鼓楼区房产管理局

二〇〇六年二月二十六日

【例文二】

物业管理公司8月份品质检查情况通报

陕阳物（质）字〔2006〕第8号

各部门、各管理处:

2005年9月1日，公司组织了8月份品质检查，检查情况已在物业公司例会上说明，检查出的问题以检查汇总单形式下发，请各管理处经理按反馈单要求的整改时间监督落实。现将此次品质检查结果通报如下（总分为100分，80分以上为达标）:

第一名：大厦97分，本月品检达标，品检合格率100%;

第二名：家园96分，本月品检达标，品检合格率100%;

第三名：洋房95分，本月品检达标，品检合格率100%;

第四名：公寓91分，本月品检达标，品检合格率100%。

特此通报！

陕西阳天物业管理有限责任公司

二〇〇五年九月一日

【例文三】

关于对深圳市×××物业管理有限公司在媒体宣传中发表不负责任言论的通报

深物协〔2005〕6号

各会员单位:

2005年6月20日、23日、24日深圳市×××物业管理有限公司连续在深圳晚报、深圳商报及南方都市报等媒体上就物业管理费创新低一事大肆炒作，公开宣称要彻底颠覆所谓传统物业管理概念，并声称物业管理行业是一个暴利行业。

深圳市×××物业管理有限公司以上的言论，经本会调研和论证，认为是极端不负责任

的。他们所说“保洁、保修、保安‘三保’是传统物业管理的全部”。这种说法是一种无知的表现，是对物业管理基本内容的严重歪曲，是对辛勤劳作在物业管理岗位上的广大物业管理人的极大不尊重，也是对真正理解物业管理重要性的广大业主的极大不负责任。

×××物业公司助理总经理陈××在媒体宣称：“物业管理行业是一个暴利行业。一个物业公司投资50万元的小区，年盈利在200万元左右，资本回报率达到400%”。实质上，众所周知，深圳的物业管理收费方式实行的是法定的酬金制，在酬金制下，物业管理公司对小区只有垫资性质的开办费，而不存在投资。小区管理单位只有向物业公司缴纳不超过管理费收入总额 10%的酬金，其余再有更多的剩余都只能作为结余结转到下年度计入物业管理费，其所有者权益是属于全体业主的，不存在盈利和利润，更不存在投资回报的概念。因此，所谓“投资50万”、“年盈利200万”、“资本回报率达到400%”的说法，纯属无稽之谈。

×××物业公司不负责任的言论和违规行为，已严重误导了广大业主及各界人士对物业管理行业的认知，导致广大物业管理人的辛勤劳作受到质疑，降低了行业的社会认知度和公信度，严重地损害了同行业的合法权益，扰乱了物业管理市场竞争秩序，不利于物业管理行业的公平竞争，也不利于一个规范、合法、有序的物业管理市场的形成。

为营造一个良好的物业管理市场环境，促进物业管理行业诚信体系的建立，维护公平竞争秩序，规范企业经营行为，经深圳市物业管理协会自律督察委员会决定，会长办公会批准，对深圳市×××物业管理有限公司及其相关负责人在媒体发表不负责任言论的行为在行业内予以通报批评。

特此通报。

深圳市物业管理协会

二○○五年八月十一日

3.3 报告、请示

3.3.1 报告

1．概述

（1）报告的概念　报告是向上级单位汇报工作、反映情况，答复上级单位询问的公务文书。报告属于陈述性上行文，行文的目的是为领导了解情况，制定政策和指导工作提供依据。

（2）报告的种类

1）工作报告主要用于向上级单位汇报工作情况。具体有两种：

综合报告。这类报告是反映一个单位一定时期内全面的工作情况。

专题报告。这类报告是就某件事情或某项工作所作的专题报告。

两种报告主要内容应包括：工作进程，取得的成绩，采取的措施，存在的问题，今后的打算、建议；但不可写请示事项。撰写时，要点面结合、主次分明、详略得当。结尾惯用：“特此报告，请审阅”、“特此报告”等。

2）情况报告是在突发重大情况时所写的报告。撰写时，要写明突发事件发生的时间、地点、起因、经过、结果等，属于何种性质，初步看法以及处理意见等项内容。

3）回复报告主要用于答复上级单位的询问或需了解的有关问题。这种报告是被动行文，必须有针对性地实事求是地回答，不可避而不答或答非所问，也不要旁及无关的问题。撰写时，要先写明针对何事回答，再具体、详细地答复。惯用语是“专此报告”，等。

4）递送报告用于向上级单位递送文件、物件时使用。

2．报告的结构和内容

（1）标题　标题一般由发文单位、事由、文种构成，有固定文头时，也可省略发文单位。

（2）主送单位　主送单位只能有一个，需其他上级单位了解时，以抄送的方式处理。

（3）正文　正文一般由缘由、主体、结语组成。

缘由。通常是写明报告的目的、根据或原因，概述报告的基本内容或基本情况。

主体。主要是报告具体情况、存在的问题和今后的意见。内容较多的报告，可分条列项，或按部分安排主体的结构层次。主体的具体写法，不同类型的报告，有简有繁，不尽相同。

结语。用简明的文字概括全文，或使用惯用语结束全文。报告不要求上级答复，所以它的结束语不宜写“以上报告，请指示（批示）”等语句。

（4）成文时间和发文单位（印章）

【例文一】

物业管理科关于质量体系运行的报告

公司董事会:

现将我部门质量体系运行以来的工作报告呈上。请予审阅。

自公司建立质量体系以来，我们紧紧围绕公司制定的质量方针和目标来开展本部门的各项工作，并且取得了较好的效果，大家的质量意识得到了很大的提高，对公司质量目标与方针的理解也较为透彻，为确保公司质量目标和方针的实现做出了我们应有的贡献，我们做的工作具体来说有以下几点:

一、围绕着“以顾客为关注焦点”，我们进行了顾客满意度的调查，充分了解到了顾客的要求和期望，以及对以往我们工作中存在的问题也提出了改进的方案，并且在目前的工作中得到了很好的落实，顾客反映比较满意。

二、我们还加强了对工作环境的管理，对文件、资料的存储、摆放进行了规范，对办公场地的清洁、整齐作了细致的实施，另外，对工作人员的服务态度也予以了端正，做到了待人热情、礼貌，这些都得到了业主的一致好评，为公司树立了良好的形象。

三、对物业管理的整个过程，我们根据“过程方法”和“管理的系统方法”为原则，进行了细致的策划，从市场调研→楼宇接管→入住→保安服务→绿化服务→清洁服务→监察服务→维修服务→楼宇事务服务→社区活动这一系列的过程，我们进行了系统的管理，明确了大家的工作职责，改变了以往管理上存在的职责不明的现象，也消除了可能存在的工作盲区，使我们的服务质量有了较大的提升。

四、我们也加强了对质量体系运行以来产生的各种记录的管理，确保了我们的工作符合标准的要求，也为我们工作的持续改进提供了可靠的依据及信息。

通过这些工作，确保了公司的质量目标和方针的贯彻和实施。显然，由于体系的运行时间还比较短，我们的工作中不可避免地还存在着一些不足、不符合标准的地方，在以后的工作中，我们将进一步加强对标准的学习，使大家对质量体系做到真正透彻的深入的理解。同时我们将继续按照标准的要求来规范我们的各项工作，使公司的质量体系得到有效的运行，为公司树立良好的形象。

特此报告。

物业管理科

二〇〇六年九月十四日

【例文二】

××市××物业管理公司

关于××小区12号楼张××业主家渗水事件的情况报告

×物〔2004〕15号

××市房屋管理处:

今年3月25日，××市××小区12号楼发生卫生间渗水事件，在各有关部门的帮助下，该事件已圆满解决，现将有关情况报告如下:

3月25日，我公司接到××小区12号楼4-2号业主郑先生的通知，称由于5-2号张××家的厕所渗水，造成他家顶棚严重滴水。

本公司工程部工程师许××立即赶往现场查看。经检查认为：渗水原因是由于业主张××在装修时擅自拆除坐便器改为蹲便器，破坏防水层所致。此后，××房产公司工程部杜×工程师也认真查看了现场，仍然认为是上述原因造成渗水。3月27日，本公司通知张××业主立即处理此事。但业主张××认为是由于房屋质量造成渗水，声称要另找工程师鉴定渗水原因。此后半月中，业主张××无任何行动，严重影响了4-2号业主郑先生的日常生活。其间，为了不影响4-2号业主的正常生活，本公司曾提出“由业主张××承担人工费，我公司承担防水材料费用”的解决方案，也被业主张××拒绝。

在多次上门督促未果的情况下，4月12日，本公司向业主张××下达了限期整改通知书，要求其在4月25日前处理好渗水问题，否则将按规定上报有关部门进行处理（见附件1)。在送达时，业主张××的妻子李××仔细阅读了通知书，但是拒收（见附件2)。同时，本公司也将处理意见转达给4-2号业主，郑先生表示理解，并同意等候处理结果。

4月24日，业主张××以不作为为由将本公司告到了市政府。4月25日，市建设局房管处物管科组织质监安全站、××房地产公司、××物管理公司一起到现场进行了调查，凿开渗漏处进行检查，认定渗水原因主要是业主张××擅自变更设计，破坏防水层，破坏结构所致（见附件3)。房管处物管科下达了处理意见：原施工单位负责人工处理，业主张××承担部分材料费用，本公司协调监督落实。

4月30日，本公司协助原施工单位对业主张××家卫生间渗漏问题进行了处理，并按新商品房验收标准，灌水48小时未见渗漏。

特此报告。

附件（略）

××市××物业管理公司

二〇〇四年五月八日

【例文三】

关于6号楼验房情况报告

公司工程管理部:

根据公司接管验收期间工作安排和要求,8月19日本管理处组织6号楼10户业主参加了天缘小区工程监理验房的活动。现将汇总情况报告如下:

一、质量问题

1. 门——二期部分两居、三居户型安装的“隆泰”三防门普遍存在锁具安装不牢固、门整体摇晃,与门洞连接不紧密,门中间填充纸壳等现象,已经有照片留证。

2. 窗——窗普遍存在开启不畅、与垭口碰撞、不能正常开启到90°、窗密封性不好,有漏雨,密封条有短缺情况,限位器都需要重新调整;另外,中空窗内部有污渍。

3. 防水——有些卫生间和厨房没有做防水层,所有的洗衣机位都没有做防水。

4. 主体结构——普遍存在飘窗台空鼓、墙面空鼓、地面空壳裂纹。

5. 漏雨问题—— 楼道、顶层和次顶层以及非顶层北面受雨面(上周二的大雨是刮向北面墙体)有大面积水印,上下管道连接处有明显水印,墙角等处有水印。

6. 空调孔坡度——空调孔坡度做反,导致下雨时雨水倒灌。

二、设计问题

1. 窗开启方式设计不合理,导致窗户开启角度、通风性大打折扣。

2. 没有安装可以收卷的隐形纱窗,对今后打扫以及安装空调制造了潜在的不便。

3. 卫生间的下水口位置设计不合理,给安装卫浴洁具带来不便;厨房水电离得很近,安全性降低。

4. 每家的水总阀在户外,一旦发生漏水,不能第一时间处理,造成安全隐患。

5. 一居开放式阳台安全性差。

6. 没有预留热水管道,装修时的水改费用增高。

7. 暖气片位置设计不合理,对未来客厅摆放家具不利。

三、公共设施

1. 楼道和一楼门厅空间狭小,一楼消防通道入口非常狭窄,一旦发生紧急情况,非常危险。

2. 电梯普遍没有开通,可视对讲均未安装。

3. 公共区域施工垃圾没有清运,道路还没有建成,扬尘很严重。

4. 地下室没有单独的入口,对未来楼上的住户安全构成潜在的威胁。

未验项目:

销售方称,由于是初验,所以相关收房文书一份都没有出具,并且门、窗质量合格证书也没有看到。水、电、燃气等项目因为没有安装到位所以没有验收,闭水试验也没有安排做。

特此报告。

天缘小区项目管理处

二〇〇六年八月二十二日

3.3.2 请示

1. 概述

（1）请示的概念　请示是向上级单位请求指示、批准的公务文书。请示属于呈请性的上行文。

（2）请示的种类

1）请求指示的请示。这类请示是指下级单位对有关方针政策和规定中不理解的问题，针对工作中出现的无法解决的具体问题，向上级单位申明情况，请求答复并提出处理意见的请示。一般只提出问题（应该怎么办），而不是提出具体建议，处理意见由受文的上级单位提出。写作重点是情况的陈述和问题症结。请求语经常使用“可否，请批示（批复）”、“以上请示当否，请批复（批示）”等。

2）请求批准的请示。这类请示，是就某一问题或事项，提出本单位的处理意见，请求上级单位给予批准或表明态度的请示。请示中的问题或事项，本单位有认识有打算，只是无权决定和处理，非得上级单位批准不可的，写作时，重点要放在意见、办法及其理由上（这么办可否）。请求语常用“以上请示，如无不妥，请予以批准”、“请审核批准”等。

3）请求批转的请示。请求上级单位对本部门就全局性或普遍性问题所提出的解决办法予以批转各单位执行。

2. 请示的结构和内容

（1）标题　标题由发文单位名称、事由、文种构成，也有的只写事由和文种。但不可只写文种，一定要写明事由（请示的内容）。

（2）主送单位　请示的主送单位只有一个，即直接的上级主管单位，不能多头请示。

按照“谁主管就向谁请示”的原则，请示只能有一个主送单位，不要多头请示。如需同时送其他单位，可以用抄送的形式。除领导个人交办的事项外，请示不得直接呈送领导者本人。若需多级请示，应按单位的隶属关系，逐级报送。在一般情况下，不得越级请示，若因特殊情况必须越级请示，也要抄送被越过的上级单位。

（3）正文　正文一般由三部分构成：

缘由。这是正文的开头，主要说明请示的原因，要突出请示的必要性和迫切性。缘由是请示的重点，要写得充分，有理有据。只有这样才能顺理成章地提出请求事项。写明缘由后，用惯用语过渡到下文，如“现将……问题请示如下”、“特请示如下”等。

事项。这是请示的主体，主要说明请求上级单位批准或指示的具体事项。这部分说明的事项须明确，条理要清楚，结构上多用条款式。

请求语。这是请求的结尾，具体明确地提出解决请求。

为了便于上级单位批复，请示应一文一事，不能一文数事。如确有多个问题或事项需要请示，就要分别行文。

（4）成文时间和发文单位（印章）

【例文一】

关于创建××花园安全文明小区的请示

××市房产局物业管理处：

××花园位于××市××路××号，占地面积 20206m²，建筑面积 125763m²，绿化面积 14000m²，于 2000 年 1 月 1 日投入使用，现居住 450 多户，1800 多人。小区由三幢 30 多层楼宇组成，一至四层是大型家具商场，五层以上为商住楼，地下一、二层为大型地下停车场，小区设备设施有：高低压供配电柜、变压器、电梯、水泵、发电机、空调机组、网球场、游泳池等。

通过建章立制使小区建设走向规范化、制度化的管理。小区内先后制定了以下创建安全文明小区的工作制度：

1. 治安管理制度。
2. 车辆停放管理制度。
3. 出租屋、外来人员管理制度。
4. 消防管理制度、公共卫生管理制度。
5. 园林绿化管理制度。

小区内有一支由 28 人组成的治安队伍，对小区实行 24 小时全封闭式保安管理，小区进出口、各电梯间及各重要部位都安装有红外线探头，并且经常在小区开展各种形式的宣传活动，如：派发致居民群众的一封信，居民防火、防盗知识等各种宣传资料，小区自入住以来未发生任何违法犯罪及消防事故。

我们管理处全体职工决心向兄弟单位学习，从管理上下功夫，在实践中不断总结经验改进工作。现申请把我小区创建成为安全文明小区，申请命名为乐怡居安全文明小区，把乐怡居管理工作不断推上新的台阶，为居民住户营造一个宁静、舒适的生活环境。

以上请示，请批复。

××物业管理有限公司

二○○一年九月十三日

【例文二】

关于购买办公设备用款的请示

公司董事会：

按照公司各项目管理处设置客户服务中心的指示精神，我处已设置成立客户服务中心，但现有办公室及办公设备等已无法满足新的工作需要，故需购置下列办公设备。详细内容及所需资金，列表如下：

项　　目	金额/元	备　　注
改造办公室	8000	工料费
电脑 1 台	8500	联想牌
复印、打字、传真一体机器 1 台	8000	HP 牌
办公电话机 1 部	500	
办公桌、椅、柜、沙发 2 套	5000	
合　　计	30000	

上述用款共计约 3 万元。当否，请批复。

××项目管理处

二○○七年三月二十日

3.4 函、会议纪要

3.4.1 函

1. 概述

（1）函的概念　函是不相隶属单位之间相互商洽工作，询问和答复问题，请求批准和答复审批事项的公务文书。函没有固定的行文方向，多用于平行文，但有时也用于上行文或下行文。函兼有知照、指挥、联系的功能。

（2）函的种类及其用途

1）按性质、格式划分：

公函。公函是正式的公务文书（本节所讲公务文书的函，就是公函）。在格式上，从标题、发文字号到成文时间等都严格按公务文书的格式制发，多用于商洽、答复、要求批准的较重要的事项。

便函。便函不是正式公务文书，是单位处理一般事务的简便函件。在格式上，与一般书信格式相同，不加标题，不编发文字号，用单位信笺书写，要加盖公章。

2）按行文方向划分：

去函。去函也称来函、发函，是发文单位主动制发的函。

复函。复函也称回函，是发文单位被动制发的函。

3）去函按内容、发文目的划分：

商洽函。用于平行单位或不相隶属的单位之间商洽工作、联系事项等。陈述事项时，要明确、简洁。

询问函。用于上级或平级单位之间询问有关问题，征求意见。内容要集中，每函一事。

告知函。用于将有关事项或活动、安排告知对方的函，多为平行文，对方收文后一般也不必回复。

请准函。用于向不相隶属的主管部门请求批准事项。请求的理由要明确、具体、合理。

2. 函的结构和内容

（1）标题　标题一般由发文单位、事由、文种构成。复函的标题中要写明“复函”。便函可以不写标题。

（2）主送单位　主送单位即收函单位名称。复函的主送单位就是去函的发文单位。

（3）正文

1）缘由。去函的开头首先说明去函的原因、目的。复函先用一句话引述去函的标题（或主要内容）、发文字号（或日期），并说明函已收悉。

2）主体。去函要写明所商洽、询问或请求批准的事项以及想法、请求。对事项的表述要清楚、具体，内容较多的可以分条款写。复函要针对去函的内容逐一给予明确、具体的答复。

3）结尾。函的结尾通常表述行文目的、行文要求，使用惯用语作结尾。去函常用“特此函达”、“即请复函”、“敬请回复”、“务希见复”等，复函常用“特此函复”、“特此函告”、“此复”等。

函主要是不相隶属单位或平级单位之间使用的公务文书。因此，语气应谦和委婉、礼貌、得体。忌用命令性、告诫性的词语或不谦恭的语气。

（4）成文时间和发文单位（印章）

【例文一】

致高中学历报名参加物业管理师考试培训人员的函

根据《物业管理师制度暂行规定》，报考物业管理师的最低学历要求为中专。对于高中学历人员能否参加报考，或需附加什么条件可以参加报考，市协会已多次与市人事局、国家建设部、国家人事部及中国物业管理协会进行沟通和协调。市协会反映的问题已得到有关方面的高度重视，并表示要从行业发展的实际出发，认真研究。但因这是涉及全国范围的考试，事关国家一项行政许可制度的实施，有关部门需要听取各方面的意见，进行充分的研究。因此，到目前为止，国家有关行政部门尚未就市协会反映的上述问题给予明确的回答。协会将继续与有关部门加强沟通、协调，反映物业管理行业从业人员的实际情况，力求能解决高中学历人员的报考资格问题。

鉴于以上情况，为最大限度地保护已付费参加物业管理师考试培训的高中学历学员的利益，我们提出以下方案，供大家选择，并请在本周内将回执以传真形式发回协会，以便我们做出合理安排。

1. 暂不参加4月初协会组织的首轮课程培训，待有关部门确认高中学历的报考资格后再参加协会另行组织的课程培训。如有关部门确认高中学历人员无报考资格，届时协会作全额退款处理。

2. 继续参加4月初协会组织的首轮课程培训，届时若因高中学历无法报名参加物业管理师考试，协会将按培训费的一半金额退款。

3. 不参加4月初协会组织的首轮课程培训，待有关部门确认高中学历的报考资格后，参加协会组织的考前培训班，学费按两种类型培训班费用的差额多退少补。

4. 退出培训，可在工作日至协会办理退款手续。

对上述四种方案，请大家慎重考虑，做出选择，选择方案只能是一种。协会将充分尊重大家的选择权。

上海市物业管理行业协会
二○○七年三月二十六日

协会联系方式：
传　真：
联系人：
电　话：
地　址：
网　址：

【例文二】

关于怡苑等物业管理服务收费标准备案的复函

广州华联建设物业管理有限公司、城建开发物业有限公司、怡城物业管理有限公司、市城镇物业管理有限公司、时代信诚物业管理有限公司：

你等公司报来《物业管理收费年审报告》收悉。鉴于你等公司管理的小区（大厦）均已成立业主委员会。根据《广州市物业管理办法》（广州市政府令第 2 号）第四十二条："已成立业主委员会的，物业管理服务收费由业主委员会与物业管理公司在委托合同中确定，报价格行政主管部门备案"的规定，现将物业管理服务收费备案函复如下：

一、怡苑物业管理服务收费按双方协商标准执行。原我局穗价函〔1999〕315 号同时停止执行。

二、名雅苑物业管理服务费按双方协商标准执行。原我局穗价函〔1999〕180 号同时停止执行。

三、广源文化商业广场物业管理服务费按双方协商标准执行。原我局穗价函〔1998〕102 号同时停止执行。

四、金德苑物业管理费按双方协商标准执行。原我局穗价函〔1999〕293 号同时停止执行。

五、景泰名苑物业管理服务费按双方协商标准执行。原我局穗价函〔1999〕236 号同时停止执行。

以上收费不再核发《广东省经营服务性收费许可证》，但必须做好明码标价工作。

广州市物价局

二〇〇一年九月二十一日

3.4.2 会议纪要

1．概述

（1）会议纪要的概念　会议纪要是记载和传达会议情况及议定事项的公务文书，是会议文件的一种。会议纪要一般制成于会议后期或结束之后，除具有指导性之外，还可以用文件形式发送给有关单位（或部门），沟通情况，知照事项，或上呈有关领导部门，汇报会议精神。它的行文方向比较灵活，可上行文、下行文和平行文，且具有多种功能。

（2）会议纪要的种类

1）工作会议纪要是把会议讨论、决定的事项整理成文，由与会单位人员讨论通过。

2）研讨会议纪要是对座谈会、经验交流会、学术讨论会等研讨问题的情况、学术理论的看法研讨和结果的择要反映。

2．会议纪要的结构和内容

（1）标题　会议纪要的标题一般由会议名称和文种构成。也有的是由正、副标题组成，如《同舟共济度难关，坚定信心保和谐——全省物业工作会议纪要》。

（2）成文日期　会议纪要的成文时间一般写在标题正下方，并加圆括号括入。会议纪要不需要加盖印章。

（3）正文　正文包括开头、主体、结尾三部分。

开头。简要介绍会议概况——召开会议的根据、目的、时间、地点、主持人、参加会议的单位或人员情况，会议的主要议题，以及对会议成果的总评价等。

主体。主要介绍会议讨论的主要情况、主要精神和议定的事项。写法上形式多样，主要有：

① 归纳式。按会议讨论与议定事项内容的逻辑关系或自然顺序，归纳成若干个问题（部分），每个问题（部分）用序数或小标题标明，也可在分列若干问题之后，再按发言的顺序分别表述。这种形式常用于会议规模较大、涉及问题较多的会议纪要。

② 综述式。综述式也称概述式，就是把会议内容综合到一起，概括地表述出来的一种写法。一般也要分段（分层）表述。这种形式适用于会议规模较小，涉及问题较集中的会议纪要。

结尾。一般写会议成绩或提出希望、要求，发出号召。有的会议纪要没有结尾部分，主体写完，就结束了。

在会议记录的基础上，会议纪要在归纳、整理、提炼与会代表发言内容和会议主要精神、议定事项时，必须实事求是，注重语言环境，不可断章取义，也不可以凭主观随意增删、修改，如发现差错，要及时核对纠正，一定要做到真实、准确。“纪要”，重在“要”字，要突出会议主旨，择要表述。对记录的材料，要去粗取精，删繁就简，选取典型实例和准确的数据反映会议的概况、主要精神和议定事项。如讨论中确有分歧，且暂时未能统一，一般不写入纪要。会议纪要需要对会议内容作分类整理和理论概括。语言简明，层次分明，条理清楚。会议纪要各部分（层次）可用小标题或序数表示；另外，“会议认为”、“会议提出”、“会议强调”、“会议决定”、“会议同意”之类的常用语，多用于各部分或各段落的开头，起强调作用和以示条理分明。

会议纪要成稿后，须经与会者讨论认定，并提请主持人审核与签发。

【例文】

中国高校物业管理专业部2006年年会常委预备会会议纪要

（2006年8月12日）

2006年8月10日晚，中国高校物业管理专业部常委举行了年会预备会议，会议由秘书长石××同志主持。参加会议的有：物专部顾问、副主任、秘书长、副秘书长、常委等23位同志。

首先由本次年会承办单位哈尔滨工业大学物业管理中心裴××主任通报了本次会议的日程安排，并就会务费、考察费、会员费收取作了简要说明。常委预备会议讨论了如下事项：

一、全体掌声表决通过2006年会预定日程安排。

二、常委预备会还讨论了由石××起草的《关于物专部常委单位增减的规定》，原则上同意文件的相关规定，建议在进一步修改的基础上再经常委会通过后，正式下发各会员单位。

三、建议2007年物专部常委会明年4月在兰州举行，年会在南昌或安徽召开。

四、石秘书长传达了2006年高校后勤管理分会秘书长会议精神，并建议物专部工作要进一步完善并朝着协会的方向发展。通过物业管理协会来进行规范的管理并推进高校物业管理企业资质的审批。

五、会议一致通过关于原北京理工大学后勤集团蔡××总经理辞去物专部常务副主任职务，由现任北京理工大学后勤集团杨××总经理接任的决定。秘书长继续由现任北京理工大学珠海学院院长助理兼后勤产业处处长石××同志担任。

六、会议还听取了石秘书长关于2006年会员费收支情况的汇报。

七、会议表决通过关于连续两次不参加物专部年会或不按时缴纳会员费的单位取消会员资格的决定，以进一步使物专部的组织管理更加规范，推动物专部的工作持续发展。

小结

写作通知，要明确行文目的，正确地选择通知的种类，确定写作范围和对象。抓住主要内容，根据通知的种类选择材料，有所侧重。要注意身份和对象，根据通知种类和对象，既要考虑作者权限，又要考虑文件的效能，突出针对性，避免失位、越位。

写作通报，要注意事件的典型性，提炼的经验教训必须是从所通报的事例中自然引申、归纳出来的。要注意语言措辞的适度，在对事实认真分析研究的基础上，用语、定性、评价要恰如其分，分寸适度。

写作报告，要注意的是叙述事实要紧紧围绕写作的目的、根据或原因，简明扼要突出重点，不要泛泛汇报。要用典型事例和主要数据说话，客观地进行叙述。报告的表达方式要以叙述为主，夹叙夹议，议论或分析要与所叙述的事例有机联系，绝不能无的放矢，随意引申发挥。

写作请示，一定要一事一文，不能多头主送，不能越级行文。要做到请示内容真实、不能随意夸大或缩小事实以求批准。语言要力求简练，以申述为主，不必多加解释，不能宣传、解说，甚至使用要挟、命令的语气。

写作函，要格式规范，不能把其当作普通信件，随意书写。语言要简洁精练、措辞得体，直接表达自己的意见或要求。适当地使用公务文书专用词语，要从实际出发，灵活运用。函的使用要一事一函。

写作会议纪要，要注意把握的精髓就是“要”。所谓“要”，就是集中、重点、条理化。集中，是集中和归纳，这包括材料的集中、观点的集中、过程的集中。重点，是会议纪要要突出的重点，应随会议的中心而定，是会议的决议和成果，要纪其要，简其文，略其过程。条理化，是对会议的内容要分类别、分层次、分顺序地进行安排，要逻辑严谨、轻重有度、层次分明。

能力训练

一、分析下列事例有无错误，并说明原因。

1. ×区房产局根据上级指示增加了行政编制，需要购买办公设备，为此向区财政局用“请示”这一文种，申请购买办公设备资金，并抄送区政府。

2. ×市××物业管理公司向所属各项目管理处通报批评、处罚伤亡事故责任者，并抄送市房产局。

3. ××项目管理处向公司汇报2006年全年的工作，使用的是“报告”(工作报告)，报告中同时申请成立客户服务中心。

4. ××物业管理公司第一分公司拟将其市场开发部与市场营销部合并为“市场经营部”，精减人员充实其他部门。分公司就此事使用“请示”向总公司行文。总公司用“批复”回文，同意分公司的计划。

5. ××市房产局为了贯彻落实《国务院关于加强安全生产教育，消除事故隐患的通知》的指示精神，进行了全市物业管理企业“保证安全生产、消除事故隐患大检查”工作，并将“大检查”的情况通报给市、县、区人民政府，并抄送省建设厅。

二、根据内容提示，拟写公务文书标题。

1. ××物业管理总公司××分公司物业管理员叶××恪尽职守、智擒盗贼，保护了业户的人身与财产安全，总公司发文表彰他的事迹。

2. ××物业管理总公司对××分公司干部职务任免事项制发公务文书。

3. ××职业学校办公室发文给××物业管理公司经理办公室，协商物业管理专业毕业生去该公司实习的有关事项。

4. ××物业管理公司新近接管了××大厦，与业主协商确定了物业管理费及其他若干项目的收费标准，拟文给所在市物价局请求批准。

5. ××物业管理公司要求所属项目管理处开展“保证安全生产、消除事故隐患大检查”工作，并将检查结果汇报公司。项目管理处欲拟文汇报。

三、下面是一篇新闻稿，请以此为素材，代物业管理公司写一份通报。要求中心明确、重点突出，行文要层次清楚，文字简要，字数在500字左右。

3月2日凌晨1时多，华景新城西区大多业主早已进入梦乡。华景路上，一辆小面包车突然停了下来，里面下来两名西装革履的男子，鬼鬼祟祟地四处张望，这立即引起了一名值夜班保安的警惕，他立即与华景新城西区保安部联系。

正在小区内巡逻的保安领班蒋旭平和保安员张卫华接到通知后，立即分头向两名男子走过去，“当我们走到距离他们3米远的距离时，突然发现我们两人身后又冒出了4名男子，他们从背后抽出一把砍刀，径直朝我们冲过来。”据事后伤势较轻一些的张卫华回忆，当时他们毫无防备，发现6人朝他们包抄过来。

“一刀就朝我们的脚砍下去，我只觉得一阵酸痛，接着我的头又被砍了一刀，我手里拿着一条锁车链，于是下意识去挡了一下，但手上挨了一刀。”张卫华说，他连忙用链条向砍他的歹徒砸过去，对方躲开的瞬间，立即抽身跑掉了。“我回头看了一下，这帮人还在围攻领班。”张卫华立即拨打了110和120。不久警察和救护车赶到现场，“这时歹徒已经逃走了，只留下领班一人躺在路边，地上到处都是血。”

记者了解到，事后经诊断，保安领班蒋旭平身上大伤、小伤各有10多处，经过6个多小时手术后才逐步脱离危险，另一保安张卫华一条胳膊被砍断1/3。蒋旭平的妻子刘菊梅告诉记者，他们是湖南邵阳人，蒋旭平一个月赚1000多元，她每个月也只有几百元，省吃俭用养活家里的两个老人和一个小孩，她说，目前医疗费都由物管公司垫付，还给了她3000元的慰问金，“但现在他的手脚都还没有感觉，医生说以后可能有后遗症。”刘菊梅说到这里，眼睛通红，伤心地掉下了眼泪。

四、根据下面材料，重新组织材料，要条理清楚，主次分明，写一份格式规范的通知。

物权法的出台，对房地产管理、开发以及物业管理行业都将带来巨大的影响，受省建设厅房地产业处委托，为帮助行业掌握物权法的立法精神、原则和条款内容，省房地产业协会、省房地产开发协会联合湖南鸿奇职业培训中心、湖南人和职业培训中心、湖南物业网共同举办数期物权法专题讲座，邀请全国知名的法律专家和专业人士授课。

讲座时间：第一期，4 月 13 日报到　14～15 日开班；第二期讲座时间报名后另行通知。

讲座师资：

1. 王×教授　中国×学会民法学研究会副秘书长 中国××大学民商事法律科学研究中心副主任。

2. 孙××教授　中国×学会民法学研究会常务副会长 中国××院法学研究所研究员 民法室主任。

3. 曹××　××××研究室民事处处长 ××××学院兼职教授。

4. 李×教授　中国房地产、物业管理专家，××大学客座教授。

5. 楼××博士　××大学法学院房地产法研究中心主任。

（每期讲座邀请其中两位专家主讲）

收　费：资料授课费 520 元/人，含中餐（交通、住宿自理）。

报　　名：

湖南鸿奇职业培训中心：×××××××××　朱老师，付老师

湖南省房地产业协会：×××××××××　张老师

讲座内容：

1. 物权法出台的背景、意义和适用范围。

2. 物权法的基本原则。

3. 物权的类型，物权的设立、变更、转让、消灭和保护。

4. 物权法与房地产行政管理。

5. 物权法与房地产开发。

6. 物权法与物业管理纠纷以及对物业管理行业的影响。

学习地点：长沙市××大酒店

五、下面这则公务文书的行文格式、内容等方面有较多错误或不妥，请改写为一份正确的公务文书。

关于购置工作用车的报告

××房产局×局长：

在市局直接领导和关怀下，企业资质年检工作已完成 99%，维修基金收缴工作在年底保证完成征收计划，其他工作也在有序地进行。因为小区办只有一台 1995 年买的“桑塔纳”，并已运行 20 多万公里，另外据了解全省 14 个市的小区办的车辆情况都好于我办，所以为适应工作需要，我局拟购一台普通“红旗”或“奥迪车”，价格约 25 万元。

××区小区办原有一台“桑塔纳”，1999 年肇事（责任不在我方），车辆报废。一年多时间也是租车。原司机私下为他人开车，影响了正常工作。拟购一台普通“桑塔纳”车，价格约 15 万元，但司机拟另聘。

共拟购车辆两台，所需资金约 40 万元，拟自筹 10 万元，申请市财政拨款 10 万元，缺额

20万元，请市局帮助解决。

××市住宅与小区管理办公室（印章）

2006年3月5日

六、根据下面材料，以该小区项目管理处的名义给上级公司写一份情况报告。要求情况交代具体清楚，语言简明，字数在500字左右。

郑老先生住在共和新路1700弄已有十多年了，他的自行车一直存放在小区的3号车库内，停车费为每月7元。

去年年底，郑老先生像往常一样去取车时，管理员通知他要交2007年第一季度的停车费，同时告诉他费用从原来的每月7元涨到10元。一下子涨了3元钱，而且毫无理由，这让郑老先生觉得不可接受。对于物业的这种做法，存放自行车的不少居民也都有很大意见。业主张先生反映，年初他一次性交了半年的停车费60元，“按照以前的价格应该是42元，一下就多了18元。”

根据居民反映，来到延长小区，在小区的道路转弯处找到了车棚。记者看到，这个车棚大概可容纳几十辆自行车，不过停放在车棚的车辆数目却比较少，还有很大的空间。看到一位居民正要取车，便上前询问，“这里停车每个月收费多少？”“7元。”“不是说要收10元吗？”“前段时间收过，不过现在又改了回来。”

尽管收费改了回来，但居民还是反映，停车有无车篮，价格也有差异。“没有车篮的话是7元/月，有车篮的是7.5元/月。”为何多个车篮要多收5角钱呢？居民表示，物业管理人员说是因为车篮占地方。

为弄清涨价事件的原委，又找到小区物业部门，相关负责人解释，停车费涨价是车棚管理员的个人行为，物业开始也不知情。目前，物业已经开始把多收的钱退还给居民。

对物业的解释，居委会进行了证明。居委会表示，刚开始车棚由居委会委托人管理，后来交给物业，两边都是委托的同一个管理员，不过管理员却擅自将停车费上涨了3元。

七、根据下面材料，代表物业管理公司给业主委员会拟写一份函。要求情况介绍具体清楚，语气谦和委婉，字数在300字左右。

今天上午，朝阳区十里堡×××小区三千余户居民家中仍然没有恢复热水供应，而小区相关配套设施：锅炉房、地下车库、会所、底商等，也都因停电而无法正常运营。

底商点着蜡烛做生意

“你们停了电，我的名贵鱼死了谁负责？我缴了电费凭什么还要停电？”一位情绪激动的小区底商说，自己租用的店铺按年度付房租，每年7万元的支出，其中就包括了物业费用，自己没理由受“连累”。

昨天下午，记者在小区内转了一圈，看到不少底商的门上都贴着“停电，暂停营业”的提示。小区内的几家美发店和健身会馆也深受影响，只能停止营业了。

居民洗不上热水澡

“停电了锅炉都无法运行，没有热水我们就没法洗澡，太不方便了。”7号楼的于女士说，因为小区是24小时供应热水，因此很多人家里都没有安装热水器。“每吨热水12元，难道其中不包括燃气和电费吗？”

于女士坦言，自己也是欠费大军里的一员，但她表示不缴物业费是有原因的。“推拉窗坏了物业不管修，当初承诺封闭式管理，可现在楼门大敞着，门禁一点作用没有。这种服务，怎能让我心甘情愿缴物业费呢？”

×××小区物业在小区内贴出的通知中解释：由于业主拖欠费用，物业公司无力偿还，近日物业公司接到朝阳区供电局欠费通知书及燃气公司民事诉状，要求缴纳所欠电费66万元及燃气费670余万元。

八、请将下面的会议记录整理成会议纪要。

2006年3月11日部分业主与物业沟通会议记录

参会业主代表：昔昔、c-xing99、新虫虫、一直潜水的小树熊、彭国民、alicebai、董伟民、杨曾丽等。

参会物业代表：物业王经理。

时间：2006年3月11日下午1:00～3:30（历时2.5小时）。

地点：××小区物业管理处。

一、物业前期的工作

1. 物业配合居委会对小区养宠物特别是养狗的人进行了狗证调查。

2. 目前小区的建材小店已减少为3家，最近又有2家在物业的劝说下，也将撤离小区。

3. 车辆管理：为了规范小区目前车辆乱停的现象，物业已计划了一套完善的方案。关于此方案实施会牵涉到的一些具体问题，业主进行了讨论。具体方案还需相关领导审批。

4. 配合车辆管理，东西大门的道闸都将更换成感应式的，一来可以方便车辆进出，二来可以配合小区的车辆管理方案，最理想的状况是这套系统还能分辨外来车辆和小区车辆。这个工作物业已在进行中，并将在车辆管理具体方案实施前落实。

5. 网上的××小区投票系统在得到业主adon的指导后，已在建设中。

二、物业和业主讨论的内容

1. 防盗链的安装：如有要安装的业主请到物业处报名登记。

2. 生活垃圾筒：3月底至4月初全面安放楼层生活垃圾筒，夏天做到每天至少收垃圾两次，冬天做到至少收垃圾一次。

3. 卫星电视：业主表示根据业主的反馈，几乎所有的业主都拥护安装卫星电视。

4. 雨棚修复和清洗：5～6月份。

5. 老年健身器材：4月份前有三个老年健身器材将放到儿童乐园旁边。

6. 绿化：3月份开发商将出资进行一次补种，由于图纸已交上去审查，所以业主没有看到。物业说会对中央大道几棵形象不佳的树进行更换，对中央的水景和假山重新设计规划。

7. 宠物管理：业主反映养狗的业主有的纵容狗随处大小便（包括大堂和电梯）。业主建议物业制定宠物公约，对小区的宠物进行登记拍照并公示。

8. 供水：相对而言自来水水质较水箱供水不易受污染，如果发现自来水混浊的现象，可能与管道的积水有关，放掉一点管道积水即可。如果长期无人居住，可能会发生这种情况。

9. 开北门：物业会对每幢楼的业主进行调查，充分尊重多数业主的意见进行开启。

10. 每幢楼的大门声音太响：物业咨询过厂家，不能再安装闭门器。业主希望物业再考虑装缓冲装置来减少闭门的声音。

11. 封南阳台：有部分业主强烈提出要封南阳台，并举清水源为例。由于此事小区业主意见极不统一。暂时根据××小区临时业主公约的约定（不得封南阳台）和买房时的规定，等成立业主大会后再议。希望各位业主体谅并支持。

12. 屋顶绿化：会所的屋顶已用人工草坪美化，至于售楼处的屋顶，由于售楼处在完成售楼后，还将装修，暂时不考虑屋顶修饰。

13. 水景喷泉：业主反映水景有利于提升小区整体形象，要求物业至少周末全天开放，物业说前期水景处又进行了清理，将水景底部的石头都洗刷了一遍，喷泉还需要进一步调试。

14. 背景音乐：物业说已看到了网上业主对背景音乐的意见，但春节期间放背景音乐受到业主投诉。业主建议物业放背景音乐的时间控制在16:00～19:00，以轻音乐和大自然的模拟声音为主。

15. 会所：为了保障业主利益，物业说已谈成游泳池一年四季开放。小区业主优惠在洽谈中。

16. 社区报：业主反映社区报有很多关于社区的新闻，深受业主欢迎，要求物业将社区报发放到每家每户。物业说目前社区只给了本小区 100 多份社区报，发到每家数量不够。所以目前放在物业管理处由业主自取。业主建议可放在大门保安处，由业主自取。

17. 晚上亮灯和黄色台阶警示：业主反映水景附近晚上灯光不够，容易引起事故。建议物业增加该地区的亮度。物业表示已采用交通漆（有反光功能）还会采取一些措施保证安全。

第 4 章

物业管理招投标文书

学习目标

通过本章学习，了解物业管理招投标的概念，了解物业管理招投标文书与物业服务合同的概念、招投标不同阶段要求使用的具体文书，掌握招投标文书与物业服务合同写作的格式与内容，能够撰写格式规范、内容符合要求的招投标文书。

关键词

物业管理招标　物业管理投标　物业管理招标文书　招标公告（投标邀请书）　资格预审公告（经营资质预审邀请书）　资格预审申请书　物业管理投标通知书　物业管理投标评分标准表　物业管理中标通知书　物业管理投标书　投标致函　物业管理投标方案　物业服务合同

4.1　物业管理招投标及文书概述

《物业管理条例》第一章第三条规定“国家提倡业主通过公开、公平、公正的市场竞争机制选择物业服务企业”；第三章第二十四条规定“国家提倡建设单位按照房地产开发与物业管理相分离的原则，通过招投标的方式选聘具有相应资质的物业服务企业”。为了促进物业管理行业健康、规范地发展，推广物业管理招投标，已成为物业管理行业的普遍做法。

物业管理招标是指招标人（包括物业所有权人、业主委员会，或其法定代表的开发商、物业管理企业），在为其物业选择物业管理者时，通过向社会公开其所制定的管理服务要求和标准的招标文件，由多家物业管理企业竞投，从中选择最佳物业管理者，并与之订立物业服务合同的过程。其中物业管理公司针对某一项或多项如保安、保洁、绿化等专业服务项目进行公开选聘专业服务公司的过程，称为物业管理服务项目的分包。

物业管理投标是指符合招标文件要求的物业管理企业（包括物业管理专业性公司），根据招标文件中确定的各项管理服务要求与标准，根据国家有关法律、法规与本企业的实力，编制投标文件，参与投标活动。

物业管理的招投标行为是一种通过市场化方式实现的双向选择。根据《中华人民共和国招标投标法》的相关规定，招标活动中必须遵循“公开、公平、公正和诚实信用”的原则。

为了规范物业管理招投标活动，保护招投标当事人的合法权益，促进物业管理市场的公平竞争，根据《中华人民共和国招标投标法》《前期物业管理招标投标管理暂行办法》相关规定，物业管理招标分为公开招标和邀请招标。招标人采取公开招标方式的，应当在公共媒介上发布招标公告。招标公告应当载明招标人的名称和地址，招标项目的基本情况以及获取招标文件的办法等事项。招标人采取邀请招标方式的，应当向 3 个以上物业管理企业发出投标邀请书，投标邀请书应当包含前款规定的事项。招标过程中，招标人应当根据物业管理项目的特点和需要，在招标前完成招标文件的编制；投标人应当按照招标文件的内容和要求编制投标文件，投标文件应当对招标文件提出的实质性要求和条件作出响应。

招标文书和投标文书总称为物业管理招投标文书。物业管理招投标文书在具体编写时，要注意把握以下几个特点：

1．文体的程式化

在招投标的不同阶段，使用何种文体有具体的程式化的要求。

2．格式的规范化

使用具体的文体，其写作格式有明确的要求，一般不允许随意变动。

3．内容的具体化

具体的文体、具体的格式规范，所要求表达的内容有具体的要求，一般不允许随意变动。

4.2　物业管理招标文书

物业管理招标文书是在招标过程中，物业管理招标人为公布招标信息或发出招标邀请，进行资格预审，规范投标工作，向投标人提供的各类规范文体的总称。招标文书的编制，直接关系到招标人和投标人双方面的利益，因此，招标文书的内容要做到详尽齐全，合理合法，以体现招标公开、公平、公正和诚实信用的原则。

根据《前期物业管理招标投标管理暂行办法》，招标人应当根据物业管理项目的特点和需要，在招标前完成招标文件的编制。招标文件应包括以下内容：

1）招标人及招标项目简介，包括招标人名称、地址、联系方式、项目基本情况、物业管理用房的配备情况等。

2）物业管理服务内容及要求，包括服务内容、服务标准等。

3）对投标人及投标书的要求，包括投标人的资格、投标书的格式、主要内容等。

4）评标标准和评标方法。

5）招标活动方案，包括招标组织机构、开标时间及地点等。

6）物业服务合同的签订说明。

7）其他事项的说明及法律法规规定的其他内容。

公开招标的招标人可以根据招标文件的规定，对投标申请人进行资格预审。实行投标资格预审的物业管理项目，招标人应当在招标公告或者投标邀请书中载明资格预审的条件和获取资格预审文件的办法。资格预审文件一般应当包括资格预审申请书格式、申请人须知以及需要投标申请人提供的企业资格文件、业绩、技术装备、财务状况和拟派出的项目负责人与主要管理人员的简历、业绩等证明材料。经资格预审后，公开招标的招标人应当向资格预审合格的投标申请人发出资格预审合格通知书，告知获取招标文件的时间、地点和方法，并同时向资格不合格的投标申请人告知资格预审结果。

由此，可以根据以上招标的基本程序，归纳出招标过程中将使用的具体应用文文体有三个部分：第一部分为招标文件；第二部分为招标公告或投标邀请书；第三部分为资格预审文件。

4.2.1 物业管理招标文件

1. 物业管理招标文件

物业管理招标文件是物业管理招标人向投标人提供的指导投标工作的规范文件，也称为物业管理招标书。物业管理招标文件包括投标邀请、技术规范及要求、投标人须知、其他事项和附件五个部分。

（1）投标邀请　投标邀请是向潜在投标人提供必要的信息，从而使其获悉物业管理项目招标信息后，决定是否参加投标。其主要内容包括：招标项目的简要说明；项目开工和竣工交付使用时间；物业管理用房的配置情况；房屋专项维修资金建立情况；招标书的发售；保证金的缴纳；投标地点；招投标说明会；开标时间、地点；对本次招标提出询问的安排等。

（2）技术规范及要求　技术规范及要求主要是说明招标物业管理项目的具体内容及服务所应达到的标准、要求。包括物业管理服务的内容、物业管理服务的要求、物业管理服务标准、物业服务费的结算形式（包干制/酬金制）、主要设施设备的配置及说明、公建配套设施及说明等。另外，在技术规范部分，应出具物业说明书以及物业的设计施工图。说明书和图纸应在附件部分作详细说明。

（3）投标人须知　投标人须知是为整个招投标过程制定规则的文体，是招标文件的重要组成部分。其内容包括：总则说明、招标书的说明、投标书的编写、投标书的递交、开标和评标、授予合同。具体说明如下：

1）总则说明主要对招标文件的适用范围、常用名称、合格的投标人和投标费用进行说明。

2）招标文件说明主要是对招标文件的构成、招标文件的澄清、修改进行说明。

3）投标书编写的具体要求包括：投标所用的语言文字及计量单位、投标文件的组成、投标文件格式、投标报价、投标货币、投标有效期、投标保证金、投标文件的份数及签署。如果由于采取邀请招标方式招标，而没有进行投标资格预审，还应要求投标人按预定格式和要求递交投标人资格的证明文件。编写要求的说明一般有两种：一是文字说明，应归入投标人须知一部分；另一种是在招标文件中列出投标文件的一定格式，要求投标人按格式要求填写内容。这些格式通常包括：投标书格式、授权书格式、开标一览表、投标价格表、项目简要说明一览表及投标人资格证明书格式等。这些格式统一归入“附件部分”。

4）投标书的递交主要是对招标文件的密封和标记、递交投标文件的截止时间、迟交的投标文件以及投标文件的修改和撤销的说明。

5）开标和评标包括以下内容：

① 对开标规则的说明。

② 组建评标委员会的要求。

③ 对投标文件响应性的确定，即审查投标文件是否符合招标文件的所有条款、条件和规定且没有重大偏离和保留。

④ 投标文件的澄清，即写明投标人在必要时有权澄清其投标文件内容。

⑤ 对投标文件的评估和比较（说明评估和比较时所考虑的因素）。

⑥ 评标原则及方法。

⑦ 评标过程保密。

6）授予合同内容包括：

① 定标准则，说明定标的准则，包括“业主不约束自己接受最低标价”的申明等。

② 资格最终审查，即说明招标人会对低报价的投标人进行履行合同能力的审查。

③ 接受和拒绝任何或所有投标的权力。

④ 中标通知。

⑤ 授予合同时变更数量的权力，即申明招标人在授予合同时有权对招标项目的规模予以增减。

⑥ 合同协议书的签署，说明合同签订的时间、地点以及合同协议书的格式。

⑦ 履约保证金。

（4）其他事项　在招标文件中需要说明的其他问题。

（5）附件　本物业主要设施设备的配置及说明、本项目公建配套设施及说明、物业说明书和设计施工图等。

【例文】

物业管理服务招标文件

第一部分　投 标 邀 请

按照国务院《物业管理条例》和《前期物业管理招标投标管理暂行办法》的规定，现决定对“__________”的物业管理服务进行公开招标。兹邀请合格投标人以密封标书的方式前来投标。

一、招标项目的简要说明

本项目位于______市______区______路______号。四至范围：东至_____，西至_____，南至____，北至______（或见附图）。

本项目规划设计的物业类型为：______。

本项目总用地面积为_____m^2。用地构成为：建筑用地______m^2（其中公建用地_____m^2），道路用地_______m^2，绿化用地______m^2。

本项目总建筑面积___________m^2。其中地下总建筑面积___________m^2，地上总建筑面积_________m^2（住宅建筑面积_________m^2，商业用房建筑面积_________m^2，办公用房建筑面积______m^2，其他物业建筑面积_______m^2）。

本项目共计建筑物________幢（其中住宅_______幢_____套，非住宅______m^2）；建筑结构为：________________。

本项目的建筑密度为_____；综合容积率为____；绿化率为______。

本项目规划建设机动车停车位______个，其中地上停车位_____个，地下停车位_____个；按照规划设计建造了非机动车停车场所_______m^2。

二、项目开工和竣工交付使用时间

本项目于_____年____月开工建设，共分_____期开发建设。第一期工程计划于____年____月竣工并交付使用；整个建设项目（计划）于_____年____月全部建成竣工交付使用。

三、物业管理用房的配置情况

1. 物业管理企业办公等用房：

建筑面积为_______m^2；

坐落位置______。

2. 业主委员会活动用房：

建筑面积为________m^2；

坐落位置________。

四、房屋专项维修资金建立情况

开发建设单位按____标准缴存，计_______元；购房人按______标准缴存，计_____元；专项维修资金的补充来源有________________等，建立的住房专项维修资金现存于房地产开发商处。

五、招标书的发售

投标单位应于_____年____月___日___时前至____市____区____路____号____室购买招标书（出售的招标书每套标书收取成本费_____元整）。

六、保证金的缴纳

1. 投标人在购买招标书的同时缴纳投标保证金_____元整。未中标者在招标人与中标人签订物业服务合同后____日内退还保证金，利息（不计），并给予____元的投标书编制补偿金。

2. 未按规定提交投标保证金的投标，将被视为投标无效。

七、投标地点

____市____区_____路___号____室。

八、投标截止时间

____年__月__日__时，逾期收到的或不符合规定的投标文件不接受。

九、招投标说明会

____年__月___日____时约请投标人共同勘察招标物业现场并举行说明会。

十、开标时间、地点

1. 开标时间：_____年____月_____日_____时_____分。

2. 开标地点：徐州市铜山新区解放南路××号××室。

十一、招标询问

对本次招标提出询问的，请于 2005 年 1 月 15 日前与××联系（技术方面的询问请以信函或传真的形式发出）。

地　址：________________。

邮　编：________________。

电　话：________________。

传　真：________________。

联系人：________________。

招标单位：________________。

年　月　日

第二部分　技术规范及要求

本物业的环境设施设备按照《____________________________》标准，物业服务按照《____________________》标准，具体技术规范与要求以及部分差异如下：

一、物业管理服务的内容

1. 物业管理区域内物业共用部位、共用设施设备的管理及维修养护。

2. 物业管理区域内公共秩序和环境卫生的维护。

3. 物业管理区域内的绿化养护和管理。

4. 物业管理区域内车辆（机动车和非机动车）行驶、停放及场所管理。

5. 供水、供电、供气、电信等专业单位在物业管理区域内对相关管线、设施维修养护时，进行必要的协调和管理。

6. 物业管理区域的日常安全巡查服务。

7. 物业档案资料的保管及有关物业服务费用的账务管理。

8. 物业管理区域内业主、使用人装饰装修物业的服务。

9. 社区文化。

二、物业管理服务的要求

1. 按专业化的要求配置管理服务人员。

2. 物业管理服务与收费质价相符。

3. 特约服务。

4. 专项服务。

三、物业管理服务标准

1. 物业共用部位的维修、养护和管理服务标准：

（1）小修理______小时内修好，中修____天内修好。

（2）公共部位完好率______%以上。

（3）公共用道路每天打扫___次，楼梯每周___次。

2. 物业共用设施设备的运行、维修、养护和管理服务标准：

（1）小修理____小时内修好，中修_____天内修好。

（2）公共部位完好率_____%以上。

3. 物业共用部位和相关场地的清洁卫生，垃圾的收集、清运及雨、污水管道的疏通服务标准：

（1）小修理___小时内修好，中修_____天内修好。

（2）公共部位完好率_____%以上。

（3）每天______时、_____时、_____时清理垃圾。

4. 公共绿化的养护和管理标准：

（1）________________。

（2）________________。

5. 车辆停放管理服务标准：

（1）________________。

（2）________________。

6. 公共秩序维护、安全防范等事项的协助管理服务标准：

（1）________________。

（2）________________。

7. 装饰装修管理服务标准：

（1）____________。

（2）____________。

8. 物业档案资料管理标准：

（1）____________。

（2）____________。

9. 其他服务标准：

（1）____________。

（2）____________。

四、物业服务费的结算形式（包干制/酬金制）

五、主要设施设备的配置及说明（详见附件 1）

六、公建配套设施及说明（详见附件 2）

七、____________。

八、____________。

第三部分　投标人须知

一、总则说明

（一）适用范围

本招标文件仅适用于本项目的物业管理服务。

（二）定义

1. “招标方”系指第一部分所指的组织本次招标的招标机构。

2. “投标方”系指向招标方提交投标文件的物业管理企业。

（三）合格的投标方

1. 经过本次招标的资格预审确认为合格的投标人称为合格的投标方。

2. ____。

3. ____。

（四）投标费用

1. 无论投标过程中的做法和结果如何，投标方自行承担所有与参加投标有关的全部费用。

2. ____。

3. ____。

二、投标文件的编写

（一）投标文件格式

1. 投标方应按招标文件提供的投标文件格式填写。

2. 管理服务理念和目标：结合本项目的规划布局、建筑风格、智能化硬件设施配置及本物业使用性质特点，提出物业管理服务定位、目标。

3. 项目管理机构运作方法及管理制度：编制项目管理机构、工作职能组织运行图，阐述项目经理（小区经理）的管理职责、内部管理的职责分工、日常管理制度和考核办法目录。

4. 管理服务人员配置：根据物业管理服务的内容、标准和本项目实际情况拟配置各岗位人员的具体情况。

5. 根据物业管理服务的内容、标准制定的物业管理服务方案：

（1）对物业共用部位、业主或使用人自用部位提供维修服务的方案。

（2）物业管理区域内共用设施设备的维修方案。

（3）业主、使用人装饰装修室内的服务方案。

（4）住宅外墙或建筑物发生危险，影响他人安全时的工作预案。

（5）物业管理区域内环境清洁保洁方案。

（6）物业管理区域内公共秩序维护方案和岗位责任描述。

（7）绿化和园林建筑附属设施的维护、保养方案。

（8）____________________。

（9）____________________。

6. 物业维修和管理的应急措施：

（1）业主、使用人自用部位突然断水、断电、无天然气的应急措施。

（2）本项目范围突然断水、断电、无天然气的应急措施。

（3）业主与使用人自用部位排水设施阻塞的应急措施。

（4）雨、污水管及排水管网阻塞的应急措施。

（5）电梯故障的应急措施。

（6）消防应急措施。

（7）________________。

（8）________________。

7. 丰富社区文化，加强业主相互沟通的具体措施。

8. 智能化设施的管理与维修方案。

9. 施工噪声控制等与业主生活密切相关事项的应对预案。

10. 提供____________（《业主临时公约》/《业主公约》）的建议稿。

11. ________________。

12. ________________。

（二）投标报价

1. 投标方应根据招标文件的要求写明本项目的物业管理总收费报价金额、分项收费报价金额及测算依据。投标方只允许有一个报价，招标方不接受有任何选择的报价。

报价计价单位按建筑面积元/（m^2·月）计算。

2. ________________。

3. ________________。

（三）投标文件的份数和签署

1. 投标方应根据本招标文件的要求，编制投标书共_______套，并明确注明“正本”或“副本”字样，一旦正本和副本有差异，以正本为准。

2. 投标文件须打印并由投标方法定代表人签署和加盖公章。

3. 电报、电话、传真形式的投标概不接受。

三、投标文件递交的要求和无效

1. 投标文件的密封：投标方应将投标文件密封，并标明投标方的名称、地址、投标项目名称及正本或副本。

2. 投标文件的修改和撤销：

（1）投标人在投标截止时间之前可书面通知招标人补充修改或撤回已提交的投标文件。经补充修改的内容为投标文件的组成部分。投标人在投标截止时间之后送达的补充或者修改的内容无效。

（2）投标方对投标文件修改或补充的书面材料应按招标文件的规定进行编写、密封、标注和递交，并注明“修改或补充投标文件”字样。

3. 投标文件有下列情形之一的，投标文件无效：

（1）未密封的。

（2）未加盖投标单位法定代表人与投标单位印章的。

（3）未能按照招标文件要求编制的。

（4）逾期送达的。

（5）附有招标人不能接受条件的。

四、开标和评标

1. 开标的方法与程序。

2. 评标标准和评标办法：

（1）招标方根据有关规定组建评标委员会，本项目的评标委员会成员共设______人。其中，招标人指派______人，由招标人从市物业管理评标专家名册中采取随机抽取的方式确定物业管理专家成员______人 。

（2）评标标准：

（3）评标办法：

五、中标人的确定及物业服务合同的签订

（一）中标人的确定

1. 招标方在投标截止之日起_____日内（最长不超过 30 日）确定中标人。

2. 招标方在确定中标人之日起 3 日内以书面形式向中标人发出中标通知书。中标通知书一经发出即发生法律效力。

3. 招标人在向中标人发出中标通知书的同时，将中标结果通知所有未中标的投标人，并返还其投标书。

4. ____________________。

5. ____________________。

（二）悔标责任

1. 中标人接到中标通知书________日后（最长不超过 30 日），无正当理由不与招标人按照招标文件和中标人的投标文件签订相应的物业服务合同的，中标无效，投标保证金不予退还。超过投标保证金数额的，对超过部分按________赔偿；未提交投标保证金的，对招标人的损失按________予以赔偿责任。

2. 招标人在发出中标通知书________日后（最长不超过 30 日），无正当理由不与中标人按照招标文件和中标人的投标文件签订相应物业服务合同的，给中标人造成损失的，招标人应按______给予赔偿。

（三）物业服务合同的签订说明

1. 最低报价不是被授予合同的保证。

2. ____________________。

3. ____________________。

4. ____________________。

（四）物业服务合同的签订

1. 中标方按中标通知书指定的时间、地点与招标人参照物业管理主管部门制定的示范文本格式签订物业服务合同。

2. 招标文件、中标通知书、中标方的投标文件及其澄清文件，均为签订物业服务合同的依据。

3. ____________________。

4. ____________________。

第四部分　其他事项

1. 本项目物业服务费收取标准，按照中标价格确定。

2. 招标人根据《前期物业管理招标投标管理暂行办法》发现投标人在投标过程中如有违法、违纪、违规行为的，一经查实取消本次投标资格，已经中标的取消中标资格，保证金不予退还，由此造成的经济损失，招标人有权要求予以赔偿。

3. 招标费用的承担，按以下第____________种方式解决：

（1）由招标人全额承担。

（2）由中标人全额承担。

（3）由招标人、中标人各承担一半。

（4）________________。

但由于中标人悔标而未能在规定时间内与招标人签订物业服务合同的，本次招投标的全部费用由中标人承担。

4. 投标人应表明对招标人在投标邀请书、招标文件中所提出的各项规定和要求表示理解；应表明投标文件连同招标人的中标通知书均具有法律之约束力；应表明投标报价的有效期为自________至____________。

5. 投标人应提供公司营业执照、法定代表人证明、物业管理企业资质证书、法人代表的授权委托书和________等证明文件，并概要介绍本公司的基本状况、管理业绩等情况。

6. ____________________。

7. ____________________。

第五部分　附　　件

附件1：

本物业主要设施设备的配置及说明

1. 给水、排水、排污设施设备配置状况（略）。

2. 供电、供气设施设备配置状况（略）。

3. 垃圾处理设施设备配置状况（略）。

4. 小区出入口共计__________处；分设在_______路，_______路和_______路。

5. 小区智能化设备的配置（略）。

6. 设施设备的主要技术参数和指标（略）。

7. ______________________。

8. ______________________。

附件 2：

本项目公建配套设施及说明（略）。

4.2.2 招标公告（投标邀请书）

招标公告是在采取公开招标方式时，招标人发布招标信息的公布性文书；投标邀请书是招标人向特定的投标人发出参与招标邀请的文书。二者的写作目的和内容大致相同，只是发布的方式不同。如果采用邀请招标方式招标，一般是招标人向资格预审合格的潜在投标人发出的正式投标邀请书，作为投标通知书而单独发给潜在投标人，应作为招标文件的一部分；如果采取公开招标方式招标，往往是先发布招标公告和资格预审通告。无论是招标公告，还是投标邀请书，其主要内容包括：招标人名称、项目名称、地点、范围、技术规范及要求的简述、招标文件的售价、投标地点、投标截止时间、开标时间地点等。

【例文一】

招 标 公 告

××家园业主委员会受××家园业主大会委托，为××家园物业管理项目进行公开物业管理服务机构招标活动。

1. 编号：__________。

2. 项目名称：××家园小区物业管理项目。

3. 物业服务期限：总服务期限 2 年；服务商投标报价为第一年物业管理费用的总和（含服务费）。

4. 项目情况：

4.1 ××家园于 1999 年 12 月竣工，2000 年 12 月业主开始入住，整个园区共计 3 个大门、7 幢住宅楼，总户数为 908 户，各楼情况如下：

楼号	地上层数	地下层数	楼门	楼总户数	楼电梯数	可视对讲
1 号楼	7 层	3 层	6 个	84 户	6 部	有
2 号楼	10 层	3 层	3 个	60 户	3 部	有
3 号楼	10 层、7 层	无	5 个	92 户	5 部	有
4 号楼	24 层	3 层	1 个	168 户	3 部	有
5 号楼	24 层	3 层	1 个	168 户	3 部	有
6 号楼	24 层	2 层	1 个	168 户	3 部	有
7 号楼	24 层	2 层	1 个	168 户	3 部	有
合计				908 户	26 部	

4.2 建筑面积：133400m^2。

4.3 绿化面积：约 14000m^2，绿化率 30%。

4.4 项目位置：北京市××区××南路××号。

四至：东临×××小学；南临××路；西临××路；北临××街。

5. 服务商资格要求：

5.1 具有物业管理企业一级资质的国内物业管理企业。

5.2 外省市企业应提供在北京市有关部门注册或备案的正式文件复印件，加盖政府备案部门的公章和企业公章。

5.3 管理本项目的主要负责人（项目经理）应当具有大学本科（含本科）以上学历，有管理大型住宅项目五年以上的工作经验。

6. 领取招标文件的时间：2006 年 7 月 7 日 9 时—15 时。

7. 领取招标文件的地点：××家园 7 号楼一层业主委员会办公室，购买时请出示经办人身份证和单位介绍信、单位资质证书复印件。

8. 招标文件售价：人民币 1000 元，售后概不退还。

9. 现场踏勘时间：具体时间领取招标文件时另行通知。

10. 投标文件送达截止时间：2006 年 7 月 26 日 16 时。

11. 投标响应文件送达地点：××家园业主委员会办公室。

12. 开标评标时间：2006 年 7 月 27 日（具体时间另行通知）。

13. 评标地点：另行通知。

14. 评标顺序：按服务商投标文件送达时间先后顺序依次进行。

招标人：××家园业主委员会

地　　址：______________

邮　　编：______________

联系电话：______________

传　　真：______________

联 系 人：______________

××家园业主委员会

2006 年 6 月 18 日

【例文二】

投标邀请书

（投标候选人名称）：

（项目名称）项目前期准备工作已就绪，现进入招标发包阶段。根据有关政策规定，决定采用邀请招标形式进行招标，现邀请贵公司参加投标。

一、项目概况

1. 项目名称：

2. 物业服务期限：

3. 项目情况：

3.1 项目竣工时间：

3.2 项目入住时间：

3.3 本项目共计____个大门、____幢住宅楼，总户数为____户，建筑面积____m^2，绿化面积______m²，绿化率______%。各楼具体情况如下：____

3.4 项目位置：

四至__________；东至__________；西至__________；南至__________；北至__________。

4. 企业资格要求：____

二、招标文件的取得

招标文件将于____年____月____日____时至____时在以下地点发售：______________

地 址：______________联系人：______________

每套招标文件售价为________，以________方式支付给。（说明费用是否退还，是否要求准备图纸等的押金以及具体规定，还应说明购买多套招标文件的规定）

三、投标地点及截止时间

本招标项目投标截止时间为______年__月__日__时__分。

投标人应按前款规定的时间或按招标文件规定所延长的时间到以下地点递交投标文件：

地址：____________________

如果投标人在非投标截止时间当日递交投标文件，投标人应将投标文件递送至下列地点：

地址：______________________________联系人：______________

四、开标

本招标项目将于____年____月____日____时____分在以下地点开标：

地址：____________________

投标人须按招标文件的有关规定派代表出席。

五、投标有效期

自投标截止日期起，投标文件有效期为________天。

六、中标通知书

中标通知书将在____年__月__日之前发出（传真有效）。

七、投标咨询

如投标人需咨询有关本项目招标投标的其他事宜，请按下述方式联系：

地 址：____________________

电话/传真：____________________

联系人：____________________

招标人：（盖章）

法定代表人或授权委托人：（签字）

经办人：

年 月 日

4.2.3 资格预审公告（经营资质预审邀请书）

资格预审公告是物业管理招标人发布对投标人从事物业管理的资质和资格进行预审的公布性文书。经营资质预审邀请书的写作目的、内容与资格预审公告基本一致，只是发布方式不同。其主要内容包括：所需招标的项目简介；项目资金来源；参加预审的资格；获取经营资质预审文件的时间、地点以及接受资格预审申请的时间和地点。

【例文】

×××物业管理招标中心

关于×××物业管理项目经营资质预审通告

编号：

（物业管理招标机构名称）受（项目招标人名称）的委托，邀请合格物业管理承包商（以下称“承包商”）参加（项目名称）的招标资格预审。

该项目的简要说明（项目的规模，工作内容，工作要求，工作量）。

凡符合《中华人民共和国招标投标法》规定的一切合格的承包商可以参加该项目的资格预审。

凡在物业管理方面有丰富经验并对该项目有兴趣的公司，请按下列地址与（招标机构名称）招标部联系并申请资格预审，资格预审文件将从____年___月___日开始，每天上午___点至___点出售（星期日和节假日除外），该文件每册售价人民币______元或____美元，收款概不退还。

接受资格预审申请的截止日期为______年____月____日____上午/下午___点，超过该期限者恕不接受。

招标机构名称：____________________

地址：__________________________

电话和电传：______________________

4.2.4 资格预审申请书

资格预审申请书是资格预审申请者填写的，递交给招标人的申请文书。资格预审申请书一般为表格形式，是由招标人在预审前，在资格预审文件中按资格预审的条件编制成统一的表格。资格预审申请者应按统一的格式填报、递交申请书。申请书的表格通常包括以下内容：

1．申请人表

申请人表主要有申请者法人单位的名称、地址、电话、电传、传真、成立日期。

2．组织机构表

组织机构表主要有公司简况、法人代表、股东名单、直属公司名单等。

3．财务状况表

财务状况表基本数据有：注册资金、实有资产、流动资产、固定资产，以往物业管理经营盈利或者亏损情况。

4．公司人员表

公司人员表其中包括管理人员、技术人员、专业服务公司人员及其他人员的数量和其从事物业管理经营的年限。

5．业绩表

业绩表指已接管物业的管理经营状况。包括已接管物业的名称、地址、类型、管理费价格及有何种奖惩经历等。

以上表格可由招标方根据需要设计，力求简单明了，并注明填表的要求，每张表格都应有授权人的签字和日期，对于要求提供的证明附件应附在表后。

【例文】

资格预审申请表 1　　　　　　　　组织机构

<table>
<tr><td>企业名称</td><td colspan="3"></td><td>负责人</td><td></td></tr>
<tr><td>注册地址</td><td colspan="3"></td><td>邮政编码</td><td></td></tr>
<tr><td>成立时间</td><td></td><td>电话</td><td></td><td>传真</td><td></td></tr>
<tr><td>企业级别</td><td colspan="3"></td><td>营业执照</td><td></td></tr>
<tr><td>承包经历</td><td colspan="3">年（国内）　　　　年（国际）</td><td>分包经历</td><td>年（国内）
年（国际）</td></tr>
<tr><td>职工人数</td><td colspan="5">总人数：　　　　技术人员：　　　　行政人员：</td></tr>
<tr><td>公司主要业务概述</td><td colspan="5"></td></tr>
<tr><td colspan="6">组织机构框图
（包括结构、领导成员、主要技术人员及数量等情况）</td></tr>
</table>

资格预审申请表 2

财务报表

<table>
<tr><td rowspan="2">1. 资本</td><td colspan="2">法定资本:</td><td colspan="2">固定资产:</td></tr>
<tr><td colspan="2">已发行股本:</td><td colspan="2">流动资金:</td></tr>
<tr><td colspan="5">2. 过去五年每年承担的物业项目的价值，以及当年承担的项目。</td></tr>
<tr><td>年份</td><td>（当年）</td><td></td><td></td><td></td></tr>
<tr><td>国内</td><td></td><td></td><td></td><td></td></tr>
<tr><td>国外</td><td></td><td></td><td></td><td></td></tr>
<tr><td colspan="5">3. 目前承担物业项目的大概价值</td></tr>
<tr><td colspan="5">4. 年最大施工能力:</td></tr>
<tr><td colspan="5">5. 请附上公司前三年审计账目的副本（损/益、资产/负债）及你认为有用的其他财务资料。以下列明所有附件:</td></tr>
<tr><td colspan="5">6. 请附上今后两年的财务预测:</td></tr>
<tr><td colspan="5">7. 能够提供资信证明的银行名称及地址:</td></tr>
</table>

资格预审申请表 3　　人员

人数		技术人员		工人	
管理人员		行政人员		其他	

公司领导情况：

姓名	年龄	现职务	本公司管理经验

主要技术人员情况：

姓名	年龄	现职务	本公司管理经验

计划用于本工程的主要人员：

姓　名	建议职务	公司中经历	负责过的主要工程（形式与规模）	与项目有关的语言能力

资格预审申请表4　　　　已接管类似项目（过去三年中）

业主名称	项目名称所在地及类别	合同金额与签字日期	合同是否圆满并按期完成	其他

4.2.5 物业管理投标通知书

物业管理投标通知书是招标人发给投标人，通知其具备投标条件并通过资格预审的书面通知。物业管理投标通知书的写作格式与一般通知书基本相同，只是内容有具体特定性，即通知投标人可以开始投标文件的编写。

【例文】

物业管理投标通知书

××物业管理公司：

贵公司已通过投标资格预审，望贵公司按照招标文件的具体要求，结合国家和地方的有关规定，认真编写投标书，希望我们双方能建立良好的合作关系。

××小区业主委员会

2006 年 12 月 20 日

4.2.6 物业管理投标评分标准表

物业管理投标评分标准表是招标人根据招标文件中技术规范及要求、评标原则及方法，为保证评标的公平、公正而编制的评分计分表格。其内容一般包括评分项目、应得分值、实得分值和备注等几项。

【例文】

物业管理投标评分标准表

（假设有 ABCD 四家物业管理企业投标）

项目指标	分数	现场打分				备注
		A	B	C	D	
1. 开发建设期的协调与管理	10					
主动协调，提出建议	10					
被动接受，调整服务	6					
不予参与，独立运行	2					
不能协调	0					
2. 报价	10					
报价较优	10					
报价符合招标底价	7					
报价可以接受	4					
报价不尽合理	1					
3. 管理措施	10					
管理方法较优，各种技术力量强大，管理设备先进	10					
管理方法适合，拥有各种技术力量，配备所需管理设备	8					
管理方法一般，拥有一般技术力量，配备一些管理设备	5					
管理方法陈旧，技术力量薄弱，管理设备较少或陈旧	2					

（续）

项目指标	分数	现场打分				备注
		A	B	C	D	
4. 服务机构设置	10					
机构设置科学合理，管理人员、工作人员数量、素质、职称结构较优	10					
机构设置、管理人员、工作人员数量、素质、职称结构满足需要	8					
机构设置、管理人员、工作人员数量、素质、职称结构一般，大体能满足需求	5					
机构设置、管理人员、工作人员数量、素质、职称结构混乱，不能满足要求	2					
5. 日常服务	30					
有类似经验，能超质量完成	30					
有管理经验，能完成要求	20					
有较少经验，服务与要求略有出入	10					
无管理经验，服务与要求有较大出入	5					
6. 特约服务	10					
主动为住户着想，提供高质量服务	10					
能按业主要求完成	8					
能部分按业主要求完成	5					
不能完成业主要求	2					
7. 管理制度	10					
制定严格的管理监督制度，保证运行	10					
有运行制度，但缺乏严格的监督制度	5					
无严格的管理运行制度	2					
8. 现场答辩	10					
答辩人答辩内容充实，能正确迅速地回答问题，回答问题严密合理	10					
答辩内容一般，基本能正确地回答问题，回答问题基本合理	6					
答辩内容欠妥，不能正确迅速地回答问题，回答问题不尽合理	3					

4.2.7　物业管理中标通知书

物业管理中标通知书是招标人发给中标人通知其中标，并将洽商、签订物业服务合同的书面通知。

【例文】

物业管理中标通知书

××物业管理公司：

××小区物业管理招标活动，经过对各投标人所编制的投标书综合评价，决定贵公司为中标人。请按照招标文件确定的条件，签订物业服务合同，愿我们双方合作愉快并长期保持。

××小区业主委员会

2006 年 12 月 20 日

4.3 物业管理投标书

物业管理投标书是拟参加投标的物业管理企业或物业管理专业性公司，根据物业管理招标文件中的招标物业项目的基本情况、服务范围和要求等，编制的全面阐述物业管理运作、管理目标等事项，并报送给招标人的书面文件。

物业管理投标书，即投标人须知中规定投标人必须提交的全部文件。

物业管理投标书是对投标人前期准备工作的总结，是投标人的投标意图、报价策略与目标的集中体现，其编制质量的优劣将直接影响投标竞争的成败。因此，投标人应十分重视物业管理投标书的编制。

4.3.1 物业管理投标书的组成及主要内容

1. 投标致函

投标致函又称投标综合说明书，实际上就是投标人的正式报价信，其主要内容有：

1）表明投标人完全愿意按照招标文件中的规定承担物业管理服务任务，并写明自己的总报价金额。

2）表明投标人接受该项目合同委托管理期限。

3）表明本投标如被接受，投标人愿意按招标文件规定金额提供履约保证金。

4）说明投标报价的有效期。

5）表明本投标书连同招标人的书面接受通知均具有法律约束力。

6）表明对招标人接受其他投标人的理解。

7）附件包括公司简介、公司法人地位及法定代表人证明、公司对合同意向的承诺、物业管理专案小组的配备。

① 公司简介。概要介绍投标公司的资质条件、以往业绩等情况。

② 公司法人地位及法定代表人证明。包括资格证明文件（营业执照、税务登记证、企业代码及行业主管部门颁发的资质等级证书、授权书、代理协议书等）、资信证明文件（保函、已履行的合同及客户意见书、中介机构出具的财务状况书等）。

③ 公司对合同意向的承诺。包括对承包方式、价款计算方式、服务款项收取方式、材料设备供应方式等情况的说明。

④ 物业管理专案小组的配备。简要介绍主要负责人的职务、以往业绩等。

【例文】

投标综合说明书

____________业主：

1. 根据已收到的招标编号为物招审字（　　）第（　　）号的__________物业的招标文件，遵照《前期物业管理招标投标管理暂行办法》的规定，经考察现场和研究上述招标文件、招标文件补充通知、招标答疑纪要的所有内容后，我方愿以______万元的总投标价，承担上述物业的全部管理工作。

2. 一旦我方中标，我方保证按我方所递交的标书中承诺的期限和招标文件中对承包期限的要求如期按质提供服务。

3. 一旦我方中标，我方保证所提供的物业管理质量达到我方所递交的标书中承诺的质量等级。

4. 一旦我方中标，我方保证按投标文件中的物业管理班子及管理组织来设计、组织管理工作。如确需变更，必须征得业主的同意。

5. 我方同意所递交的投标文件在投标有效期内有效，在此期间内我方的投标有可能中标，我方将受此约束。

6. 我方同意招标文件中各条款，并按投标标价总额 3%交纳保证金××万元（大写）。若我方违约，则扣除所交纳的全部保证金。

7. 除非另外达成协议并生效，招标文件、招标文件补充通知、招标答疑纪要、中标通知书和本投标文件将构成约束我们双方的合同。

投标单位：（印鉴）

法定代表人或委托代理人：（签字、盖章）

年　月　日

附件一：

××物业管理公司简介

××物业管理公司成立于 1996 年 8 月，是经国家建设部批准的一级物业管理企业。

本公司以管理住宅小区和写字大厦为主，近几年来先后承接了××等 300 余个物业项目的管理工作。截止到 2006 年底，本公司已接管楼房 585 幢，总建筑面积 256 万余 m^2。其中由本公司管理的××小区荣获了"全国优秀物业管理示范小区"称号，××小区、××花园和××大厦等 10 余个物业项目也先后被评为省市级优秀示范住宅小区或写字楼称号。

为向业主提供全方位、高质量、真诚周到的专业服务，公司聘请了香港××物业管理公司为管理顾问，借鉴先进物业管理经验，不断健全管理制度，建立了完整的服务质量管理体系和完善的监控措施，顺利通过了 ISO 9001 质量认证。

本公司近年来所接管的物业未曾出现过质量事故，××年被××市质量监督协会授予"服务质量信得过单位"，并且在××小区的管理工作中，由于服务质量突出，被××市精神文明建设领导小组评为"××市共建文明居住区先进单位"。

附件二：

法定代表人资格证明书

单位名称：××物业管理公司

地址：______省____市____街____号

姓名：______ 年龄：__________ 民族：__________

职务：______ 技术职称：__________ 身份证号码：____________________

×××系××物业管理公司的法定代表人。负责为××物业提供物业管理服务，签署上述物业的投标文件，进行合同谈判，签署合同和处理与之有关的一切事务。

特此证明。

投标单位：（盖章）

上级主管部门：（盖章）

年　月　日

附件三：

对合同意向的承诺

一、承包方式：

物业设计图预算。

二、服务价款的计算方式：

1. 各项服务的工作量依照物业设计图及行业常规计算。

2. 普通服务单价依照国家服务行业统一收费标准计算。

3. 特定服务单价参照国家类似服务统一收费标准，并适当浮动予以确定。

4. 设备的购置租赁价及材料价格按本市有关规定执行。

5. 管理期间，凡遇有关政策性调整，按政策性调整规定执行。

三、在计算服务费用总成本的基础上，乘以我方投标承诺的优惠百分比作为实际收取费用。

四、服务款项收取方式：

1. 物业竣工接管时，由物业管理公司从开发商处收取物业总造价1%的管理基金。

2. 物业管理中日常服务收费由全体业主派出代表（固定或者轮流）收取并交至物业管理处。收取时间为每月1次，下月15日以前交至物业管理处。

五、材料设备供应方式：

管理所用材料、设备除临时所需的个别种类外，应由甲方供应到现场，乙方提供材料堆放场所；临时所需材料设备由业主认质定价，乙方负责采购，并按委托管理合同有关规定执行。

六、服务质量必须能使业主的合理要求得到满足。在合同中制定出对物业管理公司高质量满足业主要求服务的奖励与不能提供符合业主要求服务的处罚。

七、为保证服务质量所需的技术升级费和协调费，应由物业管理公司通过精心组织管理和加强成本核算自行消化，不得向业主另行收费。

八、文明管理，确保安全，实现无重大事故。

附件四：

物业管理专案小组配备

1. 由我物业公司抽调有丰富管理经验和较强指挥能力的人员组成物业管理班子。总负责人（项目经理）和各级负责人（部门人员）配置见下表。

项目经理及部门人员配置表

管理部门人数:

领导层	职能部门	职责

2. 物业管理专案小组主要成员简介:

1）董事总经理：统筹整项发展计划，为此专案组最高负责人。

2）董事：专职处理该发展计划的物业管理服务工作。此先生在××及××前后共有××年的专业物业管理经验，其物业管理顾问的经历计有××、××、××等。

附件五：

其他证明材料

1. 企业信誉（略）。
2. 企业资质证书（略）。
3. 企业荣誉证书（略）。
4. 企业安全生产证明资料（略）。
5. 企业物业管理服务质量证明资料（略）。

2. 物业管理投标方案

物业管理投标方案是按规定格式要求回答招标文件中的问题，以介绍物业管理要点和物业管理服务内容、服务形式和费用为主的文书。其名称还有“标书”、“建议书”、“投标书”等。

（1）标题　标题一般由三部分组成，即投标对象名称、内容、文种，如×××小区物业管理投标书。如果前面要冠以投标单位就是四个部分组成，即投标单位、投标对象名称、内容、文种，如×××物业管理公司关于×××小区物业管理的投标书。

（2）标书的序言　序言主要是针对项目特点概括管理重点或要点、简述管理策略等。分析投标物业和管理要点，主要指出此次投标物业的特点和日后管理上的重点、难点，可列举说明，还要分析租用户对此类物业及管理上的期望、要求等。在具体编写投标书时，应针对物业具体性质与业主情况，就最突出的问题作详细分析。

（3）管理、服务的内容　此项应具体包括：开发设计建设期间的管理顾问服务内容；物业竣工验收前的管理顾问服务内容；用户入住及装修期间的管理顾问服务内容；管理运作服务内容。

（4）管理的方式、方法

1）内部管理机构设置，即管理投标对象所设置的机构。

2）运作机制，包括计划目标管理、协调监督管理，经济管理、行政管理、质量管理、协调管理，经理日常管理责任制等。

3）工程流程，其内容主要有物业验收与接管流程，住户入住管理流程，住宅装修管理流程，日常管理工作流程及质量标准，房屋维修养护工作流程及质量标准，清扫保洁、绿化、交通、治安、消防、机电设备、档案等各项管理流程及质量标准，管理员工作流程，空置物业管理规程等。

4）信息反馈渠道。

5）管理工作的控制方式，主要对上至经理下至各部门的人员情况动态的掌握和控制，以求从岗到人落实各个岗位工作。

（5）管理人员

1）管理人员的配备。依照高效、精简原则，结合项目实际情况配备。

2）管理人员的培训。规定管理处主任应具有上岗证，员工上岗前须经专业培训和考试，所有员工每年须保证的专业学习时间，培训计划、适当的培训方式和明确的培训目标。

（6）必须具备的物质装备计划　此项应包括职工住房和管理用房计划，器械、工具、通信、治安装备以及办公用品计划。

（7）经费收支测算　此项应包括测算依据；经费收支预算表；收支情况简表及分析；提高管理服务费标准后，收支预算一览表；其他因素，如入住率及公建配套不完善而影响收入等因素。

（8）管理规章制度　此项应包括公约规章等管理条规、内部岗位责任制、管理运作制度、档案管理制度等。

（9）各项管理指标　此项应包括指标要求、不达标的处理、争创优秀小区（大厦）的设想等。

（10）便民服务项目　此项应包括有偿服务和无偿服务，列出各种代办服务和特约服务项目。

（11）社区文化

（12）愿意承受的有关奖罚内容

（13）说明将提供的服务形式、费用和期限　管理顾问服务期限，通常自接受委托开始至楼宇发放执照为止；管理运作服务期限，自楼宇发放执照起至合同到期为止。

【例文】

×××园管理方案

一、项目简介

1. 项目位置

位于××路××学院对面的“×××园”，东近××路，南面接××中学，西邻××，周边高校林立，交通便捷，配套设施完善，地理位置优越。小区总建筑面积 55001 余 m^2，规划容积率 2.53，建筑由小高层、高层和谐布局。小区绿化面积 $5242m^2$。具有交通、邮局、购物、就学、就医、餐饮等多项优越条件，矗立于美丽的山水城市中。

2. 物业类型

由五幢设计风格现代的小高层和高层组成。“×××园”公寓规划建成商品房住宅、商铺为一体的中型社区。整个建筑群优雅而高贵，设施齐全时尚，环境自然怡人。建筑形成独立的小园区，人车分流。社区得山水之清秀，拥配套之便利，集产业之人气，凝文化之魅力，生活条件得天独厚，远景展望曼妙可人。

3. 开发商简介

开发商为×××建设开发有限公司，公司成立于 1999 年 9 月，是一家专业从事房地产开发、具有雄厚实力和开发背景的知名企业。公司自成立以来，始终坚持“至诚圆满，卓越贡献”的开发理念，以专业化、人性化的精神和思想进行项目的规划和开发。

4. 物业基本情况

“×××园”用地面积：17476m^2；总建筑面积：55001m^2；住宅建筑面积：39948m^2；商铺建筑面积：3993m^2；公建配套面积：376m^2；地下室面积：10529m^2；户数：290 户。

道路、广场面积：7219m^2；绿地率：30.2%（面积 5242m^2）；景观灯：约 10 盏，楼道灯：约 150 盏；污水井：约 65 个，雨水井：约 42 个；垃圾房：2 处；生活不锈钢水箱 1 只（80t）；公变配电房：2 个；地下泵房：消防泵 2 套，喷淋泵 2 套，地下集水井潜水泵 72 套；消防、生活合用水泵房：181m^2；消防水箱：240m^3。

智能化配套内容：电子巡更周界报警系统；地下车库管理系统；消防报警系统；安保系统；可视对讲系统等设施。

电一户一表，水一户一表；住宅电梯数量 12 台；社区用房：约 155m^2，每单元每层设 1 个消火栓箱；机动车车位：地上车库 29 个，地下 170 个。

二、物业管理实施方案

（一）物业管理实施方案管理目标

（1）管理费收缴率：97%。

（2）业主对物业管理综合满意率：96%。

（3）有限投诉处理及时率：100%。

（4）有效投诉处理及时率：92%。

（5）设备设施完好率：95.5%。

（6）火灾发生率：0。

（7）治安刑事发生率：0。

（8）业主报修维修及时率：98.5%。

（9）报修维修合格率：98.5%。

（10）计划培训率：92%。

（11）采购物品合格率：96%。

（二）×××园管理处组织结构

管理处机构图

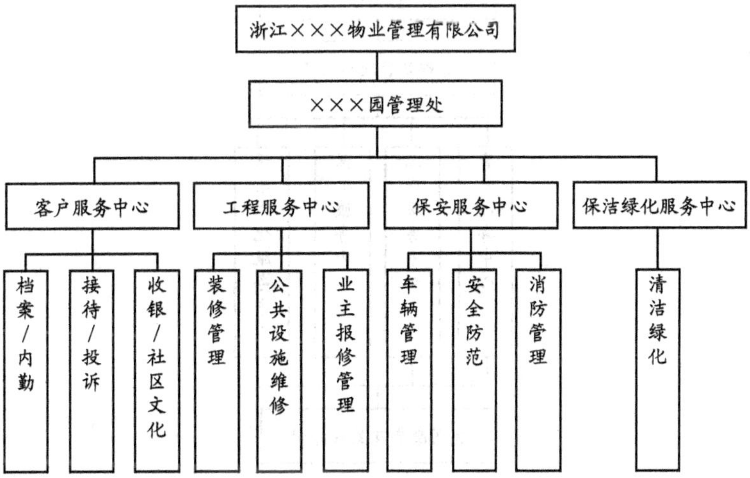

管理机制

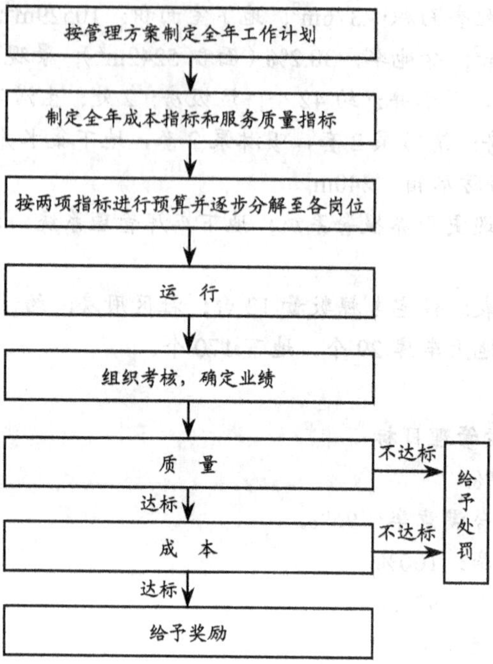
按管理方案制定全年工作计划
制定全年成本指标和服务质量指标
按两项指标进行预算并逐步分解至各岗位
运　行
组织考核，确定业绩
质　量
不达标
达标
成　本
不达标
达标
给予处罚
给予奖励

工作流程

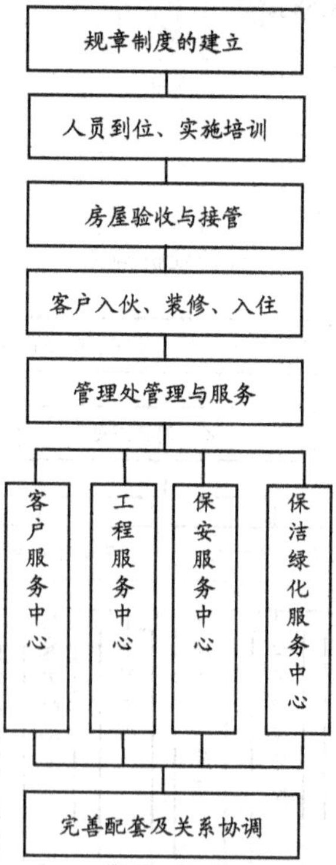
规章制度的建立
人员到位、实施培训
房屋验收与接管
客户入伙、装修、入住
管理处管理与服务
客户服务中心
工程服务中心
保安服务中心
保洁绿化服务中心
完善配套及关系协调

（三）物业服务内容

1. 物业治安防范管理

保安服务是物业管理中不可缺少的一部分，可以说没有安全的环境，业主就没有舒适的生活，如果一个物业让业主产生不安全感，那就会严重影响该物业的声誉，就会迅速失去客源并不能保值，就会大幅度降低经济效益和社会效益，而优质服务也会成为无的之矢。××物业管理公司针对×××园的位置特点，根据人防加技防的原则，对×××园治安防范工作，本公司拟采取如下安保方案：

（1）小区实行 24 小时安保管理。

（2）管理处将在小区各出入口等重要部位设岗，24 小时专人守卫。

（3）建立小区内部 24 小时不间断保安巡逻制度。

（4）根据人防加技防的原则，采取先进可靠的安保技防措施，包括电视监控系统、门禁对讲系统等。

（5）对小区保安人员定期进行专业培训和技能培训。

（6）对外来车辆和外来人员实行严格登记、询问等管理。

（7）对保安人员招聘进行严格筛选、注重形象、实行半军事化管理。

2. 小区清洁

×××园环境卫生管理标准如下（参见建设部颁发的《全国城市文明住宅小区达标考评实施细则》）：

（1）设有责任划分明确、奖罚制度健全的保洁队伍管理小区内环境卫生，队伍稳定，管理制度详尽，并得到贯彻执行。

（2）经常清扫保洁，垃圾日产日清，清扫、保洁率达到 99%以上。

（3）环卫设施完备，设有果皮箱、工具箱、必要保洁设备、休息室等。

（4）小区内没有违章建筑，不能排放未达到国家或地方规定的污染物。

（5）小区道路达到“五不”“六净”标准，即不见积水、不见积土、不见杂物、不漏收和不乱倒垃圾；路面净，路沿净，人行道净，雨水口净，树坑墙根净和果皮箱净。

（6）每日实行 10 小时巡回保洁制度。

（7）严格按照“作业指导书”要求对保洁工进行管理。

3. 绿化管理

绿化环境是一个优美住宅环境的重要组成部分之一，绿化养护的好坏将直接影响到小区的形象。

（1）×××园的绿化养护将由本公司派遣专业绿化养护人员负责，承担园区绿化每天的浇水、修剪、养护树木花草工作。

（2）管理处将根据小区绿化初始设计目的，从整体上控制好绿化设计效果并能得到充分的实现。

（3）每月管理处将对整个园区的绿化工作进行检查，并根据检查标准进行评分。

（4）按作业指导书要求进行管理。

（四）对×××园物业管理工作计划

主要分为三个方面，即前期介入工作计划、入伙阶段工作计划、管理期内工作计划。

前期介入工作计划

序 号	项 目	工 作 内 容	计 划 时 间
1	签订前期物业服务合同	签订前期物业服务合同。	中标后10天内
2	参与规划、设计与建设	（1）收集整理各类图纸资料，熟悉情况。 （2）加强与开发商、施工单位等部门联系，参加工程例会，了解工程进度。 （3）就物业管理方面，提出专业建议。 （4）参与设备的选型与调试。	中标后进驻到物业交付
3	在建物业前期介入工作	（1）全面介入在建物业的施工。 （2）向工程部提出合理化建议。 （3）参与隐蔽工程验收、机电设备调试。 （4）分专业工种全面熟悉物业。	中标后至物业交接前
4	组建机构	（1）人员招聘。 （2）人员培训考核。 （3）人员上岗及试运行。	物业交付使用前2个月
5	办公后勤	（1）管理用房装修、办公用品配置。 （2）安排员工用房。 （3）物资配备、管理制度上墙。	物业交付使用前2个月
6	制定与完善各项管理规章制度	（1）严格按照ISO 9001（2000版）质量管理体系标准，制定操作规范。 （2）结合实际情况，对操作规范进行调整完善。	物业交付使用前2个月
7	销售配合	（1）配合开发商进行有关问卷调查及回馈意见收集工作。 （2）协助×××园的宣传推广。 （3）会同开发商，编制并制作《业主手册》《业主临时公约》。	物业销售全过程
8	物业接管验收	（1）依据接管验收标准，逐项严格进行审查。 （2）对发出整改建议内容进行核对。 （3）不合格项目，备案并督促责任部门整改。 （4）进行复验。 （5）符合接管标准后办理书面移交手续。 （6）制作《备忘录》。	物业交付使用前1个月

入伙阶段工作计划

序 号	项 目	工 作 内 容	计 划 时 间
1	入伙实施	（1）与环卫、房管局、公安、物价局、电信、银行等有关部门取得联系，开展有关工作。 （2）各项入伙资料文本的准备。 （3）明确入伙流程及各岗位职责。 （4）与开发商共同策划举行交房仪式，入伙现场的准备。 （5）入伙手续办理。	物业交付使用前2个月
2	初次业主意见调查	（1）以问卷调查、电话、拜访等形式了解业主各类信息，加强与业主交流。 （2）针对业主合理意见，进行纠正措施。 （3）回访与反馈意见收集。	物业交付使用半年内

（续）

入伙阶段工作计划			
序　号	项　　目	工 作 内 容	计 划 时 间
3	二次装修管理	（1）装修方案审批，宣传装修规定。 （2）装修手续办理及装修服务。 （3）装修施工工程监控。 （4）装修工程验收。	物业交付使用起
4	档案建立与管理	（1）收集业主资料归档。 （2）各类图纸资料的装订归档。 （3）建档与运用。	物业交付使用起
5	配合销售	（1）以出色的物业管理协助推动销售；及时将顾客信息反馈给销售部。 （2）协助销售部、工程部做好售后服务工作。	物业交付使用起

管理期内工作计划		
管 理 期	主要规划项目	备　　注
第 1 年	（1）全面导入 ISO 9001（2000 版）质量保证体系，修订和完善符合小区特点的各项管理规章制度及操作规范。 （2）开展宣传教育活动，加强精神文明建设，普及物业管理相关政策法规。 （3）建立电脑网络系统，实现办公自动化。 （4）员工系统培训开展。 （5）开展多种经营业务，有偿、无偿服务。 （6）按照年度社区活动计划，开展适合小区特点的社区活动。 （7）根据实际情况进行业委会成立的准备工作。 （8）开展多渠道与业主的沟通，了解需求，调整工作，在能力具备情况下满足业主需求。	自物业公司进驻之日至全面交付 1 年内
第 2 年	（1）根据首年开支预算，合理调整财务收支，开展各项增收节支工作。 （2）入住率达到 60%以上成立业主委员会。 （3）管理水平达到市优标准，在达到评比资格的前提下，创“杭州市物业管理优秀小区”。 （4）个性化服务的提供和推广。	

三、费用测算

1. 计算依据

（1）委托方的要求，×××园小区的地理位置及总体功能的定位。

（2）国家、地方有关法律、法规的要求。

（3）物业管理费用收支平衡原则。

（4）物价水平。

2. 收费收支预算概况

（1）物业管理费：住宅 0.95 元/（m^2·月），非住宅 1.4 元/（m^2·月），空置部分按 70%向开发商收取。

（2）电梯、水泵、公共照明等能耗费用按实向业主分摊。

浙江××物业管理有限公司

2005 年 7 月 26 日

4.3.2 编制投标文件应注意的事项

1. 确保填写无遗漏，无空缺

投标文件中的每一空白都需填写，如有空缺，则被认为放弃意见；重要数据未填写，可能被作为废标处理。因此投标人在填写时务必小心谨慎。另外，单项管理的投标，可以参照上述有关条目编写，但是比较简单；又由于是单项管理，所以要求对该投标项目编写得更详细一些，数据更确定一些。

2. 不得任意修改填写内容

投标人所递交的全部文件均应由投标人法人代表或委托代理人签字；若填写中有错误而不得不修改，则应由投标人负责人在修改处签字。

3. 填写方式规范

投标书最好用打字方式填写，或者用墨水笔工整填写。除投标人对错处作必要修改外，投标文件中不允许出现加行、涂抹或改写痕迹。

4. 不得改变标书格式

若投标人认为原有标书格式不能表达投标意图，可另附补充说明，但不得任意修改原标书格式。

5. 计算数字必须准确无误

投标人必须对单价、合计数、分步合计、总标价及其大写数字进行仔细核对。

6. 报价合理

投标人应对招标项目提出合理的报价。唱标一般只唱正本投标文件中的“开标一览表”，所以投标人应严格按照招标文件的要求填写“开标一览表”、“投标价格表”等。

7. 包装整洁美观

投标文件应保证字迹清楚、文本整洁，纸张统一，装帧美观大方。

4.4 物业服务合同

4.4.1 物业服务合同的概述

1. 物业服务合同

物业服务合同是指在物业管理活动中，物业管理企业或专业服务企业通过参与招标活动接受委托从事物业管理服务，为保证物业管理服务活动顺利实施并实现物业管理服务目的，与委托人签订的明确双方民事权利义务并共同遵守的协议文书。

这其中不包括物业管理企业在开展管理服务、经营租赁等活动中所涉及的劳务合同、供求合同、租赁合同、居间服务合同等。

2. 物业服务合同的种类

（1）前期物业服务合同　前期物业服务合同指在业主、业主大会选聘物业管理企业之前，建设单位选聘物业管理企业并与之签订的物业服务合同。

这一阶段，由于物业尚未出售或业主委员会尚未成立，所以应由建设单位（一般为房地产开发商）作为委托方与物业管理公司签订前期物业服务合同。

（2）物业服务合同　物业服务合同指业主大会授权业主委员会与物业企业签订的物业服务合同。

（3）物业服务分包合同　物业服务分包合同指物业管理企业，或业主大会授权业主委员会与物业管理专业性公司签订的专项服务合同。

4.4.2　物业服务合同的格式与内容

1．标题

一般有直接写明物业服务合同的种类或物业项目名称加上物业服务合同的种类两种写法，如《前期物业服务合同》或《新家园小区物业服务合同》。

物业管理分包合同还要加上具体委托业务名称，如《新家园小区环境绿化承包合同》。

2．正文

正文是合同的主要部分，主要包括以下条款：

1）业主委员会和物业管理企业和名称、住所。

2）物业管理区域的范围和管理项目。

3）物业管理服务的事项。

4）物业管理服务的要求和标准。

5）物业管理服务的费用。

6）物业管理服务的期限。

7）违约责任。

8）合同终止和解除的约定。

9）当事人双方约定的其他事项。

3．结尾

结尾主要包括合同双方当事人代表的签字并加盖公章，还有签订合同的真实年、月、日。

在正文的右下方写明签订合同的双方单位名称和代表姓名，并加盖公章。签约日期在“标题”中未写的，此处要写全。如有主管部门和鉴证机关公证的，也要写明机关名称，并加盖公章。如有必要，还应注明双方的地址、电话号码、电报挂号及开户银行、账号等，视需要决定详略。

4．附件

附件是合同中必须的但又无法写进具体条款中的事项，用附件形式列于合同后，有补充说明和资料依据的作用。附件是物业服务合同的组成部分，同样具有法律效力。

【例文一】

前期物业服务合同（示范文本）

甲方：________________；

法定代表人：＿＿＿＿＿＿＿＿＿＿＿；
住所地：＿＿＿＿＿＿＿＿＿＿＿；
邮编：＿＿＿＿＿＿＿＿＿＿＿。

乙方：＿＿＿＿＿＿＿＿＿＿＿；
法定代表人：＿＿＿＿＿＿＿＿＿＿＿；
住所地：＿＿＿＿＿＿＿＿＿＿＿；
邮编：＿＿＿＿＿＿＿＿＿＿＿；
资质等级：＿＿＿＿＿＿＿＿＿＿＿；
证书编号：＿＿＿＿＿＿＿＿＿＿＿。

根据《物业管理条例》和相关法律、法规、政策，甲乙双方在自愿、平等、协商一致的基础上，就甲方选聘乙方对＿＿＿＿＿＿＿＿（物业名称）提供前期物业管理服务事宜，订立本合同。

第一章　物业基本情况

第一条　物业基本情况：

物业名称＿＿＿＿＿＿＿＿＿＿＿＿＿＿＿＿；
物业类型＿＿＿＿＿＿＿＿＿＿＿＿＿＿＿＿；
坐落位置＿＿＿＿＿＿＿＿＿＿＿＿＿＿＿＿；
建筑面积＿＿＿＿＿＿＿＿＿＿＿＿＿＿＿＿。

物业管理区域四至：

东至＿＿＿＿＿＿＿＿＿＿＿＿＿＿＿＿；
南至＿＿＿＿＿＿＿＿＿＿＿＿＿＿＿＿；
西至＿＿＿＿＿＿＿＿＿＿＿＿＿＿＿＿；
北至＿＿＿＿＿＿＿＿＿＿＿＿＿＿＿＿。

（规划平面图见附件一，物业构成明细见附件二）。

第二章　服务内容与质量

第二条　在物业管理区域内，乙方提供的前期物业管理服务包括以下内容：

1. 物业共用部位的维修、养护和管理（物业共用部位明细见附件三）；
2. 物业共用设施设备的运行、维修、养护和管理（物业共用设施设备明细见附件四）；
3. 物业共用部位和相关场地的清洁卫生，垃圾的收集、清运及雨、污水管道的疏通；
4. 公共绿化的养护和管理；
5. 车辆停放管理；
6. 公共秩序维护、安全防范等事项的协助管理；
7. 装饰装修管理服务；
8. 物业档案资料管理。

第三条　在物业管理区域内，乙方提供的其他服务包括以下事项：

1. ＿＿＿＿＿＿＿＿＿＿＿＿＿＿＿＿；
2. ＿＿＿＿＿＿＿＿＿＿＿＿＿＿＿＿；
3. ＿＿＿＿＿＿＿＿＿＿＿＿＿＿＿＿。

第四条　乙方提供的前期物业管理服务应达到约定的质量标准（前期物业管理服务质量标准见附件五）。

第五条　单个业主可委托乙方对其物业的专有部分提供维修养护等服务，服务内容和费用由双方另行商定。

第三章　服务费用

第六条　本物业管理区域物业服务收费选择以下第＿＿＿种方式：

1. 包干制

物业服务费用由业主按其拥有物业的建筑面积交纳，具体标准如下：

多层住宅：＿＿＿＿＿＿元/（m^2·月）；

高层住宅：＿＿＿＿＿＿元/（m^2·月）；

别墅：＿＿＿＿＿＿＿＿元/（m^2·月）；

办公楼：＿＿＿＿＿＿＿元/（m^2·月）；

商业物业：＿＿＿＿＿＿元/（m^2·月）；

物业：＿＿＿＿＿＿＿＿元/（m^2·月）。

物业服务费用主要用于以下开支：

（1）管理服务人员的工资、社会保险和按规定提取的福利费等；

（2）物业共用部位、共用设施设备的日常运行、维护费用；

（3）物业管理区域清洁卫生费用；

（4）物业管理区域绿化养护费用；

（5）物业管理区域秩序维护费用；

（6）办公费用；

（7）物业管理企业固定资产折旧；

（8）物业共用部位、共用设施设备及公众责任保险费用；

（9）法定税费；

（10）物业管理企业的利润；

（11）＿＿＿＿＿＿＿＿＿＿。

乙方按照上述标准收取物业服务费用，并按本合同约定的服务内容和质量标准提供服务，盈余或亏损由乙方享有或承担。

2. 酬金制

物业服务资金由业主按其拥有物业的建筑面积预先交纳，具体标准如下：

多层住宅：＿＿＿＿＿＿元/（m^2·月）；

高层住宅：＿＿＿＿＿＿元/（m^2·月）；

别墅：＿＿＿＿＿＿＿＿元/（m^2·月）；

办公楼：＿＿＿＿＿＿＿元/（m^2·月）；

商业物业：＿＿＿＿＿＿元/（m^2·月）；

物业：＿＿＿＿＿＿＿＿元/（m^2·月）。

预收的物业服务资金由物业服务支出和乙方的酬金构成。

物业服务支出为所交纳的业主所有，由乙方代管，主要用于以下开支：

（1）管理服务人员的工资、社会保险和按规定提取的福利费等；
（2）物业共用部位、共用设施设备的日常运行、维护费用；
（3）物业管理区域清洁卫生费用；
（4）物业管理区域绿化养护费用；
（5）物业管理区域秩序维护费用；
（6）办公费用；
（7）物业管理企业固定资产折旧；
（8）物业共用部位、共用设施设备及公众责任保险费用；
（9）________________________。

乙方采取以下第___种方式提取酬金：

（1）乙方按________（每月/每季/每年）________元的标准从预收的物业服务资金中提取。

（2）乙方________（每月/每季/每年）按应收的物业服务资金________%的比例提取。

物业服务支出应全部用于本合同约定的支出。物业服务支出年度结算后结余部分，转入下一年度继续使用；物业服务支出年度结算后不足部分，由全体业主承担。

第七条　业主应于________________之日起交纳物业服务费用（物业服务资金）。

纳入物业管理范围的已竣工但尚未出售，或者因甲方原因未能按时交给物业买受人的物业，其物业服务费用（物业服务资金）由甲方全额交纳。

业主与物业使用人约定由物业使用人交纳物业服务费用（物业服务资金）的，从其约定，业主负连带交纳责任。业主与物业使用人之间的交费约定，业主应及时书面告知乙方。

物业服务费用（物业服务资金）按____（年/季/月）交纳，业主或物业使用人应在________（每次缴费的具体时间）履行交纳义务。

第八条　物业服务费用实行酬金制方式计费的，乙方应向全体业主公布物业管理年度计划和物业服务资金年度预决算，并每年____次向全体业主公布物业服务资金的收支情况。

对物业服务资金收支情况有争议的，甲乙双方同意采取以下方式解决：

1. ____________________________；
2. ____________________________。

第四章　物业的经营与管理

第九条　停车场收费分别采取以下方式：

1. 停车场属于全体业主共有的，车位使用人应按露天车位_______元/（个·月）、车库车位_______元/（个·月）的标准向乙方交纳停车费。

乙方从停车费中按露天车位_______元/（个·月）、车库车位_______元/（个·月）的标准提取停车管理服务费。

2. 停车场属于甲方所有、委托乙方管理的，业主和物业使用人有优先使用权，车位使用人应按露天车位_______元/（个·月）、车库车位_______元/（个·月）的标准向乙方交纳停车费。

乙方从停车费中按露天车位_______元/（个·月）、车库车位_______元/（个·月）的标准提取停车管理服务费。

3. 停车场车位所有权或使用权由业主购置的，车位使用人应按露天车位________元/

（个·月）、车库车位______元/（个·月）的标准向乙方交纳停车管理服务费。

第十条　乙方应与停车场车位使用人签订书面的停车管理服务协议，明确双方在车位使用及停车管理服务等方面的权利义务。

第十一条　本物业管理区域内的会所属______（全体业主/甲方）所有。

会所委托乙方经营管理的，乙方按下列标准向使用会所的业主或物业使用人收取费用：

1. ______________________________；

2. ______________________________。

第十二条　本物业管理区域内属于全体业主所有的停车场、会所及其他物业共用部位、公用设备设施统一委托乙方经营，经营收入按下列约定分配：

1. ______________________________；

2. ______________________________。

第五章　物业的承接验收

第十三条　乙方承接物业时，甲方应配合乙方对以下物业共用部位、共用设施设备进行查验：

1. ______________________________；

2. ______________________________；

3. ______________________________。

第十四条　甲乙双方确认查验过的物业共用部位、共用设施设备存在以下问题：

1. ______________________________；

2. ______________________________；

3. ______________________________。

甲方应承担解决以上问题的责任，解决办法如下：

1. ______________________________；

2. ______________________________；

3. ______________________________。

第十五条　对于本合同签订后承接的物业共用部位、共用设施设备，甲乙双方应按照前条规定进行查验并签订确认书，作为界定各自在开发建设和物业管理方面承担责任的依据。

第十六条　乙方承接物业时，甲方应向乙方移交下列资料：

1. 竣工总平面图，单体建筑、结构、设备竣工图，配套设施、地下管网工程竣工图等竣工验收资料；

2. 设施设备的安装、使用和维护保养等技术资料；

3. 物业质量保修文件和物业使用说明文件；

4. ______________________________。

第十七条　甲方保证交付使用的物业符合国家规定的验收标准，按照国家规定的保修期限和保修范围承担物业的保修责任。

第六章　物业的使用与维护

第十八条　业主大会成立前，乙方应配合甲方制定本物业管理区域内物业共用部位和共用设施设备的使用、公共秩序和环境卫生的维护等方面的规章制度。

乙方根据规章制度提供管理服务时，甲方、业主和物业使用人应给予必要配合。

第十九条　乙方可采取规劝、______、______等必要措施，制止业主、物业使用人违反本临时公约和物业管理区域内物业管理规章制度的行为。

第二十条　乙方应及时向全体业主通告本物业管理区域内有关物业管理的重大事项，及时处理业主和物业使用人的投诉，接受甲方、业主和物业使用人的监督。

第二十一条　因维修物业或者公共利益，甲方确需临时占用、挖掘本物业管理区域内道路、场地的，应征得相关业主和乙方的同意；乙方确需临时占用、挖掘本物业管理区域内道路、场地的，应征得相关业主和甲方的同意。

临时占用、挖掘本物业管理区域内道路、场地的，应在约定期限内恢复原状。

第二十二条　乙方与装饰装修房屋的业主或物业使用人应签订书面的装饰装修管理服务协议，就允许施工的时间、废弃物的清运与处置、装修管理服务费用等事项进行约定，并事先告知业主或物业使用人装饰装修中的禁止行为和注意事项。

第二十三条　甲方应于________（具体时间）按有关规定向乙方提供能够直接投入使用的物业管理用房。

物业管理用房建筑面积________m^2，其中：办公用房______m^2，位于__________；住宿用房______m^2，位于__________；______用房______m^2，位于__________。

第二十四条　物业管理用房属全体业主所有，乙方在本合同期限内无偿使用，但不得改变其用途。

第七章　专项维修资金

第二十五条　专项维修资金的缴存__________________。

第二十六条　专项维修资金的管理__________________。

第二十七条　专项维修资金的使用__________________。

第二十八条　专项维修资金的续筹__________________。

第八章　违约责任

第二十九条　甲方违反本合同第十三条、第十四条、第十五条的约定，致使乙方的管理服务无法达到本合同第二条、第三条、第四条约定的服务内容和质量标准的，由甲方赔偿由此给业主和物业使用人造成的损失。

第三十条　除前条规定情况外，乙方的管理服务达不到本合同第二条、第三条、第四条约定的服务内容和质量标准，应按______的标准向甲方、业主支付违约金。

第三十一条　甲方、业主或物业使用人违反本合同第六条、第七条的约定，未能按时足额交纳物业服务费用（物业服务资金）的，应按______的标准向乙方支付违约金。

第三十二条　乙方违反本合同第六条、第七条的约定，擅自提高物业服务费用标准的，业主和物业使用人就超额部分有权拒绝交纳；乙方已经收取的，业主和物业使用人有权要求乙方双倍返还。

第三十三条　甲方违反本合同第十七条的约定，拒绝或拖延履行保修义务的，业主、物业使用人可以自行或委托乙方修复，修复费用及造成的其他损失由甲方承担。

第三十四条　以下情况乙方不承担责任：

1. 因不可抗力导致物业管理服务中断的；

2. 乙方已履行本合同约定义务，但因物业本身固有瑕疵造成损失的；

3. 因维修养护物业共用部位、共用设施设备需要且事先已告知业主和物业使用人，暂时停水、停电、停止共用设施设备使用等造成损失的；

4. 因非乙方责任出现供水、供电、供气、供热、通信、有线电视及其他共用设施设备运行障碍造成损失的；

5. ______________________________。

第九章　其他事项

第三十五条　本合同期限自___年__月__日起至___年__月__日止；但在本合同期限内，业主委员会代表全体业主与物业管理企业签订的物业服务合同生效时，本合同自动终止。

第三十六条　本合同期满前____月，业主大会尚未成立的，甲、乙双方应就延长本合同期限达成协议；双方未能达成协议的，甲方应在本合同期满前选聘新的物业管理企业。

第三十七条　本合同终止时，乙方应将物业管理用房、物业管理相关资料等属于全体业主所有的财物及时完整地移交给业主委员会；业主委员会尚未成立的，移交给甲方或________代管。

第三十八条　甲方与物业买受人签订的物业买卖合同，应当包含本合同约定的内容；物业买受人签订物业买卖合同，即为对接受本合同内容的承诺。

第三十九条　业主可与物业使用人就本合同的权利义务进行约定，但物业使用人违反本合同约定的，业主应承担连带责任。

第四十条　本合同的附件为本合同不可分割的组成部分，与本合同具有同等法律效力。

第四十一条　本合同未尽事宜，双方可另行以书面形式签订补充协议，补充协议与本合同存在冲突的，以本合同为准。

第四十二条　本合同在履行中发生争议，由双方协商解决，协商不成，双方可选择以下第　种方式处理：

1. 向____________仲裁委员会申请仲裁；

2. 向人民法院提起诉讼。

第四十三条　本合同一式___份，甲、乙双方各执___份。

甲方（签章）____________________乙方（签章）____________________

法定代表人______________________法定代表人____________________

______年___月___日

附件一：

规划平面图（略）

附件二：

物业构成明细

类　型______幢数______套（单元）数______建筑面积______m^2

高层住宅：__________；

多层住宅：__________；

别　墅：____________；

商业用房：__________；

工业用房：__________；

办公楼：__________；

车　库：__________；

会　所：__________；

学　校：__________；

幼儿园：__________；

用房：__________。

合　计：__________。

备　注：__________。

附件三：

物业共用部位明细

1. 房屋承重结构；
2. 房屋主体结构；
3. 公共门厅；
4. 公共走廊；
5. 公共楼梯间；
6. 内天井；
7. 户外墙面；
8. 屋面；
9. 传达室；
10. __________；
11. __________。

附件四：

物业共用设施设备明细

1. 绿地：__________m^2；
2. 道路：__________m^2；
3. 化粪池：__________个；
4. 污水井：__________个；
5. 雨水井：__________个；
6. 垃圾中转站：__________个；
7. 水泵：__________个；
8. 水箱：__________个；
9. 电梯：__________部；
10. 信报箱：__________个；
11. 消防设施：__________；
12. 公共照明设施：__________；
13. 监控设施：__________；
14. 避雷设施：__________；
15. 共用天线：__________；
16. 机动车库：_____个_____m^2；

17. 露天停车场：______个______m^2；
18. 非机动车库：______个______m^2；
19. 共用设施设备用房：________m^2；
20. 物业管理用房：____________m^2；
21. _________________________；
22. _________________________。

附件五：

前期物业管理服务质量标准

一、物业共用部位的维修、养护和管理

1. ____________________________；
2. ____________________________；
3. ____________________________。

二、物业共用设施设备的运行、维修、养护和管理

1. ____________________________；
2. ____________________________；
3. ____________________________。

三、物业共用部位和相关场地的清洁卫生，垃圾的收集、清运及雨、污水管道的疏通

1. ____________________________；
2. ____________________________；
3. ____________________________。

四、公共绿化的养护和管理

1. ____________________________；
2. ____________________________；
3. ____________________________。

五、车辆停放管理

1. ____________________________；
2. ____________________________；
3. ____________________________。

六、公共秩序维护、安全防范等事项的协助管理

1. ____________________________；
2. ____________________________；
3. ____________________________。

七、装饰装修管理服务

1. ____________________________；
2. ____________________________；
3. ____________________________。

八、物业档案资料管理

1. ____________________________；

2. ________________________________;

3. ________________________________。

九、其他服务

1. ________________________________;

2. ________________________________;

3. ________________________________。

《前期物业服务合同（示范文本）》使用说明

1. 本示范文本仅供建设单位与物业管理企业签订《前期物业服务合同》参考使用。

2. 经协商确定，建设单位和物业管理企业可对本示范文本的条款内容进行选择、修改、增补或删减。

3. 本示范文本第六条、第七条、第八条、第九条第二款和第三款、第二十条、第二十一条、第二十二条、第二十四条所称业主，是指拥有房屋所有权的建设单位和房屋买受人；其他条款所称业主，是指拥有房屋所有权的房屋买受人。

【例文二】

日常保洁合同

甲方:

乙方:

双方本着平等、自愿、公平、诚信、守法的原则签订本合同。

一、合同内容：清洗保洁。

二、合作范围：建筑面积为36220m^{2}的百货批发市场区域和建筑面积为4236m^{2}的附属用房区域（市场内外门厅、市场内公共通道地面、卫生间及设备设施）的日常保洁；办公区各楼层地面、卫生间及设备设施的日常保洁；小吃城地面、门窗、桌椅以及设备设施的日常保洁；广场的日常保洁；垃圾箱清运及保洁；节假日及特殊时期的专项清扫保洁。

三、合作方式：由乙方工料全包。共派出员工46人。

四、承包费用：双方议定，由乙方承包甲方的卫生清扫保洁工作，月承包费为人民币________元（小写），_____元（大写）；每月五日前甲方向乙方支付上月保洁费。

五、保洁时间：乙方保洁工正常工作时间跟着甲方营业时间走（最长不超过12小时），中午倒班吃饭，法定节假日应尽量安排休息（特殊情况另行安排，但应通知乙方）。

六、乙方责任：

1. 保证清扫保洁工作质量及周期，严格按合作范围、合作方式及保洁计划书执行。

2. 保洁人员要热情礼貌的为客户服务，不发生不轨行为。

3. 要求保洁人员统一着装、佩戴胸卡、衣帽整洁。

4. 加强安全教育，工伤事故责任自负。

5. 爱护甲方的一切设施，如有损坏，照价赔偿。

6. 在甲方设立作业所，作业所在业务上受甲乙双方双重领导。

7. 乙方领班员应定期对工作进行小结，并请甲方主管人员签署意见。

七、甲方责任：

1. 对乙方的工作进行监督检查，有问题及时提出，不在每月结账时临时挑剔故意刁难乙方；不干涉乙方的内部管理事务。

2. 为乙方无偿提供水电、办公室、仓库，有条件的应尽量提供办公电话。

3. 教育甲方人员遵守保洁制度，共同维护室内外卫生。

4. 建筑物及室内外设施破坏时，应及时维修或更换，否则影响卫生质量，其责任不在乙方。

5. 为了不影响给保洁人员开支，应及时在当月内支付给乙方承包费。

6. 对乙方在保洁中出现的问题有权进行处罚：第一次发出警告通知书，并通知乙方经理前来接洽，要求乙方及时加工或返工；如不见效，第二次可向乙方发出罚款通知书，按月承包费的 1%从当月承包费中扣除。每次组织检查卫生如有质量问题，甲方有权根据情节罚款 20～100 元，如违章情节严重及违法乱纪时，甲方有权单方终止合同。

7. 合作期间，甲方可根据自己的实际情况随时解除合同并为乙方结清当月（或按日结算）保洁费后，合同终止。

八、其他问题：

1. 如遇不可抗力造成的损失或合同终止，双方均不负任何责任；但如甲方因改建或临时停业，重新开张时除作某些修改外，本合同继续有效并根据停业时间而顺延。

2. 本合同的签订、续定、终止及每月保洁费结账，乙方必须由总经理亲自办理或由委托人持加盖公章的委托书办理，否则出现问题，乙方不负任何责任。

九、本合同一式肆份，甲方持三分，乙方持一份，单方涂改部分无效。

十、本合同有效期：2004 年 2 月 1 日至 2005 年 1 月 31 日。

甲方负责人签字：　　　　　　　　乙方负责人签字：

甲方盖章：　　　　　　　　　　　乙方盖章：

签订地址：

签订日期：　　　年　　　月　　　日

4.4.3 签订物业服务合同的注意事项

1．内容的合法性

物业服务合同要以合法为前提，内容不合法，应被视为无效合同。《中华人民共和国合同法》规定："订立经济合同，必须遵守法律和行政法规。任何单位和个人不得利用合同进行违法活动、扰乱社会经济秩序，损害国家利益和公共利益，牟取非法收入"。另外，对经济合同的订立和履行、变更和解除、违约责任等，国家都以法律法规的形式作出了规定。

2．格式的规范性

物业服务合同不能随意撰写，对物业服务合同的主要条款及所应具备的主要内容，《物业管理条例》、《前期物业管理招标投标管理暂行办法》都有明确的规定。特别是原建设部、国家工商行政管理局联合制定了《前期物业服务合同示范文本》，对物业服务合同格式的规范性要求更为严格了。

3．条款的完备性

在物业服务合同中，除了按规定要写明必须具备的主要条款之外，有的条款还要根据标的物的特点尽可能具体化。如有需要，在物业服务合同中还可以另加附件。除主要条款外，其中像对数量的计算方法、质量标准的确定等都应有明确的规定。条款不够完备，应该说明的事项没有写入，都有可能直接引发日后的纠纷。

4．措词的严密性

为避免在物业服务合同的履行中产生不必要的争执，也为了避免出现漏洞，物业服务合同的用语应十分准确、严密，不能有模棱两可或含糊不清的情况出现。撰写物业服务合同，遣词造句是很重要的一环。一句话、一个词甚至一个字用得是否得当，有时会涉及到极大的经济利益，真可谓“一字千金”。

小　结

写作物业管理招标文件要严格按照《前期物业管理招标投标管理暂行办法》中的内容要求、顺序要求（教材例文基本符合其要求）进行写作。物业管理招标文件包括投标邀请、技术规范及要求、投标人须知、其他事项和附件五部分，其中技术规范及要求是写作的重点，投标人须知是为整个招标投标过程制定规则文体，是招标文件的重要组成部分，在写作时要力求考虑全面周到，表述严谨准确。

写作物业管理投标书，要按照招标文件中填写投标书的有关规定，不能随意颠倒，有所遗漏。语言要精练准确，不要做过多的解释阐述。此外，要确保填写无遗漏、无空缺，投标文件中的每一空白都需填写，如有空缺，则被认为放弃意见；重要数据未填写，可能被作为废标处理。不得任意修改填写内容，投标方所递交的全部文件均应由投标方法人代表或委托代理人签字；若填写中有错误而不得不修改，则应由投标方负责人在修改处签字。投标书最好用打字方式填写，或者用墨水笔工整填写。除投标方对错处作必要修改外，投标文件中不允许出现加行、涂抹或改写痕迹。不得改变标书格式。若投标公司认为原有标书格式不能表达投标意图，可另附补充说明，但不得任意修改原标书格式。计算数字必须准确无误。投标公司必须对单价、合计数、分步合计、总标价及其大写数字进行仔细核对。投标文件应保证字迹清楚、文本整洁，纸张统一，装帧美观大方。

写作物业服务合同，应以《前期物业服务合同示范文本》为基础，全面掌握合同的主要条款，不能有所遗漏，对招标文件中一些遗漏或差错（可能导致合同不完善、不规范），双方应互相配合，达成一致意见。撰写合同首要的是内容的合法性，因此要能够熟知熟用《中华人民共和国合同法》、《物业管理条例》、《前期物业管理招标投标管理暂行办法》等相关法规政策。物业服务合同不能随意撰写，要按照其格式要求规范撰写，不能随意改动以下四个层次的阐述：项目，即委托哪些管理服务项目应逐项写清；内容，即各委托项目所包含的具体内容，制定宜细不宜粗，越细越好；标准，即各委托项目具体内容的管理服务质量标准；费用，即各委托项目具体在管理服务内容与质量标准下应收取的相应费用。合同条款、内容要完备，要明确违约责任的界定及争议的解决方式，应该说明的事项必须说明，不能缺失或忽略，要根据标的物的特点、管理服务标准尽可能具体化。物业服务合同的用语应十分准确、严密，不能模棱两可或含糊不清，以避免在物业服务合同的履行中产生不必要的争执。

能力训练

一、某物业管理公司为其承接的学校物业管理项目进行保安服务招标，请分析其招标文件中关于保安服务主要职责存在的主要问题，并予以纠正。

保安服务的主要职责

1. 全面负责××校区校园门卫管理和校园防火、防盗、治安巡逻，维持校园秩序，维护校园稳定，及时发现和消除安全隐患。

2. 在校区安保部的组织和领导下，做好校园内部治安综合治理工作。

3. 配合校区安保部，及时受理校区内各类纠纷和治安案件，及时、正确处理校园内的各类突发事件。

4. 协助并配合楼宇物业内部安全防范，提供安全力量支援。

5. 随时出员，为师生提供紧急救助服务。

6. 抽调临时保安力量，做好学校重大活动安全保卫工作。

7. 打击校园内部与周边的违法犯罪活动。

二、某物业管理项目概况为：该物业位于某市城乡结合部，项目总用地面积55亩，总建筑面积120492m^2。其中住宅92368m^2，商店9774m^2，其余为小区配套用房。总投资4亿2千多万元，共有12幢7～12层住宅，700多户，户型面积有30～220m^{2}不等，小区机动车位有198个，摩托车、自行车位936个，小区出入口有3个，其中一个为主要出入口。

请分析下面某物业管理公司在投标书中对环卫绿化工作的安排存在的主要问题，并予以纠正。

1. 楼宇内公共楼道、公共部位及商场门前卫生区，管理处派专职保洁员做到垃圾日产日清，楼道每日清扫1次，半月拖洗1次；楼梯扶手每周擦洗2次；共用部位玻璃每月清洁1次；路灯、楼道灯每季度清洁1次，清除小区内主要道路积水、积雪，并全日制保洁。

2. 生活区按栋设立垃圾箱，垃圾实行袋装。

3. 二次装修房屋共用部位保持清洁，无乱贴、乱画，无擅自占用和堆放杂物现象。

4. 做好二次供水卫生检查，定期清洗，并做好水质检验报告书；排水沟渠每季度检查1次，及时清掏；化粪池每2个月检查1次，每年要清理一次。

5. 聘请专职园艺工对小区内的绿化进行细心保养和修整，按照绿化的不同品种、不同习俗、不同季节、不同生长期，适时确定不同的养护重点，制定不同的养护计划，为小区提供一个优雅的环境。

三、请改正以下物业服务合同中语言不规范、不严密的地方。

1. 电梯的养护、运行、维护：24小时不间断运行，0点～6点呼叫运行，设有电梯工夜间值班室，并公布呼叫电话或房号。凡是楼层中设有电梯门的，均须开启载客。

2. 某一方执行合同过程中遇特殊原因，不能履行合同时，必须提前以书面形式通知对方，甲乙双方三天内协商，未经提前通知对方而单方终止合同视作违约处理，由违约方支付三个月的保安总费用给对方作违约金。

3. 甲方不能使用其他单位保安员或使用变相的“保安员”混合执勤。

4. 对本物业的公共资源不得占用和改变使用功能，如需在本物业内改、扩建或完善配套项目，须经甲方批准。须要报批的项目，须经甲方授权后，由乙方报有关部门批准后方可实施。

5. 乙方所聘专营公司及人员也应遵守本合同的约定，其行为视为乙方的行为。

第 5 章

物业管理专项业务文书

学习目标

通过本章学习，了解物业管理专项业务文书的种类及各文种的使用条件，掌握物业管理专项业务文书各文种写作的格式与内容，能够撰写格式规范、内容符合要求的物业管理专项业务文书。

关键词

入住手续文书　入住通知书　入住手续书　收楼须知　缴款通知书　入住声明　装修管理文书　装修指南　室内装修施工许可证　违章通知书　装修施工责任承诺书　物业管理告知类文书　园区设施、服务、管理介绍　小区业主权利义务须知　物业管理通知

5.1 入住手续文书

入住手续文书是指业主在办理入住手续时所要知晓、参照、鉴定的有关文书。主要包括《入住通知书》、《入住手续书》、《收楼须知》、《缴款通知书》等。这些文书都由物业管理企业负责拟定，并以开发商和物业管理企业的名义，在业主办理入住手续之前寄发给业主。在办理入住前，物业管理服务还应准备入住所需各类表格，如业主（租户）收楼登记表、业主（租户）入住验房表、钥匙发放登记表、房屋保修登记表等，供办理入住手续时使用。

5.1.1 入住通知书

入住通知书就是通知业主在规定时间办理入住手续的文书。物业管理企业在制作入住通知书时应注意如下问题：

1）一般情况下，一个管理项目内入住的业主是几百家甚至上千家，如果均集中在同一时间内办理，必然会使手续办理产生诸多困难，因此，在通知书上应注明各幢、各层分期分批办理的时间，以方便业主按规定时间前来办理。

2）如业主因故不能按时前来办理，应在通知书上注明补办的办法。

【例文】

入住通知书

女士/先生：

您好！我们热忱欢迎您入住××花园！

您所认购的××花园____区____幢____单元____室楼宇，经市有关部门和××房地产开发公司、××建筑工程公司、××物业管理公司组成的验收小组验收、测量合格，现已交付

使用，准予入住。

（一）请您按入住通知书、收楼须知办理入伙手续，办理地点在____楼____室。在规定的日期内，房地产公司地产部、财务部、物业管理公司等有关部门和单位将到现场集中办公。

（二）为了您能顺利而快捷地办理好入伙手续，请以下表时间为准前来办理入住手续。

各楼各层办理入住手续时间分配表（略）。

（三）如果您因公事繁忙，不能亲自前来，可委托他人代办。代办时，除应带齐相关文件外，还应带上您的委托书、公（私）章和本人身份证。

您如届时不能前来办理入伙手续，请及时与我公司联系，落实补办的事宜，联系电话________________。

在您来办理各项手续前，请仔细阅读《入住手续书》、《收楼须知》、《缴款通知书》。

特此通知。

××房地产开发公司
××物业管理公司
年 月 日

5.1.2 入住手续书

入住手续书是物业管理企业为方便业主，让其了解办理入住手续的具体程序而制定的文书。一般在入住手续书上都留有有关部门的确认证明，业主每办完一项手续，有关部门在上面盖章证明。

【例文】

入住手续书

女士/先生：

您认购的_____区_____幢______单元______室楼宇，现已交付使用，具备入伙条件，请阅读《收楼须知》，按下列顺序办理入伙手续：

（一）房地产公司财务部	（二）房地产公司地产部
已付清购房余款 特此证明 盖章	入住资格审查合格 特此证明 盖章
（三）物业管理公司财务部	**（四）物业管理公司管理处**
已付清各项管理费用 特此证明 盖章	入住手续办理完毕 特此证明 盖章（业主）

××房地产开发公司
××物业管理公司
年 月 日

5.1.3 收楼须知

收楼须知是物业服务企业告知业主在办理收楼过程中应注意的事项，以及应携带的各种证件、合同和费用的文书。

【例文】

收 楼 须 知

女士/先生：

欢迎您成为________区的新业主！

我公司为提供良好的管理服务，兹先介绍有关收楼事项和收楼程序，避免您在接收新楼时，产生遗漏而带来不便。望您能认真阅读，务勿遗忘。

一、在房地产公司财务部办理手续

1. 付清购房余款。

2. 携带已缴款的各期收据交财务部验证、收回并开具总发票。

3. 在入住手续（一）上盖章。

二、在房地产公司地产部办理手续

1. 验清业主身份。业主如有时间请亲临我公司接收物业，敬请带上：入住手续书；业主身份证、港澳台同胞购房证明、护照或居住证；购房合同。

2. 若业主不能亲临收楼，可委托代理人。代理人除携带入住手续书、购房合同外，还应出具：业主的授权书（由律师鉴证）；业主身份证或护照的复印件；代理人的身份证或护照。

3. 在入住手续（二）上盖章。

三、在物业管理公司财务部办理手续

1. 缴付各项管理费用。预收不超过3个月的管理费；收取建筑垃圾清运费，业主装修完毕，自己清运了建筑垃圾即如数退还。

2. 缴付其他费用。如安装防盗门、安装防盗窗花等。

3. 在入住手续（三）上盖章。

四、在物业管理公司管理处办理手续

1. 介绍入住的有关事项。

2. 验收房屋。

3. 签署《业主公约》，领取住户手册。

4. 向业主移交钥匙。

5. 在入住手续书（四）上由业主本人或委托人盖章或签字，交物业管理公司保存。

五、您在收楼时，请认真检查室内设备、土建、装修是否有缺少、损坏等质量问题。如有投诉，请在收楼时书面告知，物业管理公司将代表业主利益向开发商协商解决。

六、根据园区承建合同，楼宇保修期为两年。两年内如有工程质量所导致的问题，承建单位将负责为业主修缮。但因使用不当所导致的问题，则由业主自行支付修缮费用。

七、您可以对所购房屋进行室内装修，请认真阅读《房屋使用说明书》，保证绝对不影响楼宇建筑结构和公共设施。装修前，需向物业管理公司提出书面申请，获准后方可进行。

××房地产开发公司
××物业管理公司
年　月　日

5.1.4　缴款通知书

缴款通知书是物业管理企业通知业主在办理入住手续时应该缴纳的款项及具体金额的文书。

【例文】

缴款通知书

××公司/女士/先生:

您好！您所购买的________大厦___层___室房屋已经竣工。按购房合同规定，您来办理入伙手续时，请同时缴清以下款项：

一、购房余款，计人民币____元。

二、预收____个月管理费，计人民币____元。

三、水电管理备用金，用于供水、供电、机电、电梯、消防等重要设备的更新及突发事故抢修时的储备资金，计人民币____元。

四、装修管理费，装修完毕按规定退还，计人民币____元。

五、建筑垃圾清运费，用于清理业主入住装修时产生的建筑垃圾所预收的管理费，装修完毕后，按规定清退，计人民币____元。

六、其他费用（具体列出项目及金额供业主选择）

××房地产开发公司
××物业管理公司
年　月　日

5.1.5　入住声明

入住声明是业主对所购房屋经过验收合格后所签署的表明正式入住态度的文书。

【例文】

入 住 声 明

本人已于______年___月____日与_______花园管理处共同对该花园____幢___单元____室房屋进行了验收。经查验认为：该物业符合购房合同的条件和要求，现正式声明入住。收到《××物业管理公司______花园物业管理办法》、《装修须知》，并愿意遵守小区的有关物业管理规定，与_______花园管理处共同营造安宁、舒适的生活环境。

附：签领钥匙登记表

业主/业主代表签字：
年　月　日

签领钥匙登记表

业主姓名		房号			
单元防盗门	住房防盗门	房门	卧室门	阳台门	其他
备注					

5.2 装修管理文书

装修管理文书是指业主在从申请装修，到装修运作直至装修验收整个装修过程中所要知晓、参照、办理的有关文书和表格。主要包括《装修指南》、《室内装修施工许可证》、《违章通知书》、《装修施工责任承诺书》等。这些文书都由物业管理企业根据国家装饰装修管理的有关规定负责拟定的。有的在业主办理入住手续时发给业主，如《装修指南》；有的在业主办理装修申请时，指导填写，如《室内装修施工许可证》、《装修施工责任承诺书》等；有的是物业管理企业在监督、管理装修行为时使用的，如《违章通知书》。除此之外，物业管理企业还会准备装修管理所需各类表格，供装修管理使用。

5.2.1 装修指南

装修指南是根据国家与所在地行业主管部门房屋装饰装修有关规定，以及所管辖房屋建筑结构、装饰装修要求等具体情况而编制的，告知业主或使用人装修审批应准备的资料、申请程序、装修过程应遵守的具体要求等内容的文书。

撰写时应力求内容全面、要求具体明确、语言简练准确。

【例文】

××大厦装修指南

一、总则

为指引业主/用户的装修工作，规范装修行为，保证大厦在装修期间能正常运作，特制定本指南。

××大厦的物业管理包括装修管理，由××物业管理公司承担。

二、装修申请

业主/用户的室内装修，须于装修入场前15天向大厦物业管理公司业务部门书面申请，并提交装修方案。

装修方案包括以下资料：

（1）装修平面图。

（2）装修用料，如天花板、隔墙、地面等的用料。

（3）照明系统和电源布线图。

（4）给排水系统要求。

（5）需要新做或更改的中央设备系统。

（6）维修检查出口的位置。

（7）天花板平面设计图。

（8）各立面图。

（9）橱窗及招牌的设计（包括字体、店徽的设计）。

三、审批装修方案

物业管理公司在收到业主/用户的装修方案后 7 天内予以答复。对不合规范或资料不全的，业主/用户按要求进行修改，重新提交审批。

四、装修保证金

为保证装修期间的废物清理，不损坏大厦共用设备设施，不违反装修管理规定，业主/用户的装修须交一定数额的保证金，保证金标准根据装修工程量大小而定，但每个房间（商铺）最少不低于 1000 元。装修工程完工后经物业管理公司确认无任何扣罚后，保证金悉数退还（不生息）。如装修工程有扣罚赔偿行为，在扣除应罚应赔款后的余额退还业主/用户；如果保证金不足以支付所有费用，物业管理公司有权追收不足金额。

五、装修监管费及水电费

业主/用户进行装修工程须向物业管理公司支付装修监管费，用于消防安全、场地及设备的保护、电梯的使用、公共安全、场地清洁、施工监管等方面的支出。装修监管费的标准相当于最终方案总工程价款的 5%，最少不低于建筑面积 10 元/m^2。装修期间所发生的水电费用由业主/用户支付。

六、保险

为防止装修期间的施工可能出现的事故而招致损失，物业管理公司视装修工程情况可要求业主/用户购买装修工程的保险，包括火险、公共责任险等。

七、防火负责人

业主/用户应指定装修施工单位的负责人为防火责任人，并在防火责任书上签字。

八、装修施工责任承诺书

业主/用户在装修申请获批准之前，须在装修施工责任承诺书上签字，承诺遵守本装修指南所列的全部规定。

九、装修施工许可证

业主/用户按规定提交装修方案，缴交装修费用，在承诺书上签字后，物业管理公司向业主/用户出具装修施工许可证。

十、装修工作开始

业主/用户领取装修许可证后即可办理施工人员出入证、材料运进证等，装修工程便可开始。

十一、装修验收

装修工程完工后，业主/用户应书面通知物业管理公司验收。物业管理公司检查装修工程是否符合装修方案的要求，施工中有没有违反装修守则，费用有否缴足等。如无问题，即予验收通过，退还装修保证金。

十二、装修守则

业主/用户的室内装修，必须遵守以下规定：

（1）所有消防、空调、给排水及煤气的施工，必须由专业施工单位进行，请与物业管理公司联系，以取得专业施工单位的名单。喷淋系统一般不予改动，如遇特殊情况必须改动时，要符合现行消防设计规范。物业管理公司收取配合施工作业的管理费，并要求在限定时间内完成。

（2）所有电器的安装都应遵照市供电局的有关规定，所有电线一定要保护在镀锌管内。未征得物业管理公司同意，绝对不得将电线直接嵌入大厦的任何部分。

（3）除了大厦所提供的招牌灯箱位置外，其他位置一律不可以装设店徽或标牌。招牌的设计方案必须得到物业管理公司的审批。

（4）不得安装面向公共走廊或会对其他商户或顾客造成骚扰或影响的音响。

（5）所有门不得敞开伸入到一般的公共区域，包括走廊或电梯厅。

（6）所有装修不能影响建筑物外观，装修不能凸出于公共走廊。

（7）若改动房间，如隔断，不能影响空调回风。

（8）除得到物业管理公司批准外，所有内部隔墙应是重量轻和干式结构的，尽量采用防火材料，符合防火要求。

（9）不能更改任何消防卷帘。

（10）所有装修或家具不能在消防卷帘的上下方或阻挡消防卷帘开关箱或导轨。

（11）不能阻挡消防通道、走火门、紧急出路灯箱、消防栓。

（12）不能阻挡空调机房的回风及进出空调机房的通道和维修空间。

（13）不能改变防烟门、玻璃门的功能、位置。

（14）吊顶如不是上人吊顶，应在每一个风门、每一个盘管风机、每一个水管阀门、每一个消防卷帘的马达及电源箱下加检查口。

（15）不得在玻璃幕墙结构上打孔或粘贴任何类型的设施。一切装置不得触到幕墙系统的结构组件或任何一部分。紧靠幕墙的商铺内间隔不得固定在幕墙系统上。

（16）在未获得物业管理公司的书面批准下，不得挖槽、切割、砍凿或雕刻结构楼面以及与邻铺共同之隔墙。

（17）业主/用户应在施工前获得所有当地政府部门的一切有关批准，特别是消防局的有关批准。

（18）物业管理公司的任何审批，无论如何并不代表对方案中的技术参数的认可，同时物业管理公司也不保证方案中所需设备材料的规格性能及效果。设备与材料如发生问题而引致任何后果，概由业主/用户负责。

（19）业主/用户应对房/商铺完工后的情况负责，即使按审批方案完工后发现其房/商铺空调通风或其他系统影响他人或整体系统运作，物业管理公司仍可责令其作相应修正。

（20）在开始任何施工前，必须把所有参与施工人员的姓名、住址和身份证号码等资料交给物业管理公司，并须随时补充更改以保证准确完全。

所有施工必须严格按照已审批图纸及说明完成，至物业管理公司满意为准。所选施工单位必须由物业管理公司审核其专业资质，不具备专业资质的施工单位严禁入场施工。

（21）业主/用户应确保承造商不会造成大厦的设备、设施及装修的任何损坏，如有任何损坏，无论意外与否，将由物业管理公司安排修理，修理的费用将由业主/用户负责支付。

（22）于施工前及期间，房/商铺外必须张贴由物业管理公司发出的批准装修通知书（许可证），以便物业管理公司人员检查。

（23）业主/用户在施工期内应对房/商铺内的保安负责。

（24）施工需要动火或烧焊时，必须事先到物业管理公司办理“动火证”，并按消防管理制度执行，对电器设备的使用，也应按规定操作。

无论什么时候，如需在公共设施内进行施工，必须事前得到物业管理公司的书面批准。而且应提供和安装良好的、坚实的防范设施，以防带来受伤损害。

（25）施工过程中，所有的材料、工具及废物等在任何时候都必须限制在房间（商铺）内，不得阻塞公共走廊或任何公共区域。

（26）所有发出噪声、振动或难闻气味的工程，材料的运送，废物的运出，必须按物业管理公司安排的时间进行，不得扰及大厦其他业主。

（27）所有房/商铺内的废物必须每天晚上于指定时间内清出。

（28）只有货梯（或物业管理公司偶尔指定的其他电梯）才可用来运输材料、废物。无论任何情况下，工人未经物业管理公司同意，不得使用任何电扶梯；不得使用金属材质运货车。

（29）装修期间，所有回风嘴必须封闭，房间大门亦需关闭。

（30）所有装入的家具都应在大厦外预制组合和上漆。一切在房间（商铺）内的油漆工作或其他施工，如物业管理公司认为可能会影响其他房间（商铺），必须在大厦正常营业时间外或由物业管理公司指定的日期完成。

（31）业主/用户需对所聘请的施工人员的行为负责并加以约束。

（32）施工人员需着装整齐，不得赤足，不得穿背心、拖鞋，不得在非工作区逗留，不得随地吐痰，不得在公共地方吸烟及扔烟蒂，不得高声喧哗，不得打闹，不得听任何放音设备及收音机，绝对禁止赌博酗酒。

（33）装修完成后，业主/用户必须以书面形式通知物业管理公司，以便安排作最后检查。

（34）如发现装修未依审批图纸施工或未能符合物业管理公司的要求，业主/用户将获得通知并需负责进行更改。

（35）如业主/用户的装修工程经物业管理公司认可满意后，将获签发装修工程合格竣工证明书。

十三、装修程序概要

（1）收取《装修指南》、问卷、图纸等。

（2）如有必要，可要求物业管理公司人员与业主/用户的设计师/承造商进行会谈。

（3）装修方案的图纸及技术资料、已填写的承诺书及问卷，该缴付的费用及装修保证金交到物业管理公司。

（4）收取装修方案的审批同意书。

（5）施工人员名单交到物业管理公司。

（6）装修工程开始。

（7）装修工程完成后书面通知物业管理公司。

（8）由物业管理公司人员最后检查。如果装修工程达到物业管理公司要求，可获通知收回装修保证金余数。

5.2.2　室内装修施工许可证

室内装修施工许可证是物业管理企业发放给通过装修审批的业主或使用人，表明许可其装修施工的文书。

【例文】

室内装修施工许可证

编　　号：

施工范围：

施工项目：

有效日期：　　年　　月　　日至　　年　　月　　日

施工责任人：　　　　　　　　　　　　　联系电话：

发证单位：×× 物业管理有限公司

工程部消防监管人：　　　　　　　　　　装修监管人：

5.2.3　违章通知书

违章通知书，也称整改通知单、整改通知书，是物业管理企业在装修管理中发现业主或使用人、装修单位违章装修行为，指出其具体违章行为并限期整改的文书。

【例文】

整改通知单（存物业公司）

NO：2006-002

6 幢 2 单元 5-2 号房业主/装修单位：

违章事项：

屋顶搭建雨棚问题。

物业公司意见：

请该房业主接此通知后根据建设部《住宅室内装饰装修管理办法》第六条第一、二款，《成都市市容市貌管理暂行规定》第十六条第八款以及《××小区房屋装修管理制度》第四条，《××小区业主临时公约》第五条第十八款之相关规定，于本日内停工整改。

物业公司签章：

经办人：　　　　　日期：

整改单位/业主签收：

签收人：　　　　　日期：

5.2.4 装修施工责任承诺书

装修施工责任承诺书是装修施工单位向物业管理企业承诺文明守法地进行装修施工并接受物业管理企业装修施工管理的文书。

【例文】

装修施工责任承诺书

××物业管理有限公司：

（1）本人/本公司已收到××物业管理有限公司发给的《装修指南》、《装修补充规定》、《防火手册》及《电梯管理规定》，现声明已详阅以上文件，已经明白并承诺遵守以上文件之所有规定，若有违反，愿接受物业公司的任何处罚。

（2）承诺在装修期间按审批的装修方案和图纸施工。

（3）愿意在装修期间担任消防负责人，负责对进场装修的有关人员进行消防教育，并在装修施工过程中，严格遵守消防规定，采取有效的防范措施，并承担因装修而引发灾难所造成的一切后果。

特此承诺！

签署人：

身份证号码：

（单位盖章）

年　月　日

5.3 物业管理告知类文书

物业管理告知类文书是指物业管理企业为更好地为业主提供优质的服务，保证管理服务规范、有序地进行，将物业管理服务中业主应该知晓的诸如权利和义务、项目概况、管理服务内容、临时安排等告知给业主的文书。主要包括《园区设施、服务、管理介绍》、《小区业主权利义务须知》、《物业管理通知》等。这些文书都由物业管理企业根据国家有关规定、物业服务合同、管理规约的要求等负责拟定的。有的在业主办理入住手续时发给业主，如《园区设施、服务、管理介绍》、《小区业主权利义务须知》，有的在临时安排出现时撰写，如《物业管理通知》。

5.3.1 园区设施、服务、管理介绍

园区设施、服务、管理介绍是物业管理企业在业主入住时，向业主介绍小区各种设施使用说明、服务内容、管理要求，以便业主知悉的文书。

【例文】

园区设施、服务、管理介绍

一、电梯

1. 每座楼宇内设置高级客运电梯一部。

2. 客用电梯只供业主/用户及访客使用，严禁运送物品。

3. 敬请业主/用户/访客爱护电梯，保持电梯内清洁，禁止在电梯内吸烟、涂抹、吐痰及弃置果皮、纸屑等杂物。

4. 在使用电梯过程中严禁装载超长超重物品。

5. 在使用电梯过程中遇有问题或异常故障时，请立即通知本小区物业管理处，以便对电梯采取必要的维修及处理。

6. 电梯处于维修期间，除维修人员外，其他任何人员严禁使用，以防止意外发生。

7. 凡因违反上述规定而导致的后果，物业管理处除不负责外，还有权向有关人士追讨因此而产生的责任及费用。

二、闭路电视

本小区主要的公共位置均设有闭路电视监控系统，包括所有入口/出口/电梯等。

三、防火系统

本小区公共区域设置消防栓、烟雾探测器等系统，物业管理处应定时测试，确保运作正常，如有突发事故发生，系统的中央控制箱会自动发出警报。

四、保安员巡逻系统

本小区设有全面性的保安员巡逻及通信系统，保安员应经常巡逻至本小区每一个定点。

五、公共天线及通信设备

本小区各单元均已提供公共天线插座，并预留足够的国际电话线路，如业主/用户因私人原因需改动有关插座位置，则必须由管理处批准，并由专业的承建商负责处理。

六、水/电供应

本小区各单元均已提供独立水/电表，业主收楼后即可使用，日后独立水/电表发生故障或损坏，单元业主需自行负责维修或更换。

七、停车场

本小区设有多个泊车位，为业主及访客提供有偿停车服务。业主/用户如需办理有关停车服务手续，敬请与物业管理处联系，并在缴费后向管理处领取停车证及停车场规则说明。切勿将车辆停泊在非停车位置，否则物业管理处将追究当事人有关责任及费用。

八、有偿服务

管理处设有有偿服务，提供方便及优质的管理服务给业主/用户，有关服务项目及价格，请详阅有偿服务表。

九、查询与投诉

物业管理处的员工将热情接待并解答业主/用户的查询，记录业主/用户的投诉或建议，并尽快调查及作出相应措施。

十、管理费

业主/用户必须在每月的五号前缴交管理费。因本小区的管理开支均由管理费收入而支付，故遇有未能按时缴交管理费者，管理处将按管理规定向业主/用户收取逾期利息。

管理费包括的范围及收费标准以政府部门的核准为准，并应随工资及物价的涨跌而作出适当调整。

十一、清洁

（一）清洁承包商

指定的清洁承包商将为本小区提供高素质的清洁服务，如有任何有关清洁的投诉，本管理处将及时处理。

（二）灭虫服务

本小区的公共区域将由指定的承办商定期或有需要时进行灭虫服务。

（三）业主/用户室内清洁服务

1. 业主/用户单元内的清洁可自费聘请本小区指定的清洁承办商代为清洁，或自聘全职直属员工清洁。为确保本小区的秩序及避免不必要的纠纷及误会发生，尽量不另聘其他清洁公司清洁。

2. 业主/用户须联络清洁承办商议定合约及开始工作的日期，所有业主/用户室内的清洁事宜的投诉直接与清洁承办商联络，承办商应尽早作出适当的处理。

十二、保安

（一）保安队伍

本小区的安全由一队优秀的保安队伍负责，并配以本小区的精密保安系统，例如闭路电视、精密的通信设备及频密的巡逻制等。所有系统及本小区巡逻均为全天候24小时不断运作，并由本小区自动系统中央监控。此外，管理处高级职员将严密监督保安队伍的服务，并对任何投诉积极地作出适当的处理。

（二）业主/用户的合作

管理处希望各业主/用户能遵照物业管理规则，确保本小区的保安系统能全面地正常运作。此外，如发现任何可疑人或物件，请立即通知管理处进行处理。

5.3.2 小区业主权利义务须知

小区业主权利义务须知是物业管理企业告知本小区业主享有的权利和应遵守的事项，以便业主知悉的文书。

【例文】

小区业主权利义务须知

一、业主的权利

1. 业主/用户均有权享受或使用本小区内公共区域的各项设施。

2. 业主/用户可在不受任何骚扰的情况下享用其所属房屋。

3. 业主/用户享有《物业管理条例》所赋予的各项权利。

二、业主的责任

1. 业主/用户须如期按本小区物业管理处的通知缴交其管理费及分摊费，以及清付因其房屋而产生的各种费用、税收、摊费和支出。未按时缴付者，本小区物业管理处将按物业服务合同的规定收取每月0.3%的滞纳金及有关手续费。

2. 业主/用户只可将其房屋作为住宅用途，不得在房屋内举办大型娱乐活动、宗教仪式、舞会、音乐会及类似活动。

3. 在未得到本小区物业管理处书面同意前，业主/用户不得改变其房屋的结构，亦不得对公共区域设施造成任何改动、损害、破坏或干扰。

4. 在未得到本小区物业管理处书面同意前，各业主/用户不得改变房屋的外观形象。

5. 在未得到本小区物业管理处书面同意前，业主/用户不得在房屋的外墙上安装任何伸出物或附加结构（例如：遮篷、旗杆、招牌、门闸等），亦不得损坏本小区各单元外观整体形象。

6. 在未得到本小区物业管理处书面同意前，业主/用户不得在房屋外墙的非指定位置安装任何冷气机或其他固定设施。

7. 业主/用户不得作出与本小区管理规定相违背，而使本小区保险成为无效或令保险金提高的行为（如有保险）。如有发现，则该业主/用户须负全部责任并赔偿一切有关损失。

8. 业主/用户须自行购买其房屋的保险，以免发生意外时蒙受重大损失。

9. 业主/用户因本身的疏忽引致水、气、烟或其他有关物体外溢，而损害他人或他人财物而产生的诉讼、索赔，该业主/用户须负责全部责任及赔偿并负担一切费用。

10. 业主/用户应对其受许可人、代理人、雇员、访客及其他使用者等行为、疏忽和错误向管理者及其他业主/用户负责。

如因上述情况而产生诉讼、索赔，亦应由该业主/用户负责。

11. 业主/用户及其雇员、访客以及其房屋使用权的受许可人、代理人、其他使用人在任何时候均应遵守和履行本小区规则。

12. 业主/用户及其雇员、访客以及其房屋使用权的受许可人、代理人、其他使用人在任何时候均应严格遵守装修规则条款。

13. 在未得到本小区物业管理处书面同意前，业主/用户不能在其房屋以外地方加建任何建筑物。

14. 业主/用户不得在本小区任何位置存放任何武器、弹药、烟花、爆竹和任何危险及易燃易爆物品，不得存放可能触犯当时国家任何法规或对其他业主/用户及使用者构成滋扰或危险的其他用品。

15. 业主/用户不得涂污公共区域或公共设施。

16. 在未征得本小区物业管理处书面同意前，各业主/用户不得在本小区公共区域或公共设施张贴任何招贴、通知、招牌、广告或其他物件，否则，该业主/用户必须负责有关修复责任。

17. 业主/用户不得堵塞或阻塞任何公共区域，放置或弃置任何垃圾、物件于小区公共场所内。

18. 业主/用户不得作出任何行为令本小区排水系统堵塞或令该设施受损。

19. 业主/用户不可要求本小区物业管理处或其下属为其提供与本小区管理无关的服务。

20. 业主/用户不可直接惩戒本小区物业管理处属下的职员，如对该职员不满，应向本小区物业管理处提出，由本小区物业管理处处理。

21. 业主/用户不得将其房屋用作非法、不道德或超出政府土地批文/政府用途许可范围的用途，亦不得有滋扰、损害其他业主/用户的事情发生。

22. 业主/用户不得把公共区域作商业、住宅或私人用途使用，亦不可在公共区域作出任何滋扰性或对其他业主/用户、使用者造成骚扰的事情。

23. 所有房屋的正门以及外部设计的更改及增加必须先得到本小区物业管理处的书面同意才可以进行。业主/用户在未得到本小区物业管理处的书面同意前，不得在其房屋外以及窗户玻璃内展示广告或其他标志。

24. 业主/用户及其使用者只可将车位用作本小区《业主公约》准许的用途，而不得放置货物或其他物件，并应遵守停车场规则。

25. 业主/用户不得破坏或以任何方式妨碍公共服务设施。

26. 业主/用户须遵守土地批文及有关法规。

27. 业主/用户应依照本小区物业管理处指定的时间，将垃圾以垃圾袋装好，并放置于本小区物业管理处指定的地方，等候清洁工人收集清理。

28. 业主/用户只能将其所属的自行车、摩托车停放于本小区物业管理处指定的地方，如有违反，本小区物业管理处有权将该自行车、摩托车上锁，并向有关业主/用户收取手续费。

29. 业主/用户须负责其室内的装潢及单独使用的公共设施的维修及保养，若业主/用户损坏了任何公共设施（如：排水渠、消防系统等）应立即通知管理处。

30. 业主/用户应遵守此手册上的所有条款及责任，如有任何疑问，应向管理处查证。

5.3.3 物业管理通知

物业管理通知是物业管理企业在物业管理服务中，将业主或使用人应当周知的事项与活动进行告知的文书。

物业管理通知与公文中的通知不同，这主要体现在公布程序、公布方式、行文对象、语言风格等方面。物业管理服务中使用的通知，其读者是辖区内的业主或使用人，公布方式以张贴为主，为体现服务意识，语言讲求亲切、温馨的风格。其写作结构与公文中的通知相同，写作内容要求交代清楚需周知事项或活动的缘由、时间、地点、注意的事项等。

在物业管理实践中，为突出服务特色，物业管理企业使用通知时，经常使用的文体名称是“提示”、“温馨提示”。

【例文一】

通　　知

尊敬的业主：

您好！

为庆祝“六一”国际儿童节，展示彩色童年，天然城物业管理处特组织“六一”儿童文艺汇演活动，具体事项如下：

一、主办单位新东方物业管理有限公司。

二、彩色童年为本次汇演主题。

三、演出对象：3～12岁多才多艺、聪明可爱的儿童均可参加。（家长也可与孩子一同参与。）

四、节目内容及形式：要求节目内容健康向上，突出儿童年龄特点，充分体现儿童天真、活泼、可爱的性格。形式不限，人数不限，器乐、声乐、舞蹈、童话剧、配乐诗朗诵、童谣传唱、快板等均可。

五、演出时间、地点：2007年6月3日上午9:00，在天然城物业楼前广场举行。

六、奖项设立：一等奖、二等奖、三等奖、优秀奖、纪念奖。

七、报名时间：2007年5月10日～5月25日

报名地点：天然城物业二楼办公室（或电话报名）

联系人：温小姐、孔先生

联系电话：××××××××

新东方物业管理有限公司

2007年5月9日

【例文二】

抄水表通知

尊敬的业主/住户：

定于2007年6月22日～29日19:00时至22:00时上门抄录各住户水表。各楼的具体抄表时间请留意贴在防盗门上的通知。

赛葆物业公司

2007年6月20日

【例文三】

温 馨 提 示

尊敬的各位业主：

年关将至，值此阖家欢乐之际，××物业给各位业主拜年了，祝您们春节愉快，身体安康，家庭幸福！

根据江津市人民政府令（第6号），为确保社会公共安全，净化城区环境，营造良好氛围，构建和谐社会，城镇居民小区属于禁止储存、燃放烟花爆竹区域。提醒各位业主认真遵守，不要因为违反规定受到公安机关查处。

春节期间，也是犯罪分子猖獗的时候，本物业公司在加强安全防护措施的同时，也请各位业主提高自身警戒，发扬邻里互助精神，注意防火防盗。

最近有人假冒××物业公司名义打电话到业主家里调查家庭安全问题。在此提醒各位业主，本物业公司没有进行任何类似的调查，请各位注意防范，不要上当受骗。

江津市××物业管理有限公司

2006年1月26日

【例文四】

物 业 提 示

各位居民：

物业公司将于2007年7月31日至2007年8月1日对小区树木及绿地草坪喷洒药，请您在出门前关好门窗，管好自己的爱犬，请不要在草坪上追逐嬉闹玩耍，不要在绿地采摘野菜，

以免误食中毒，注意安全。

北京××物业管理有限责任公司

2007年7月29日

另外，物业管理企业在与业主沟通联系、解答疑问的过程中，还经常使用到日常应用文中的书信文体，其格式要求与书信完全相同，只是在语言上要注意做到真诚、谦恭，注意内容的实事求是。

【例文】

致业主的一封信

尊敬的业主：

您好！无论是在此生活还是经商，相信您都在时时刻刻关注着小区的变化。了解到很多业主都比较忙，没有时间经常回来，因此，我们会把小区的变化定期向大家汇报。

为了能够体现地库标识的功能性和美观性，物业公司已经在对地库的标识作进一步的改善，这样能够为广大业主和来宾的出入带来方便。为了改善小区环境，物业公司采用了日本SKK清水混凝土保护工艺，对外墙进行了整体粉刷，预计于五月底完成。

国家对于公共维修基金的问题出台了新的政策，为了使各位业主能够更加清楚这一政策，特把相关文件邮寄给大家。为了保证大家的利益不受损害，同时为了便于随时监督公共维修基金的使用情况，建议大家尽快办理公共维修基金查询卡。

另外，关于中心花园的问题，值得高兴的是，中心花园已经开始动工了。目前，物业公司与开发商保有正常的协调机制，也一直在对小区环境及设施作进一步的调查，找出不足及需要改善的地方，督促开发商加以改进。如果广大业主针对小区的建设问题有何意见和建议，物业公司愿意成为沟通的纽带。

在此，希望广大业主在维护小区环境的同时能够多为小区的完善与发展出谋划策。

祝各位业主身体健康！工作顺利！

物业公司

2005年7月13日

小　　结

写作装修管理文书，结构顺序与业务流程的一致，语言的简洁、准确，内容与业务要求的吻合是关键，要切忌文书与业务要求的相互矛盾和遗漏。写入住通知书办理入住时间的安排不可忽视；写入住手续书，语言用词不允许出现任何偏差；写收楼须知，要注重办理的程序，层次安排要清晰，并与业务流程保持一致；写缴款通知书、入住声明要注意用语、语气，避免态度的生硬。

写作装修管理文书，遵守相关法规政策要求是首要前提，不能与法规政策相抵触。写装修指南，应该告知业主或使用人装修审批应准备的资料、申请程序、装修过程等具体内容不可遗漏，语言要规范、简明；写室内装修施工许可证、违章通知书、装修施工责任承诺书等，内容要凝练、语言简练、通俗、明白即可。

写作物业管理告知类文书，要注意内容除与法规政策保持一致外，还要注意与物业服务合同、管理规约相一致。写园区设施、服务、管理介绍，小区业主权利义务须知要注意内容全面，语言准确；写物业管理通知，要注意说清通知事项，尤其是时间、地点安排，语言要真诚、谦恭。

能力训练

一、物业管理企业在撰写入住通知书时应注意哪些问题？

二、阅读下面的入住通知书，从格式及内容等方面指出其不足，并进行修改。

××大厦通知

尊敬的××大厦业主：

我公司建设项目“××大厦”经验收合格，定于5月1日上午9点开始正式办理入住手续并交付使用，敬请各位业主带齐证件证明材料，届时到××大厦B座26层物业管理部办理入住手续。

特此通知

××房地产有限公司

2006年4月26日

三、装修指南应包括哪些内容？

四、请根据教材“4.3.1 物业管理投标书的组成及主要内容”中“2．物业管理投标方案”的例文《×××园管理方案》，撰写园区设施、服务、管理介绍。

五、某校区职工住宅入住已达1000余户，为使住宅区的环境能够得到长期保持，该校物业中心拟收取各住户的绿化费、养护费和垃圾清运费。其收费标准参照市区街道卫生费和物业绿化费。具体为垃圾清运费3元/（户•月）、绿化养护费3.5元/（户•月），合计6.5元/（户•月）、78元/（户•年）。请代为撰写收费通知。

第 6 章

物业管理服务常用表格

学习目标

通过本章学习，了解表格的概念、形式，掌握表格编制和使用的要求，掌握物业管理服务常用表格的使用条件和使用要求，能够根据物业管理服务的具体情况、要求正确地使用、编制各类表格。

关键词

接管资料移交清单　公共配套设施接管验收表　公共配套设施接管验收遗留问题统计表　房屋接管验收表　房屋接管验收遗留问题统计表　住户家庭成员登记表　用户登记表　业主（租户）入住验房表　锁匙发放登记表　锁匙借还/看房登记表　房屋保修登记表　办理装修手续登记表　出入证发放/收回登记表　装修申报表　装修施工人员登记表　动用明火申请表　处理违章记录表　装修验收书　装修质量验收记录表　日巡视检查记录表物业维修报单　配电房、水泵房巡查记录　客户投诉意见表　投诉处理登记表

6.1　表格的编制

6.1.1　表格的概念

表格也称表或表解，是根据统计学原则，将管理所需的各种信息、数据，按一定的方式，集中地排列组合在一起列表的方式。在管理过程中，采用列表的方法记录各种数据，便于分析对比，有利于发现事物发生、发展的规律。

6.1.2　表格的形式

一个完整的表格一般由表题、表项、注录和表注等组成。表题如一篇文章的标题，是对一个表格内容的定性概括；表项是表格中具体项目的名称和类别，常常是一些量；注录是表格中的核心部分，亦即表格表述的内容，常常是一些数据；表注是对表题、表项、注录的具体要求或解释。

1．表题

表题是表格必须具备的内容。表题的位置在表格上方居中，不加句号。题名要求简明、具体、贴切，切忌措辞笼统、琐碎、含糊不清。表题的字数愈少愈好，但是意义必须明确。如果对表的内容有一定的规定，如是调查性质的或有明确的填写对象要求，可以把其写在表题之下作为副表题。

如果表题的字数多，在稿纸上一行写不下，可以写两行，甚至三行。第一行最长，第二行较短，第三行更短些，每行都要居中，断开之处在文法上要自然，尽可能在连接词处断开。一个好的标题应该做到读者在不阅读正文的情况下，就可以完全理解表中的内容。

2．表身

表格一般有横线和竖线。横线之间为行，竖线之间为列（栏）。在每行和每列的第一格内所写的文字或符号分别称为行题（左）和列题（上）。而第一行与第一列的交汇处称为栏头，其他部分为项目栏。

（1）栏头　许多表格用对角线将栏头分为两半，分别概括行题和列题的内容。栏头下方的为行题，栏头右边的为列题。栏头也有用斜线一分为三的。

（2）行题与列题　一般情况下，行题所提出的是被管理的对象，列题所标示的是管理对象的具体项目。在标注行题和列题时，应从上到下，从左到右，按照管理的逻辑顺序标出，而不是随意性的。

（3）表线的使用　在表内各项栏目不至于混淆的前提下，表线越少越好，尽量不要设计很复杂的大表。

（4）表注　需要对表中个别项目或整表进行注释时，可用表注。注释标记用星号“＊”标在所注对象的右上角。注释多于一个时，可用1，2……或a，b……顺序编号。

表注写在表的底线下方，文字一定要简练，最后用句号。

6.1.3　表格编制和使用的要求

1．表中文字的写法

表中文字一定要简明扼要。横写与竖写应全表统一。文字较少则居中书写。文字较多需要转行时，头一行应缩进一格。句中可使用标点，句末一律不加标点。

2．表中数字的写法

表中的数字应上下对齐。小数以小数点为准对齐，小数点后的位数应统一。如数字前带有“+”、“-”号，或数字间带有“～”、“/”、“±”等符号，则应以这些符号为准对齐。

3．表中计量单位的标注

表中各栏参数的计量单位相同时，应将单位写在表的右上角，即在表题后方空一格书写或包括在表题中。如多数参数的计量单位相同，可将该单位写在表的右上角，将其余单位写在有关栏内。若相邻栏目的单位相同，可合并写在它们共同的栏目内。

各栏参数和单位的标注方法为：参数写在左边（或上边），单位写在右边（或下边）的圆括号内，如“温度（℃）”；参数用符号表示时，可用斜线将两者分开，如“T/℃”。

4．几种特殊情况的表达

如果表中上下行或左右列的内容（文字、字符）相同时，应以通栏表示或重复标出，不得用“同上”、“同左”或“〃”等字符代替。若表中某项无数据时，有两种表示方法：未测定或无此项应为空白；未发现用“—”。

5．备注栏的使用

为使内容的表达简洁清晰，对表中需特别说明的项目可使用脚注加以注释，而不设“备注栏”。如果表中需要说明的项目较多，在表格外用文字叙述时不易理解或所需文字过多，可以在表的最右一列或最下一行设“备注栏”。

6. 表的尺寸设计

表的大小应以能被容纳在一个版面内为宜。尽可能不用插页表和转页表。如果表的幅面较大，可采用栏内文字转行或删减可有可无的某些项目等方法来缩小表的幅面尺寸。对于横向项目少而竖向项目多的竖表，最好转成两栏或多栏，每栏之间用“双正线”隔开，转栏后应重复写出列题。

如果表的横向项目较多，而竖向项目较少，且横向已超过纸横幅时，应将表分段转行，每段之间用“双正线”隔开，并重复写出行题。

7. 表的表达

表中各种名词、术语、符号、缩略语等必须与正文一致；表内包含的内容不宜太多，切忌与文字或插图重复，但数据太少也不宜列表，仅用文字叙述即可；表中不要列出从表的某些栏可以轻易算出的数据；表内尽可能少用上下角标；表中的文字不要太多，文字多的内容（如观察记录）最好用文字叙述或图画与照片等表达。

6.2 物业管理服务常用表格

6.2.1 接管验收常用表格

在接管验收中，物业管理企业所使用的表格文书主要有：接管资料移交清单、公共配套设施接管验收表、公共配套设施接管验收遗留问题统计表、房屋接管验收表、房屋接管验收遗留问题统计表等。

1. 接管资料移交清单

接管资料移交清单，是在接管验收时交接双方就所移交资料的名称、数量等进行登记的表格。其使用目的是作为资料移交的凭证。

【例文】

楼宇接管资料移交清单

序　　号	移交资料名称	单　　位	数　　量	备　　注

交接人：＿＿＿＿＿＿　　接交人：＿＿＿＿＿＿　　时间：＿＿＿＿＿＿

2．公共配套设施接管验收表

公共配套设施接管验收表，是在接管验收时接管方就所移交公共配套设施的名称、质量状况等进行登记的表格。其使用目的是便于了解所接管公共配套设施的总体状况。

【例文】

公共配套设施接管验收表

设施名称	存在问题简述	备　注

接管人：________________　　　　时间：____________

3．公共配套设施接管验收遗留问题统计表

公共配套设施接管验收遗留问题统计表，是在接管验收时接管方就所移交公共配套设施的遗留问题进行登记的表格。其使用目的是了解所接管公共配套设施遗留问题的总体状况，以便于同交接方协商解决。

【例文】

公共配套设施接管验收遗留问题统计表

设施名称	遗留问题简述	备　注

统计人：________________　　　　日期：____________

4．房屋接管验收表

房屋接管验收表，是在接管验收时接管方就所移交房屋各方面质量状况等进行登记的表格。其使用目的是便于了解所接管房屋的总体状况。

【例文】

房屋接管验收表

幢号：　　　　　　　　　　　　　　　　　　接管验收时间：　　年　　月　　日

编　号	存在问题简述					备　注
	土建设施	照明	给排水	门窗	其他	

接管人：________________

5．房屋接管验收遗留问题统计表

房屋接管验收遗留问题统计表，是在接管验收时接管方就所移交房屋的遗留问题进行登记的表格。其使用目的是了解所接管房屋遗留问题的总体状况，以便于同交接方协商解决。

【例文】

房屋接管验收遗留问题统计表

幢号房号	遗留问题简述	备　注

统计人：________　　　　日期：________

6.2.2 入住手续常用表格

在办理入住手续时，物业管理企业所使用的表格文书主要有：住户家庭成员登记表、用户登记表、业主（租户）入住验房表、锁匙发放登记表、锁匙借还/看房登记表、房屋保修登记表等。

1. 住户家庭成员登记表

住户家庭成员登记表是物业管理企业在办理入住时要求业主或使用人填写的有关家庭成员、暂住人员的表格，目的是了解掌握业主或使用人家庭结构状况，以利于今后提供优质的服务。

【例文】

住户家庭成员登记表

姓　名	性　别	出生年月	籍　贯	职务/职称	工 作 单 位	身份证号码	电　话	备　注
暂住人员姓名	性　别	出生年月	籍　贯	暂住原因	身份证号码	通信地址	电　话	备　注

2．用户登记表

用户登记表是物业管理企业在办理入住时要求业主或使用人填写的有关本人及家庭基本情况的表格，目的是了解掌握业主或使用人基本状况，以利于今后提供优质的服务。

【例文】

用户登记表

<table>
<tr><td>姓　　名</td><td></td><td>性　　别</td><td></td><td>婚　　否</td><td></td><td rowspan="5">（照片）</td></tr>
<tr><td>出生年月</td><td></td><td>籍　　贯</td><td></td><td>文化程度</td><td></td></tr>
<tr><td>专业职称</td><td></td><td>政治面貌</td><td></td><td>邮　　编</td><td></td></tr>
<tr><td colspan="6">住　　址</td></tr>
<tr><td colspan="6">工作单位</td></tr>
<tr><td colspan="7">联系电话</td></tr>
<tr><td colspan="7">物业编号 1. ________，2. ________，3. ______，面积 1. ________，2. ________，3. ______，</td></tr>
<tr><td>本人
简历</td><td colspan="6"></td></tr>
<tr><td>家庭主
要成员</td><td colspan="6"></td></tr>
<tr><td>主要社
会关系</td><td colspan="6"></td></tr>
<tr><td>备　注</td><td colspan="6"></td></tr>
</table>

3. 业主（租户）入住验房表

业主（租户）入住验房表是物业管理企业在办理入住时陪同业主或使用人查验房屋质量状况时使用的表格，目的是作为业主查验房屋质量的凭证。

【例文】

业主（租户）入住验房表

幢　号　　　　　　　　　　　　　　填表时间：　　　年　　月　　日

业主姓名			工作单位					联系电话						备注	
验收项目	验收时详细内容												验收内容	前阳台	后阳台
	顶棚	墙面	地面	门	门锁	窗	天线插座	照明灯	开关	插座	防盗窗花	备注			
客厅													天棚		
餐厅													外墙面		
卧室 1													地面		
卧室 2													地漏		
卧室 3													防盗网		
卧室 4													照明灯		
厨房													排水管		
卫生间													晾衣钩		
验收项目	地漏	排污管	给水管	给水闸阀	洗涤盆	洗涤龙头	厕所坐便	坐便水箱	喷头	水龙头	煤气管道	煤气阀门	煤气表	水表	电表
厨房															
卫生间															
室内配电箱		空气开关		门铃		电子对讲器		煤气底数			水表底数			电表底数	
住户验收意见： 住户签字：								管理处意见： 房管员签字：							

注：1. 以上项目合格的打“√”，不合格的用简要文字说明。

2. 此表必须在领钥匙之日起 3 日内交回管理处，否则后果自负。

3. 代表业主（住户）验房或集体验房的验收人必须在“备注栏”内填上验房代表姓名、联系电话。

4. 锁匙发放登记表

锁匙发放登记表是物业管理企业在办理入住时对业主或使用人领取锁匙情况的登记表格，目的是掌握锁匙发放情况。

【例文】

锁匙发放登记表

幢号：

序号	防盗铁门(条)	室内门(条)	业主姓名	领取时间	发放人签字	对讲门(条)	业主姓名	领取时间	发放人签字	信箱锁匙(条)	业主姓名	领取时间	发放人签字

登记人：＿＿＿＿＿＿

5. 锁匙借还/看房登记表

锁匙借还/看房登记表是物业管理企业在办理入住时对业主或使用人看房借还锁匙情况的登记表格，目的是掌握锁匙借还情况。

【例文】

锁匙借还/看房登记表

看房人姓名	有效证件名称和号码	随行人员数量	看房类别幢号房号	借锁匙人姓名	借锁匙数量	借锁匙时间	归还时间	接待房管员	登记人姓名	备注

6. 房屋保修登记表

房屋保修登记表是物业管理企业在办理入住时对业主或使用人验房所发现质量问题进行保修计划安排、保修结果登记的表格，目的是掌握保修计划的实施、完成情况。

【例文】

房屋保修登记表

序号	幢号	房号	业主姓名	保修项目简述	预约维修时间	留锁匙（条）	派工单编号	联系电话	备注

6.2.3 物业装修管理常用表格

1. 办理装修手续登记表

办理装修手续登记表是物业管理企业在装修管理中，对业主或使用人装修申请时间、施工期限、施工人数、验收时间进行登记的表格。使用目的是便于掌握管理辖区装修的总体状况和具体业主或使用人的装修情况。

【例文】

办理装修手续登记表

序号	幢号房号	业主姓名	申请时间	装修许可证号码	装修施工期限	装修人数	初验时间	正式验收时间	备注

2. 出入证发放/收回登记表

出入证发放/收回登记表是是物业管理企业在装修管理中对装修施工人员出入证发放/收回情况的登记表。其登记项目包括持证人姓名、证件号码、发放及回收时间等。

【例文】

出入证发放/收回登记表

幢号：

发放证件								装修人员证件收回				
序号	业主姓名	出入证号码	办证时间	施工人员姓名	出入证号码	办证时间	经办人	持证人姓名	证件号码	收回时间	经办人	备注

3. 装修申请表

装修申请表是业主或使用人在装修前向物业管理企业申报装修方案并申请得到批准的文书。实践中，一般是由物业管理企业编制规范的表格，由业主或使用人填写。

【例文】

装修申报表

<table>
<tr><td>业主姓名</td><td colspan="6">单位名称及详细地址</td><td colspan="2">联系电话</td></tr>
<tr><td></td><td colspan="6"></td><td colspan="2"></td></tr>
<tr><td rowspan="2">装修
单位</td><td>全称</td><td colspan="4"></td><td>执照号</td><td colspan="2"></td></tr>
<tr><td>负责人</td><td></td><td colspan="2">联系电话</td><td></td><td>装修
人数</td><td colspan="2"></td></tr>
<tr><td colspan="4">申请装修内容和范围</td><td colspan="5">管理处初审</td></tr>
<tr><td colspan="4"></td><td colspan="5">初审人：
日　期：</td></tr>
<tr><td>申请装修期限</td><td colspan="8">200　年　月　日　至200　年　月　日</td></tr>
<tr><td>装修工程
预算造价</td><td colspan="2"></td><td>装修押金</td><td colspan="2"></td><td>收款人</td><td colspan="2"></td></tr>
<tr><td>装修
保证</td><td colspan="8">本住户和施工队保证：遵守《××市住宅装修管理规定》和管理处的规定，保证按期完成，若有违约，愿接受管理处的处罚。
业主（住户）签字：　　　　施工队负责人签字：</td></tr>
<tr><td colspan="9">管理处主任审批：
签字：　　　　年　月　日</td></tr>
</table>

4. 装修施工人员登记表

装修施工人员登记表是物业管理企业为保证管理辖区的安全，要求装修施工单位填写的有关施工人员基本情况的表格。这些基本情况包括施工人员的姓名、照片、身份证号、工作单位、负责人、负责人联系电话等。

【例文】

装修施工人员登记表

<table>
<tr><td colspan="2">姓　名</td><td colspan="2"></td><td></td><td colspan="2"></td><td colspan="2"></td><td colspan="2"></td></tr>
<tr><td colspan="2">照片</td><td colspan="2">贴
照
片</td><td>贴
照
片</td><td colspan="2">贴
照
片</td><td colspan="2">贴
照
片</td><td colspan="2">贴
照
片</td></tr>
<tr><td colspan="2">身份证号码</td><td colspan="2"></td><td></td><td colspan="2"></td><td colspan="2"></td><td colspan="2"></td></tr>
<tr><td colspan="2">籍　贯</td><td colspan="2"></td><td></td><td colspan="2"></td><td colspan="2"></td><td colspan="2"></td></tr>
<tr><td>工作单位</td><td colspan="4"></td><td>单位
电话</td><td></td><td>联系人</td><td></td><td>联系
电话</td><td></td></tr>
<tr><td>装修房间</td><td colspan="2"></td><td>装修期限</td><td colspan="3">自　　年　　月　　日
止　　年　　月　　日</td><td>业主
姓名</td><td></td><td>联系
电话</td><td></td></tr>
<tr><td>延期施
工记录</td><td colspan="8"></td><td rowspan="2">证件
签发</td><td rowspan="2"></td></tr>
<tr><td>备　注</td><td colspan="8"></td></tr>
</table>

5. 动用明火申请表

动用明火申请表是施工单位因装修需动用明火前，就动火类型、地点、时间等向物业管理企业申请得到批准的文书。

【例文】

动用明火申请表

申请单位（业主/用户）			动火类型		动火地点	
序号	器具名称	功率/kW	电源来源	起止日期（大写）	起止日期（大写）	
1			室内/外	月　日至　月　日	月　日至　月　日	
2			室内/外	月　日至　月　日	月　日至　月　日	
3			室内/外	月　日至　月　日	月　日至　月　日	
4			室内/外	月　日至　月　日	月　日至　月　日	
5			室内/外	月　日至　月　日	月　日至　月　日	
6			室内/外	月　日至　月　日	月　日至　月　日	
动用明火要求	1. 室内电源插座最大功率4kW 2. 配灭火器2个 3. 远离易燃易爆物品 4. 与木工制作区隔离 5. 严禁室内用电器煮食 6. 超过6kW补交费用 7. 违规作业罚款200～500元	申请单位（业主/用户）签章 年　月　日		管理处签章 年　月　日		

6. 处理违章记录表

处理违章记录表是物业管理企业对在装修管理中业主或使用人、装修单位违章装修行为，以及处理情况进行登记的表格。

【例文】

处理违章记录表

违章通知单编号：　　　　　　　　　　　　　　　　　　　　　　　　　日 期：

<table>
<tr><td>违章人姓名</td><td></td><td>发现时间</td><td></td><td>备注：</td></tr>
<tr><td>报　告　人</td><td></td><td>违章地点</td><td colspan="2"></td></tr>
<tr><td colspan="5">违章简述：

检查人：　　　　日 期：</td></tr>
<tr><td colspan="5">处理情况：

处理人：　　　　日 期：</td></tr>
<tr><td colspan="3">确 认：

违章人：　　　　日 期：</td><td colspan="2">备注：</td></tr>
<tr><td colspan="5">纠正情况：

检查人：　　　　日 期：</td></tr>
</table>

7. 装修验收书

装修验收书是物业管理企业在装修管理中对业主或使用人、装修单位装修工程质量进行验收时，对总体质量状况进行审验、评定的表格。

【例文一】

装修验收书

<table>
<tr><td colspan="2">装修地点</td><td colspan="4"></td><td>开工时间</td><td></td><td>竣工时间</td><td colspan="2"></td></tr>
<tr><td colspan="2">装修项目</td><td colspan="4"></td><td>使用单位</td><td></td><td>施工单位</td><td colspan="2"></td></tr>
<tr><td rowspan="6">验收意见</td><td>装修单位</td><td colspan="9"></td></tr>
<tr><td>业主</td><td colspan="9"></td></tr>
<tr><td rowspan="2">管理部门</td><td colspan="9">隐蔽工程验收项目：1. 管线（　）2. 消防漆（　）3. 其他（　）</td></tr>
<tr><td colspan="9"></td></tr>
<tr><td>用水</td><td>初始读数</td><td>终止读数</td><td>实用量</td><td>水费</td><td>用电</td><td>初始读数</td><td>终止读数</td><td>实用量</td><td>电费</td></tr>
<tr><td></td><td></td><td></td><td></td><td></td><td></td><td></td><td></td><td></td><td></td></tr>
<tr><td colspan="3">施工单位</td><td colspan="3">房屋业主</td><td colspan="3">管理处</td><td colspan="2">财务部</td></tr>
<tr><td colspan="3">负责人：</td><td colspan="3">签名：</td><td colspan="3">装修主管：</td><td colspan="2">签名：</td></tr>
<tr><td>备注</td><td colspan="4"></td><td colspan="2">公司领导意见</td><td colspan="4"></td></tr>
</table>

注：1. 一式四份，施工单位、管理处、财务部、业主（用户）各留一份存档。

2. 编号与《施工许可证》编号同。

验收日期：　　　年　月　日

【例文二】

房屋装修验收及退还押金表

<table>
<tr><td>房　号</td><td></td><td>业主姓名</td><td></td><td>施工主管</td><td></td><td>验收人</td><td></td></tr>
<tr><td>验收意见</td><td colspan="7"></td></tr>
<tr><td>管理处意见</td><td colspan="7">应扣出入证成本：　　元，小计　　元
违章罚款：　　元
其他：　　元
应退押金合计：　　元
经办人：　　经理：　　日期：</td></tr>
<tr><td>财务部</td><td colspan="7">收取装修押金总额：　　元
已退押金：　　元
收款人：
财务部经办人：　　日期：</td></tr>
</table>

8．装修质量验收记录表

装修质量验收记录表是物业管理企业在装修管理中对业主或使用人、装修单位装修工程质量进行验收时，对各项技术指标合格与否进行记录的表格。

【例文】

装修质量验收记录表

项目名称	实测结果		判定结果	验收人签字	
				甲方	乙方
给排水管道	材料验收				
	安装验收				
电气	材料验收				
	安装验收				
抹灰					
镶贴	材料				
	墙面				
	地面				
木制品	材料验收				
	吊壁柜				
	护墙板				
	木地板				
	细木制品				
门窗	材料验收				
	铝合金				
	塑料				
	木门窗				
吊顶					
花饰					
涂装	材料验收				
	清漆				
	混合漆				
	水乳性涂料				
裱糊					
卫浴设备	材料验收				
	安装验收				
竣工日期			同意竣工签名		
施工地点				合同编号	

6.2.4 物业日常管理常用表格

1. 日巡视检查记录表

日巡视检查记录表是物业管理员或房屋管理员在每日的巡视检查过程中使用填写的表格。表格中包括其巡视项目、发现问题、整改情况和处理结果等内容。

【例文】

日巡视检查记录表

分管工作（责任区）		
业主（住户）意见建议或管理心得		
巡视项目	1. 装修巡视　5. 治安　9. 仓库查看　13. 员工宿舍 2. 投诉接待　6. 清洁　10. 机电设备　14. 内务巡视 3. 违章检查　7. 绿化　11. 社区活动 4. 车辆管理　8. 维修　12. 食堂员工	
序号	巡视存在问题与整改情况	处理结果
备注：		

注：负责的巡视项目上打“√”，未列出的巡视项目，在空白处填补。

2. 物业维修报单

物业维修报单是物业管理企业客户服务中心或工程维修部门在接到物业管理员或房屋管理员巡视检查发现问题的报修，或接到业主或使用人的报修时，所需填写的表格。一般要求一式三份。其内容包括维修原因、责任、维修结果、付款方式等内容。

【例文一】

物业维修报单

部门:　　　　　　　　　　日期:　　　　　　　　　　归档编号:

物业编号		项　目		发现时间	
造成维修的原因、责任:					
维修负责人电话、地址				部门意见	
完成维修时间				验收人姓名	
维修付款方式				业主/用户签字验收	

【例文二】

用户维修委托单

NO: 年　月　日
业主:
幢　楼＿号
维修项目
维修结果:
维修人:
备注:

NO:					
业主:					
维修项目					
使用材料	名称	规格	单位	数量	单价
人工:			应收费:		
维修结果:				住户签字:	
备注：维修完后送财务核算费用，委托人收到收款通知单后，同本月管理费一次付清。					

3．配电房、水泵房巡查记录

配电房、水泵房巡查记录是物业管理企业工程维修部门的专业技术人员按照有关规定在对配电房、水泵房设备设施进行日常巡检时所需填写的表格。

【例文】

配电房、水泵房巡查记录

小区（大厦）名称： 年 月 日

班次		早班（8:00～16:00）			中班（16:00～0:00）			晚班（0:00～8:00）		
巡查人										
配电室温度		12:00 ℃			20:00 ℃			6:00 ℃		
配电室	变压器号	1#			2#			3#		
	电度表总行数	有功：			有功：			有功：		
		无功：			无功：			无功：		
	负荷电流 / 时间	A相kA	B相kA	C相kA	A相kA	B相kA	C相kA	A相kA	B相kA	C相kA
	6:00									
	12:00									
	20:00									
	线电压									
	功率因数									
水泵房	时间	12:00			20:00			6:00		
	水泵	出口压力	截止阀关闭	电源与控制	出口压力	截止阀关闭	电源与控制	出口压力	截止阀关闭	电源与控制
	生活泵									
	消防泵									
	喷淋泵									
	补压泵									
	蓄水池水位									
	渗漏情况									
照明情况：				清洁情况：				消防设施情况：		
其他	早班：			中班：				晚班：		

4．客户投诉意见表

客户投诉意见表是物业管理企业客户服务中心接到业主或使用人的投诉时，所需填写的表格。一般要求一式三份。其内容包括投诉时间、投诉人基本情况、投诉内容、调查情况与结果、处理意见等内容。

【例文】

客户投诉意见表

单位: 班组: No:

<table>
<tr><td>投 诉 人</td><td></td><td>联络电话</td><td></td><td>地 址</td><td></td></tr>
<tr><td colspan="5">投诉时间: 年 月 日 时 分
内容:

记录人: 年 月 日</td><td>投诉类型
轻微投诉□
重要投诉□
重大投诉□</td></tr>
<tr><td colspan="6">调查情况、结果:

属有效投诉□ 无效投诉□ 调查人: 年 月 日</td></tr>
<tr><td colspan="6">处理意见:

责任人: 年 月 日</td></tr>
<tr><td colspan="6">回访意见（上门/电话/信函）:

客户签名: 验证人: 年 月 日</td></tr>
</table>

5. 投诉处理登记表

投诉处理登记表是物业管理企业客户服务中心对所接业主或使用人的投诉处理情况的汇

总表格。其内容包括投诉时间、投诉人基本情况结果、投诉内容和处理情况等内容。

【例文】

投诉处理登记表

登记部门：

序号	投诉时间（日时）	来访人			投诉内容	意见表号码	处理情况
		姓名	联系电话	地址或单位			

注：接待人将内容登记在投诉处理登记表上并通知责任人取表进行处理，处理完成后，验证人在此表中填上完成时间并签名。

小　　结

学习本章内容时，要认真研究现有表格，结合实际业务需要，弄清表格形式中表题、表身、栏头、行题与列题、表注相互之间的关系和使用条件。尤其是要注意行题与列题间的逻辑联系，这是编制表格的核心，即行题标示的是管理的对象，列题所标示的是管理对象的具体项目；标注行题和列题，应按照管理的逻辑顺序从上到下，从左到右进行，从而掌握表格编制和使用的基本要求。应该牢记的是，编制表格若要实用易懂，离不开对业务的熟知熟用，学习表格编制离不开实践经验的积累。

对于教材中所列出的表格的正确使用填写，学习时，一定要结合所学过的专业业务进行。

能力训练

一、对消防设施设备的检查、保养、维修，是物业管理经常性的工作。为保证该项工作责任明确，一般物业管理企业都要使用“消防设施设备检查、保养、维修记录表”，其项目包括检查时间、检查部位、检查情况、整改情况、检查人、核查人等，请根据上述要求设计消防设施设备检查、保养、维修记录表。

二、对小区内公共设施设备名称、型号、数量、存放位置、运行状态的了解，是物业管理的基本要求，为此，物业管理企业会对小区内公共设施设备进行统计，请设计小区公共设施设备清单。

三、某物业管理企业欲对企业管理人员进行规范考核，其考核项目包括评价因素、评价尺度和考核结果。

其中评价因素包括勤务态度、业务工作、管理监督、指导协调和工作效果等。

勤务态度的评价要点有：把工作放在第一位，努力工作；对新工作表现出积极态度；忠于职守，严守岗位；对部下的过失勇于承担责任等。

业务工作的评价要点有：正确理解工作指示和方针，制定适当的实施计划；按照部下的能力和个性合理分配工作；及时与有关部门进行必要的工作联系；在工作中始终保持协作态度，顺利推动工作等。

管理监督的评价要点有：在人事关系方面部下没有不满或怨言；善于放手让部下去工作，鼓励他们乐于协作的精神；十分注意生产现场的安全卫生和整理整顿工作；妥善处理工作中的失败和临时追加的工作任务等。

指导协调的评价要点有：经常注意保持提高部下的劳动积极性；主动努力改善工作和提高效率；积极训练、教育部下，提高他们的技能和素质；注意进行目标管理，使工作协调进行等。

工作效果的评价要点有：正确认识工作意义，努力取得最好成绩；工作方法正确，时间和费用使用得合理有效；工作成绩达到预期目标或计划要求；工作总结汇报准确真实等。

其评价尺度为：优，14 分；良，12 分；中，10 分；可，8 分；差，6 分。

其考核结果包括该员工的综合得分；员工应处于的等级为 A、B、C、D；考核者意见。其中 A：240 分以上；B：240～200 分；C：200～160 分；D：160 分以下。

另外还有人力资源部的评语和处理方式及总经理签字。其处理方式为：________任____职或升职至________任________；签劳动合同自_____年___月___日至_____年___月______日；降职为__________；提薪/降薪为___________；辞退；其他______________________等。

请根据上述内容设计管理员工考核表。

第 7 章

物业管理规章类文书

学习目标

通过本章学习，了解物业管理规则类文书、公约类文书的概念，掌握物业管理规则、物业管理质量管理体系文件、管理规约、小区业主手册（守则）的写作格式和内容，能够撰写格式规范、内容符合要求的物业管理规章类文书。

关键词

物业管理规则类文书　物业管理公约类文书　物业管理规则　物业管理质量管理体系文件　质量手册　程序文件　工作规程文件（详细作业指导书）　质量记录　管理规约　小区业主手册（守则）

7.1　物业管理规则类文书

物业管理规则类文书是物业管理企业对企业内部某项工作、活动的作业内容和标准做出程序化、规范化规定的文书。

物业管理规则类文书是物业管理企业内部强制性、约束性很强的文章，其种类主要有规则（也称为管理办法、规定等）和质量体系文件，现代化、规范化的物业管理企业尤其重视质量体系文件的编制。

7.1.1　物业管理规则

1．标题

标题一般由单位名称、内容、文种三部分组成，如《××小区消防设施管理规则》。也可以省掉单位名称，由内容、文种两部分组成，如《停车场管理规则》。

2．正文

正文的内容主要有制定规则的依据、目的、适用范围、主管单位或部门、行为规范、违规处理、解释单位或部门、废止条款等。

其结构有“条款式”和“序言＋条款式”两种结构形式。

（1）条款式　此形式依照内容主次，将应遵守的要求逐条列出。

（2）序言＋条款式　此形式即在条款前，以一段文字说明制定规则的缘由与目的，并用“为此，特制定本规则”、“为……，特制定本规则”等惯用语引出具体条款。

3．落款

由制定单位和实施时间组成。

【例文】

小区物业设施设备管理办法

一、目的

通过对设施设备的管理，使所有机电设备在使用过程中处于完好状态，满足服务的要求。

二、工作范围

1. 供配电系统设备：高、低压配电柜、变压器、发电机组、电气“三箱”（动力配电箱/柜，照明配电箱/柜，控制箱/柜）。

2. 给排水系统设备：各类给排水水泵、加压气罐及其附属设施、各类阀门。

3. 消防系统设备：电消防设备、水消防设备（消火栓及喷淋系统）、CO_2气体灭火设备、防排烟设备、防火卷帘、疏散指示。

4. 电梯设备：各类电梯及其附属设备。

5. 弱电系统设备：电视、电话系统设备、无线电对讲系统设备、智能化系统设备（楼宇对讲、闭路监视、防盗报警、门禁、停车场设备等）。

6. 通风系统设备：通风设备及其附属设备。

三、工作项目

1. 设备的接管验收按照《物业接管验收管理规程》执行。

2. 设备的标识：

（1）所有的设备房须标识其名称及责任人姓名（或代码）。

（2）所有设备按套或单机悬挂《设备卡》，标识该设备的技术参数及标识其设备编号等。

（3）对故障设备须悬挂“待维修”或“维修中”告示牌。

3. 设备档案管理：

（1）管理处负责建立设备的技术资料档案及图纸档案，负责建立《设施设备台账》。

（2）工程维修中心负责指导、监督各管理处设备档案的管理工作，并对重要的设备资料作备份。

4. 设备的运行：

（1）设备按不同系统划分责任区域，责任区域内确定责任人。

（2）维修主管负责监督相关责任人做好设备的运行管理。

（3）值班室/巡逻值班员负责将监控/检查到的异常情况，及时通知设备责任人或主管处理，并做好记录。

（4）工程维修中心对各管理处机电设备的运行情况进行督查。

5. 设备的维修：

（1）设备维修须填发维修记录表格，重要设备或影响范围较大的维修项目，须办理《工作联系单》。

（2）在运行监控或维修保养中发现的可以在短时间内排除的一般故障，维修期限应不超过8小时，若超过8小时，应及时向维修主管报告，请求主管及有关专业人员提供技术支援，限期解决。

7.1.2　物业管理质量管理体系文件

质量管理体系文件是描述质量管理体系的一整套文件，它是达到质量目标最好的、最切实际的方法。

典型的质量管理体系文件包括四个层次：质量手册、程序文件、工作规程文件（详细作业指导书）、质量记录。

1．质量手册

质量手册是证明或描述质量管理体系的主要文件，其内容可以涉及一个公司的全部活动或部分活动。手册的标题和范围反映其应用领域，其内容决定了它是纲领性文件。

（1）质量手册的内容　质量手册内容通常包括：质量方针；影响质量的管理、执行、验证或评审工作的人员职责权限和相互关系；包含所有质量管理体系要素；关于手册评审、修改和控制的规定。

（2）质量手册的结构　质量手册一般共分8章，常见结构如下：

1．质量手册综述

　1.1　质量手册目录

　1.2　质量手册修改控制

　1.3　术语

2．企业概况

3．质量方针和质量目标

4．组织机构及职责

5．管理职责

6．资源管理

7．产品实现

8．测量、分析和改进

【例文】

质量手册（节选）

1．质量手册综述

本《质量手册》是遵照总经理的指令，根据ISO 9001（2000版）标准的要求，在总结本公司几年来质量管理实践经验的基础上编写而成的，适用于本公司物业的经营和管理活动。

本《质量手册》阐述了本公司的质量方针，描述了本公司的质量管理体系。它对内是实施质量管理的基本规则，对外是公司质量保证能力的证实文件。

本《质量手册》由企划部负责编制、发放、控制和管理，管理者代表组织编制和最终审核，经公司总经理批准并加盖蓝色控制印章后生效。

本《质量手册》只发给各相关部门主要负责人和相关的机构，如第三方认证机构。手册使用人必须使用最新版本的受控手册。本手册未经管理者代表批准，任何人员不得复印或向外单位和个人发放。

1.1　质量手册目录（略）

1.2　质量手册修改控制（略）

1.3　术语（略）

2. 企业概况（略）

3. 质量方针和质量目标

3.1　质量方针

科学规范的管理；竭诚高效的服务；安全文明的环境；持续发展的追求。

3.2　质量目标

1）公司新接管的物业两年内要达到市级“城市物业管理优秀小区”标准或市级“安全文明小区”标准。

2）管辖区内不发生重大安全责任事故（“重大安全责任事故”是指以下几种情况：失职或玩忽职守引发火灾、失职或玩忽职守引发水灾、员工工作中的死亡事故）。

3）管理处入职半年以上的物业管理人员持证上岗率达100%。

4）员工上岗前培训合格率达100%。

5）用户报修处理及时率达95%。

6）用户对服务的满意率达95%。

为实现上述目标，公司建立年度质量目标并按GB/T 19001—ISO9001:2000标准建立质量管理体系，对服务过程进行有效控制、评价和改进，使各项质量活动都处于受控状态。

4. 组织机构及职责（略）

5. 管理职责（略）

6. 资源管理（略）

7. 产品实现（略）

8. 测量、分析和改进（略）

2. 程序文件

程序文件是描述实施质量管理体系要素所涉及的各个职能部门的活动，是质量手册的基础。程序是完成某项活动的先后次序；描述程序的文件称为程序文件，是质量手册的支持性文件。

（1）程序文件的内容　其主要内容有：对影响质量的活动作出规定；应包含质量管理体系中采用的全部要素的要求和规定；每一个程序文件应针对质量管理体系中的一个逻辑上独立的活动；对每一个程序文件的要求都应能回答“5W1H”，即，做什么（What）、什么时间或时机去做（When）、什么地点要求什么场合做（Where）、由谁去做（Who）、为什么这么做（Why）、如何做（How），包括如何确定保障条件等。

（2）程序文件的结构

1）封面。可在单份或整套程序文件前加封面，便于识别文件和进行文件控制。

2）刊头。在每页文件的上部加刊头，便于文件的控制和管理。

3）刊尾。在每页文件或每份文件的末页底部加刊尾，说明文件的起草、审批、会签情况。

4）修改控制页。可单设或与封面、其他附页合并，说明文件修改的历史情况。

5）正文部分。说明制定程序文件的目的；程序文件的适用范围；实施程序的责任者的职责和权限；程序内容的描述；程序涉及或引用的其他文件。

【例文】

日常服务控制程序

1. 目的

通过对日常服务进行控制，确保公司能够按照规定的程序和标准提供顾客日常需求的服务，使其满意。

2. 范围

适用于物业管理过程中的各项日常管理活动。

3. 职责

3.1 各单位主管负责日常管理服务过程的质量控制。

3.2 各单位月初制定月度工作计划，月末对执行情况进行评价，并上报公司领导。

3.3 管理处每日负责填写检查情况汇总的《管理工作日检报告表》。

3.4 质管部负责每月（季）管理处服务工作的检查。

4. 程序

4.1 过程识别

日常物业管理划分为计划制定、设备管理、公共设施管理、清洁管理、绿化管理、装修管理、安全管理、消防管理、会所管理、社区文化、紧急情况处理11个服务过程，相关单位根据服务过程的特性制定出各服务的操作规程和验收标准，并要求各级操作人员严格按照工作手册进行管理服务工作。

4.2 计划制定

4.2.1 为满足质量方针、目标及工作目标的要求，总经理在年初应指导质管部制定出公司年度《工作方针目标管理矩阵图》，管理处应于收文后2周内制定本单位《工作方针目标管理矩阵图》以及每月的月工作计划，并责任到人。

4.2.2 管理者代表负责了解各计划的落实执行情况，计划的制定见《服务计划控制程序》。

4.3 设备及公共设施管理的控制

为保证大辖区内所有设备及公共设施满足要求，工程设备的申请、采购、领用、流转，设备的验收、维修、保养、检定、使用等所有项目都应严格按照《设备管理手册》和工程类手册进行操作，并以《设备管理控制程序》、《公共设施控制程序》作为指导文件。

4.4 清洁绿化管理的控制

清洁绿化部负责管理处的清洁公司的供方选择工作。管理处负责每日的日常保洁、绿化、责任区环境的检查工作，并在《管理工作日检报告表》上认真记录，对于未达到要求的，应责成责任人员及时完成。清洁绿化管理以《清洁管理控制程序》、《绿化管理控制程序》、《清洁绿化管理手册》为指导。

4.5 装修管理的控制

管理处按《深圳市家庭装饰装修管理规定》等法规文件，检查住户对房屋的装修、改造的具体执行情况，对违反规定的予以制止并及时处理，按《装修管理控制程序》和《建筑/装饰管理手册》执行。

4.6 安全消防管理的控制

4.6.1　管理处对安全护卫的管理要严格按《安全保卫工作手册》操作，安保部要对全公司的安全护卫工作进行督导，见《安全管理控制程序》。

4.6.2　管理处根据实际情况，建立消防中心和能够监控、组织、指挥扑救火灾的消防系统，定期检查灭火消防供水系统，保证安全疏散和及时扑灭火灾，见《消防管理控制程序》。

4.7　会所管理的控制

酒店商管部负责监督公司直接管理的会所经营管理，并负责各会所的业务指导，具体操作按《会所管理控制程序》进行。

4.8　社区文化活动控制

为使社区文化活动开展丰富多彩，使住户生活在一个健康祥和、文明的环境中，公司社区文化部及各管理处按照《社区文化活动控制程序》要求，并结合本小区的实际特点作出具体安排。

4.9　紧急情况的控制

为对付各种突发情况，公司相关部门应制定各种应急计划并定期演习，按《紧急情况控制程序》要求作出计划。

5. 相关文件与记录

5.1　《服务计划控制程序》

5.2　《设备管理控制程序》

5.3　《公共设施控制程序》

5.4　《清洁管理控制程序》

5.5　《绿化管理控制程序》

5.6　《装修管理控制程序》

5.7　《安全管理控制程序》

5.8　《消防管理控制程序》

5.9　《会所管理控制程序》

5.10　《社区文化活动控制程序》

5.11　《紧急情况控制程序》

5.12　《设备管理手册》

5.13　《清洁绿化管理手册》

5.14　《建筑/装饰管理手册》

5.15　《安全保卫工作手册》

5.16　《管理工作日检报告表》

3．工作规程文件（详细作业指导书）

工作规程文件（详细作业指导书）包括了除质量手册、质量管理体系程序文件外所有涉及质量管理体系的文件。工作规程文件是质量手册和程序文件的引出文件，用于细化具体作业过程和作业要求。

（1）工作规程文件的内容　这类详细的工作文件按内容可分为：用于规定某一具体方法和要求的作业指导书；用于规定某一具体管理活动的具体步骤、职责和要求的管理细则；用于指导相对独立的标准操作规范。

这类工作文件的内容应该满足“4W1H”原则和“最好，最实际”的原则。“4W1H”原则为：Where，即在哪里使用该作业指导书；Who，什么样的人使用该作业指导书；What，此项作业的名称是什么；Why，此项作业的目的是干什么；How，如何按步骤完成作业。“最好，最实际”的原则为：最科学、最有效的方法；良好的可指导性和良好的综合效果。

（2）工作规程文件的结构　其结构与程序文件基本相同。

【例文】

工程部维修管理规程

1. 目的

及时维修处理住户生活设施故障，确保住户正常生活。

2. 适用范围

小区住户的生活用水、用电及室内生活设施。

3. 职责

3.1　社区服务中心前台负责对住户/业主的报修状况进行记录，并对工程维修人员发送《维修单》，及《维修单》的回收存档。

3.2　工程维修人员负责对小区住户/业主的室内生活设施及用具的维修和维护。

3.3　维修部主管负责对维修人员的工作安排、联络和维修服务质量的监督、回访。

4. 工作程序

4.1　接报修

4.1.1　社区服务中心当值人员接到业主/住户报修后，应分类明确给予答复处理时间。紧急情况需维修人员必须立即到达现场。一般日常维修1小时内必须到达现场。

4.1.2　特殊维修（如：电视电话报障）可预先联系有关单位，根据具体情况答复维修时间。

4.1.3　较困难复杂的维修要求72小时内完成（工作技术要求特殊的除外）；同时应向住户解释原因。

4.2　入户维修

4.2.1　维修部当值人员接到《维修单》后立即安排人员进行处理，无特殊情况时不超过20分钟到达现场，一般性维修不超过3小时，较困难复杂的维修要求72小时内完成（工作技术要求特殊的除外）；同时应向住户解释原因。

4.2.2　入户维修人员要做到有礼、有节，对有可视对讲系统的住户可用可视对讲与其联系，在得到同意后方可进入；无可视对讲系统的可按门铃或轻轻叩三声门，并礼貌地问好，说出自己的身份和目的：“您好，我是某某部门，来为您做某某项服务。”

4.2.3　维修时应多征求住户意见，如住户提出不可行的意见或要求时，应根据自己的维修经验和知识，耐心向住户解释和说明。

4.2.4　维修后要做好现场清理工作，用垃圾袋将维修垃圾清理干净，维修时移动的家具用品应按原位置放好。

4.2.5　功能性维修，以恢复其原有功能为准，外观性维修要与原有部位相比较表面无色差，高低不平现象；维修时应尽量满足住户要求。

4.3　供排水维修

4.3.1　更换水表

1）关上水前第一阀门，排空管内的残余水后拆下水表，检查水表的接头胶圈，如已经断裂或变形时应选同一型号/规格的具有合格证的水表安装上去。

2）安装时注意水表的水流方向保持一致。

3）维修结束后，打开阀门检查有无渗漏，表针转动是否正常。

4）维修人员要做好用户新启用水表的底数记录。

4.3.2　水龙头漏水

1）关闭户内水阀阀门，拆卸下水龙头并检查出故障点。

2）根据用户需要，更换破损的胶圈部件或更换新水龙头，如因水龙头有砂眼漏水的，必须更换新的水龙头。

3）安装完毕后，打开水阀门检查新换水龙头接口是否有渗漏，使用时切勿过度拧紧。

4.3.3　更换角阀

1）关上户内水阀，拆下角阀，查出故障，根据实际情况，确认是否需要更换。

2）安装时应注意角阀与水管接合处的密封性和紧密度，以防渗漏。

3）安装完毕后，打开水阀查看有无渗漏。

4.3.4　更换软管

1）关闭软管前阀门，拆下软管，查看故障原因。

2）根据住户需求，更换损坏的胶圈或更换新的软管，如因软管有砂眼或破损、爆裂必须重新更换软管。

3）安装时应注意，更换同型号同长度的软管，接头处不可过度拧紧，以免拧坏镙丝。

4）安装完毕后，打开水阀查看有无渗漏。

4.3.5　马桶漏水维修

1）检查漏水原因后，关上阀门根据情况进行维修。

2）软管漏水应进行更换，水箱水位过高可调整水位控制水浮，水箱底部漏水应查看是否螺丝松动或胶圈损坏。

3）维修完后，打开水阀查看有无渗水现象。

4.3.6　菜盆排水管漏水

1）检查漏水原因，是否排水软管破损，胶圈损坏，接头处螺丝松动。

2）安装时应注意盆体与下水管接口处，需用玻璃胶封闭，待胶干后试水检查。

4.3.7　维修马桶堵塞

检查堵塞原因，用马桶抽子或疏通机进行疏通，使其排水畅通。

4.3.8　洗脸（菜）盆下水管堵塞

检查存水弯管，取出杂物，如仍不通畅，可用竹篾、铁丝或疏通机对下水管进行疏通，排除故障后试验排水情况，使其排水畅通。

4.3.9　地漏及浴缸排水管堵塞

同本章4.3.7办法处理。

4.3.10　部分楼层停水

1）查明停水的楼层后先关总阀，拆开支阀，并将滤网清洗后重新装上。

2）市政或其他维修造成的停水应通知住户，并作解释。

4.4　供电维修

4.4.1　更换电表

1）断开电源拆下电表，确认电表已经失灵时，可选用具有检验合格证的同一型号电表进行安装，安装时注意进出线接法正确。

2）安装结束后合闸试电，保证住户用电设备使用正常，电表转动正常。

3）维修人员应会同社区服务中心人员做好新启用电表底数的记录。

4.4.2　维修开关

1）分析造成低压开关跳闸或烧坏的原因。

2）如果是短路故障，首先将空气开关置于“OFF”位置，用万用表（兆欧表）检查线路，查出故障点后给予排除。

3）经试电后如确认需要更换空气开关或熔断器时，必须采用同一技术规格的合格配件进行调换安装。

4）如果是由于线路过载造成的开关跳闸或烧坏，在更换损坏元件后应将该线路负载减少。

4.4.3　灯管、白炽灯的维修

1）断开电源、取出白炽灯，如果灯丝烧断，可更换同一型号的卡口或螺口灯泡安装上去，试电查看是否正常。

2）灯管不亮可先检查启动器，如损坏可更换新的；试电检查如不亮时，取出灯管并更换同型号、同规格的灯管，再次试电检查，如仍不亮时可检查接线和镇流器，查出故障立即排除，恢复正常照明。

3）其他情况造成的灯不亮，可根据原因参见本章 4.4.2 和 4.4.4 进行处理。

4.4.4　线路检测

1）线路停电检修应及时通知住户。

2）住户开关烧坏的处理见本章 4.4.2 维修开关进行处理。

3）电表损坏的维修见本章 4.4.1 更换电表办法进行处理。

4）进户线端子接触不良可先切断电源，将接头紧固。

5）线路短路时可用万用表对线路逐一检查，找出故障原因并及时处理。

6）当确认故障排除后方可送电。

4.4.5　插座无电

1）由市政停电或线路维修造成的停电应通知住户。

2）插座接线端子松动，可拆开插座板，紧固接线头后重新安装，检查试电情况。

3）线路短路造成的停电参见本章 4.4.2 第 2）项进行处理。

4.5　门窗维修

4.5.1　门铃维修

1）无电情况时可更换新电池。

2）电极板腐蚀或接触不良可进行除锈、紧固处理。

3）因线路短路问题造成的故障，用万用表（兆欧表）检查线路，找出故障点并及时处理。

4.5.2　维修门窗

1）检查门窗附件有无损坏，不全，根据实际情况进行更换或补装。

2）清除门角和窗轨道的杂物，对门合页和窗轨道注油。

3）更换破损玻璃时注意防止玻璃碎块跌下伤人。

4.5.3　更换门锁

拆下坏锁后先检查是何处坏，如能修理及时修理，无法修理好的可通知住户更换新锁。

4.6　非一般性的维修

委托专业维修队维修，工程维修人员对所委托项目的维修质量进行监督和跟踪。

5. 引用文件

5.1《城市异产毗连房屋管理规定》

5.2《公有住房售后养护管理暂行规定》

5.3《城市房屋修缮管理规定》

6. 相关记录

《维修单》。

4. 质量记录

质量记录是个“文件”，与其他文件的区别在于，记录是对当时客观事实的陈述，不能进行修改。质量记录不仅为记录者本人使用，而且要提供给别人（如管理者、住户、评定机构以及相关人员等）使用。其主要以表格的形式出现。表格的编制见 6.1 表格的编制；实例见 6.2 物业管理服务常用表格。

质量记录包括两类：

（1）与质量管理体系有关的记录　如质量管理体系审核报告、质量成本报告、质量培训、考核记录等。

（2）与特项服务有关的记录　如质量检验记录、不合格项目处置报告等。

7.2　物业管理公约类文书

物业管理公约类文书是物业管理企业与业主、业主委员会协商沟通制定的对业主或使用人在管理辖区的生活、工作做出规范化规定的文书。

7.2.1　管理规约

管理规约，是由业主共同订立的有关物业的共有部分和共同事物管理的协议，对全体业主具有约束力。业主转让或者出租物业时，应当将管理规约作为物业转让合同或者租赁合同的附件，对受让人或者承租人具有同等约束力。业主大会可以根据本住宅区的实际情况进行制定、修改和补充，并报市级住宅主管部门和区住宅管理部门备案。管理规约不得与国家法律、法规和规章相抵触。

管理规约，原称业主公约，2007 年 10 月 1 日实施的《中华人民共和国物权法》将其更名为管理规约。

管理规约应当包括下列内容：

1）住宅区名称、地点、面积及户数。

2）公共场所及公共设施状况。

3）业主大会的召集程序及住宅区重大事项决定方式。

4）业主使用其住宅和住宅区内公共场地以及公用设施的权益。

5）业主参与住宅区物业管理的权利。

6）业主对业主管理委员会及物业管理公司的监督权。

7）住宅区物业各项维修、养护和管理费用的缴纳。

8）业主在本住宅区内应遵守的行为准则。

9）违反管理规约的责任等。

管理规约见原建设部2004年9月统一制定的《业主临时公约（示范文本）》。

【例文】

业主临时公约（示范文本）

第一章　总　　则

第一条　根据《物业管理条例》和相关法律、法规、政策，建设单位在销售物业之前，制定本临时公约，对有关物业的使用、维护、管理，业主的共同利益，业主应当履行的义务，违反公约应当承担的责任等事项依法作出约定。

第二条　建设单位应当在物业销售前将本临时公约向物业买受人明示，并予以说明。

物业买受人与建设单位签订物业买卖合同时对本临时公约予以的书面承诺，表示对本临时公约内容的认可。

第三条　本临时公约对建设单位、业主和物业使用人均有约束力。

第四条　建设单位与物业管理企业签订的前期物业服务合同中涉及业主共同利益的约定，应与本临时公约一致。

第二章　物业基本情况

第五条　本物业管理区域内物业的基本情况

物业名称______________________________；

坐落位置______________________________；

物业类型______________________________；

建筑面积______________________________。

物业管理区域四至：

东至______________________________；

南至______________________________；

西至______________________________；

北至______________________________。

第六条　根据有关法律法规和物业买卖合同，业主享有以下物业共用部位、共用设施设备的所有权：

1. 由单幢建筑物的全体业主共有的共用部位，包括该幢建筑物的承重结构、主体结构，公共门厅、公共走廊、公共楼梯间、户外墙面、屋面、______、______、______等；

2. 由单幢建筑物的全体业主共有的共用设施设备，包括该幢建筑物内的给排水管道、落水管、水箱、水泵、电梯、冷暖设施、照明设施、消防设施、避雷设施、______、______、______等；

3. 由物业管理区域内全体业主共有的共用部位和共用设施设备，包括围墙、池井、照明设施、共用设施设备使用的房屋、物业管理用房、______、______、______等。

第七条 在本物业管理区域内，根据物业买卖合同，以下部位和设施设备为建设单位所有：

1. ______________________________；
2. ______________________________；
3. ______________________________；
4. ______________________________。

建设单位行使以上部位和设施设备的所有权，不得影响物业买受人正常使用物业。

第三章 物业的使用

第八条 业主对物业的专有部分享有占有、使用、收益和处分的权利，但不得妨碍其他业主正常使用物业。

第九条 业主应遵守法律、法规的规定，按照有利于物业使用、安全、整洁以及公平合理、不损害公共利益和他人利益的原则，在供电、供水、供热、供气、排水、通行、通风、采光、装饰装修、环境卫生、环境保护等方面妥善处理与相邻业主的关系。

第十条 业主应按设计用途使用物业。因特殊情况需要改变物业设计用途的，业主应在征得相邻业主书面同意后，报有关行政主管部门批准，并告知物业管理企业。

第十一条 业主需要装饰装修房屋的，应事先告知物业管理企业，并与其签订装饰装修管理服务协议。

业主应按装饰装修管理服务协议的约定从事装饰装修行为，遵守装饰装修的注意事项，不得从事装饰装修的禁止行为。

第十二条 业主应在指定地点放置装饰装修材料及装修垃圾，不得擅自占用物业共用部位和公共场所。

本物业管理区域的装饰装修施工时间为______________，其他时间不得施工。

第十三条 因装饰装修房屋影响物业共用部位、共用设施设备的正常使用以及侵害相邻业主合法权益的，业主应及时恢复原状并承担相应的赔偿责任。

第十四条 业主应按有关规定合理使用水、电、气、暖等共用设施设备，不得擅自拆改。

第十五条 业主应按设计预留的位置安装空调，未预留设计位置的，应按物业管理企业指定的位置安装，并按要求做好噪音及冷凝水的处理。

第十六条 业主及物业使用人使用电梯，应遵守本物业管理区域的电梯使用管理规定。

第十七条 在物业管理区域内行驶和停放车辆，应遵守本物业管理区域的车辆行驶和停车规则。

第十八条 本物业管理区域内禁止下列行为：

1. 损坏房屋承重结构、主体结构，破坏房屋外貌，擅自改变房屋设计用途；
2. 占用或损坏物业共用部位、共用设施设备及相关场地，擅自移动物业共用设施设备；
3. 违章搭建、私设摊点；
4. 在非指定位置倾倒或抛弃垃圾、杂物；
5. 违反有关规定堆放易燃、易爆、剧毒、放射性物品，排放有毒有害物质，发出超标噪声；
6. 擅自在物业共用部位和相关场所悬挂、张贴、涂改、刻画；

7. 利用物业从事危害公共利益和侵害他人合法权益的活动；

8. ______________________________；

9. 法律、法规禁止的其他行为。

第十九条　业主和物业使用人在本物业管理区域内饲养动物不得违反有关规定，并应遵守以下约定：

1. ______________________________；

2. ______________________________。

第四章　物业的维修养护

第二十条　业主对物业专有部分的维修养护行为不得妨碍其他业主的合法权益。

第二十一条　因维修养护物业确需进入相关业主的物业专有部分时，业主或物业管理企业应事先告知相关业主，相关业主应给予必要的配合。

相关业主阻挠维修养护的进行造成物业损坏及其他损失的，应负责修复并承担赔偿责任。

第二十二条　发生危及公共利益或其他业主合法权益的紧急情况，必须及时进入物业专有部分进行维修养护但无法通知相关业主的，物业管理企业可向相邻业主说明情况，在第三方（如所在地居委会或派出所或____________）的监督下，进入相关业主的物业专有部分进行维修养护，事后应及时通知相关业主并做好善后工作。

第二十三条　因维修养护物业或者公共利益，业主确需临时占用、挖掘道路、场地的，应当征得建设单位和物业管理企业的同意，并在约定期限内恢复原状。

第二十四条　物业存在安全隐患，危及公共利益或其他业主合法权益时，责任人应当及时采取措施消除隐患。

第二十五条　建设单位应按国家规定的保修期限和保修范围承担物业的保修责任。

建设单位在保修期限和保修范围内拒绝修复或拖延修复的，业主可以自行或委托他人修复，修复费用及修复期间造成的其他损失由建设单位承担。

第二十六条　本物业管理区域内的全体业主按规定缴存、使用和管理物业专项维修资金。

第五章　业主的共同利益

第二十七条　为维护业主的共同利益，全体业主同意在物业管理活动中授予物业管理企业以下权利：

1. 根据本临时公约配合建设单位制定物业共用部位和共用设施设备的使用、公共秩序和环境卫生的维护等方面的规章制度；

2. 以批评、规劝、公示、_______等必要措施制止业主、物业使用人违反本临时公约和规章制度的行为；

3. ______________________________；

4. ______________________________。

第二十八条　建设单位应在物业管理区域内显著位置设置公告栏，用于张贴物业管理规章制度，以及应告知全体业主和物业使用人的通知、公告。

第二十九条　本物业管理区域内，物业服务收费采取包干制（酬金制）方式。业主应按照前期物业服务合同的约定按时足额交纳物业服务费用（物业服务资金）。

物业服务费用（物业服务资金）是物业服务活动正常开展的基础，涉及全体业主的共同利益，业主应积极倡导欠费业主履行交纳物业服务费用的义务。

第三十条 利用物业共用部位、共用设施设备进行经营的，应当在征得相关业主、物业管理企业的同意后，按规定办理有关手续，业主所得收益主要用于补充专项维修资金。

第六章 违约责任

第三十一条 业主违反本临时公约关于物业的使用、维护和管理的约定，妨碍物业正常使用或造成物业损害及其他损失的，其他业主和物业管理企业可依据本临时公约向人民法院提起诉讼。

第三十二条 业主违反本临时公约关于业主共同利益的约定，导致全体业主的共同利益受损的，其他业主和物业管理企业可依据本临时公约向人民法院提起诉讼。

第三十三条 建设单位未能履行本临时公约约定义务的，业主和物业管理企业可向有关行政主管部门投诉，也可根据本临时公约向人民法院提起诉讼。

第七章 附 则

第三十四条 本临时公约所称物业的专有部分，是指由单个业主独立使用并具有排他性的房屋、空间、场地及相关设施设备。

本临时公约所称物业的共用部位、共用设施设备，是指物业管理区域内单个业主专有部分以外的，属于多个或全体业主共同所有或使用的房屋、空间、场地及相关设施设备。

第三十五条 业主转让或出租物业时，应提前书面通知物业管理企业，并要求物业继受人签署本临时公约承诺书或承租人在租赁合同中承诺遵守本临时公约。

第三十六条 本临时公约由建设单位、物业管理企业和每位业主各执一份。

第三十七条 本临时公约自首位物业买受人承诺之日起生效，至业主大会制定的《业主公约》生效之日终止。

承诺书

本人为____________________（物业名称及具体位置，以下称该物业）的买受人，为维护本物业管理区域内全体业主的共同利益，本人声明如下：

一、确认已详细阅读__________（建设单位）制定的“×××业主临时公约”（以下称“本临时公约”）；

二、同意遵守并倡导其他业主及物业使用人遵守本临时公约；

三、本人同意承担违反本临时公约的相应责任，并同意对该物业的使用人违反本临时公约的行为承担连带责任；

四、本人同意转让该物业时取得物业继受人签署的本临时公约承诺书并送交建设单位或物业管理企业，建设单位或物业管理企业收到物业继受人签署的承诺书前，本承诺继续有效。

承诺人（签章）

年 月 日

《业主临时公约（示范文本）》使用说明

1. 本示范文本仅供建设单位制定《业主临时公约》参考使用。

2. 建设单位可对本示范文本的条款内容进行选择、修改、增补或删减。

3. 本示范文本第三条、第三十七条所称业主是指拥有房屋所有权的房屋买受人，其他条款所称业主是指拥有房屋所有权的建设单位和房屋买受人。

7.2.2 业主手册（守则）

业主手册（守则）是由物业管理企业根据《管理规约》及政府的有关法规制定的有关业主应遵守的管理规则。制定业主守则时应注意内容要合法，尤其处罚部分应注意是否拥有处罚权。

业主手册（守则）的内容一般包括：安全管理要求、环境和清洁要求、交通管理要求、公共场所管理要求、装修管理要求、处罚等。

【例文】

××花园业主手册

敬请各业主和住户认真阅读下列条款，并自觉遵守。

一、安全管理

1. ××花园分为若干组团，每个组团实行全封闭管理，全日制24小时巡岗值班。为保持园内良好的环境，对出入本园作如下规定：

（1）业主及其家庭成员在办理收楼手续后申请办理“业主会员卡”和“住户卡”，“业主会员卡”每户只限办理一张，用以扣除每月发生的管理费及其他有关费用。“住户卡”只限业主的直系亲属（配偶、父母、子女）办理，可带消费功能（详细请参阅《××花园业主会员卡章程》及《××花园住户卡章程》)。办理“业主会员卡”和“住户卡”需带彩色一寸证件相片两张、身份证复印件及车辆行驶证的复印件，每张卡需缴交人民币50元工本费。

（2）业主的其他亲友经业主允许后可办理有效期为3个月的“××花园临时住户卡”。办卡时必须带备彩色一寸相片两张和身份证明文件复印件，并交纳25元的工本费和押金。业主必须签名同意担保办卡人在园内的一切行为和后果。

（3）业主聘用的家庭保姆经业主允许后可办理有效期为3个月的“××花园保姆出入卡”，办卡时必须带备彩色一寸相片两张和身份证明文件复印件，并交纳25元的工本费和押金。每户业主必须签名同意担保保姆在园内的一切行为和后果。

（4）任何或业主允许、默许进入园内之住客、访客，都应遵守园内各项制度，该业主必须对其在园内一切行为负责，并须支付因其行为疏忽或过失而引致的一切费用及开支。

（5）各种出入证并不赋予持证人或车辆任何特权，当管理处发觉持证人对园内管理工作造成不便或引致其他问题发生时，管理处有权随时撤销。各种出入证均不能转让，敬请妥善保管。

2. 禁止在房屋内存放易燃、易爆物品，禁止于户外生火，但在私家花园内不制造浓烟与污染他人住宅前提下可野餐。

3. 园内禁止任何人在指定地点外以任何方式射击及燃放烟花爆竹。

4. 必须保持所有公共走廊、通道及楼梯畅通无阻。

5. 请勿通电于围墙、防盗网上以至误伤他人。

6. 所有要搬离园区的物品（指家私电器、装修材料等），必须要有业主亲自陪同方可搬离出区，并配合保安员记录有关物品数量、名称、业主住址、业主卡号码等以便日后查核，如业主确实无法陪同，必须以书面形式列出所搬物品的名称、数量、业主卡号码、身份证号码以及委托人姓名、身份证号码，并签名确认同意方可将物品搬出。

7. 禁止在园内非法举行游行结队、示威、广播活动，如有投诉可向管理处提案或通过合法渠道解决。

8. 禁止聚赌、贩毒、盗窃等一切犯罪行为。

二、环境维护及清洁

1. 花园植物请留意修剪，以防树枝过墙刺伤行人。如业主因工作繁忙而疏于此等杂事，可委托本管理处妥善处理，但须支付相应的费用。园内植物高度以不影响左邻右舍为宜，否则管理处有权令其迁移。

2. 家庭垃圾须用垃圾袋收集并系好袋口，于晚上 7:00 至早晨 7:00 投入大门口垃圾桶内并盖上盖，由管理处集中清理。如属建筑废料、残旧家私及大宗物件之包装物，业主还需支付额外的清理费用。

3. 为维护社区宁静、整洁的环境，养宠物的业主应在有关部门办好防疫证，并书面保证在宠物外出时用绳牵好和戴好粪袋、口罩、不影响公共卫生和不发出吠声影响他人。

4. 不可于公共场所或本单位内肆意喧闹或制造过量音响以免骚扰他人，特别是在晚上 10:00 时至翌晨 8:00 时期间严禁制造过量噪声，管理人员有权干预制止及采取必要之措施。

5. 不能悬挂衣物、幡旗或其他商业性标牌于花园和屋外（指定商业区房屋除外）。

三、交通管理

1. 进入园内车辆必须按有关路标行车，非常时期以管理人员指挥为准。园内禁止鸣喇叭，园内限速 20km/h，禁止载重 1.75t 以上（含 1.75t）的货车进入区内（搬家私经物业管理处许可除外）。

2. 驾车进入园内的人士必须遵守园内车辆管理制度，管理人员有权拒绝任何来访车辆进入本区，而无需给予任何理由。

3. 所有盛载物品之车辆若无物品来源证明，管理人员将拒绝放行。

4. 为保证园内道路干净，影响卫生之车辆必须在园区外冲洗干净，运输车辆须做好防污染之措施，管理人员认可后方可进入。

5. 管理处有权在需要时将园内交通改道，或临时封闭道路。

6. 任何车辆如触犯管理条例或损坏园内物业，管理人员有权令其作出合理的赔偿。

7. 园内严禁以下行为：

（1）无牌无第三者保险行车。

（2）学车或试车。

（3）在公共道路上溜冰、滑板等。

（4）机动车辆及脚踏车在行人路上行驶。

（5）跨位停泊或停泊于车位界线之外。

（6）在公共地方洗车、维修车辆。

8. 停车管理

（1）洋房区的停车管理　洋房区的业主、住户可采用长租（租用期同房屋使用期相同）形式租用停车位。如入住初期长租后有剩余的车位，业主和住户可采用月租和计时收费的形式租用停车位。洋房区的探访车辆要按洋房区的停车管理规定执行。

（2）别墅区的停车管理　别墅区的业主和住户应将车辆停放于私家花园的停车库内，如有来访车辆需停泊于路的，必须靠该年度规定的方向停泊（以后每年的1月1日转换一次）。

（3）单车、摩托车的管理　不论洋房区或别墅区，所有单车、摩托车一律不准停放于公共场所内（包括马路边、公共楼梯间、公众花园、游乐场等），洋房区应停放于指定的停放点内（区内各路段均设有指定停放点），别墅区应停放于自家的花园内。

9. 对违规行车和停泊车辆的人士，管理处有权采取警告、罚款、拖车等处罚措施，由此而造成的损失一概由车主负责。

四、公共场所行为规范

公共场所包括公众花园、公共娱乐场所、道路、街道、公共楼梯通道、行人路等。

1. 邻里之间要文明礼貌，和睦相处，如确有纷争应向管理处反映并服从管理人员的调解和仲裁。

2. 请勿于公共场所或本单位窗口往外随意抛置垃圾及杂物。

3. 请勿于公共场所睡觉，以影响他人游玩。

4. 请勿将宠物放任于公共场所排泄，因此所发生的一切善后支出均由宠物之主人负责。

5. 请勿于公共场所垂挂衣物，张贴标志、广告，竖立告示牌等。

6. 公共场所严禁乱摆乱卖。

五、装修管理

为了便于管理，保证装修质量，控制违规建筑物，避免业主因此造成不必要的损失，管理处建议园内别墅和洋房装修原则上由本公司属下的专业装修公司负责施工，由装修公司代为办理各项审批手续。业主或住户根据需要也可自行安排装修队伍，请参照以下程序和要求到管理处办理各项审批手续：

1. 将全套施工图纸及其他书面申请材料（如装修项目、内容、时间及施工单位的名称、人数、负责人等）送管理处审批、备案。

2. 业主或住户申请装修获准后，管理处将发给《装修施工许可证》，并向施工单位收取施工管理费。施工管理费的收费标准按所申报装修工期以每天收取伍拾元人民币计算，如超过申报工期，必须提前补办有关手续并补交施工管理费，如逾期不办，管理处将责令其停工，并禁止其施工人员出入本园。

3. 施工期间，必须将《装修施工许可证》挂在本单位的门口处，施工完成后交回管理处。每天的施工时间为上午八时至晚上七时，节假日及中午休息期间，施工不能产生噪声，装修过程不得占用公共场地。

4. 装修期间如需接装临时水源、电源，应通知管理处安排有关人员完成，不得私下装接，否则将视情节轻重处以罚款。

5. 施工材料不得堆放在公共场所，施工完成后的杂物、垃圾、淤泥等应由施工人员及时清理，不得倒入区内的垃圾桶内或堆放在马路边。

6. 装修期间施工人员出入必须佩戴《装修工人出入卡》并接受保安员的检查。为了住户安全着想，施工人员晚上七时后不得在单位内停留或住宿，并须遵守园内有关规定和制度，因违章而发生任何事故，业主必须承担由此所造成的一切损失和责任。

同时，管理处有权责令违章的施工队伍立即停止施工。

7. 在施工过程中，要保护好公共的水电管网及设备，如有关设备、设施因施工而损坏，业主必须负责及时修复，并需承担由此而造成的经济损失。

8. 一切非本公司的手扶拖拉机均不得进入园区。如装修需要搬运材料、淤土、垃圾等，请向管理处申请，由管理处根据实际情况安排运输车辆，实行有偿服务。工程完成后，剩余的施工材料及工具运出园区时，必须有管理处开具的《物品放行条》，并接受保安员的检查。

9. 禁止在门窗玻璃外安装防盗网及非指定位置安装空调机、晒衣架等，所有单项工程必须先到管理处办理报建手续后方可安装。

（1）空调机的安装规定　空调机必须按指定的位置安装，力求做到横平竖直，统一美观。洋房日后由管理处统一安装空调滴水管并适当收取工本费。必须使用不锈钢架挂机（普通铁架生锈后锈水易污染墙身），禁止在主机上设置任何附盖。空调安装完毕后必须做好墙身洞口的修补和清洁工作。

（2）天台花园装修规定　天台花园的装修原则上从小从简，不能超过设定承载力，确保结构安全。严禁在天台加建任何封闭式建筑物，搭设简易光棚和花架应符合规定，以不影响房屋整体外观且高度不能高于楼层层高为原则。严禁在天台楼板上钻孔、开凿槽坑。严禁填土种树木。铺泥植草、做小水池、小石山应做好防水、排水措施，在确保防水安全、排水通畅的情况下方可施工，否则因装修而导致渗水、漏水的后果由业主负责。铺泥厚度以不大于10cm为宜，种苗木以不高于女儿墙为宜，砌小石山及其他园艺以不高于女儿墙为标准。严禁将盆景置于女儿墙顶上，以确保安全。

（3）首层花园装修规定　严禁在花园内加建封闭式建筑物，洋房区严禁在花园内设停车位，未经许可严禁在护栏开设任何门洞口。于花园内造亭、石山、喷水池及其他园艺建筑应以不影响整体美观、不影响他人为原则，高度不超过首层楼层层高且距围墙应不小于1m为宜。严禁于花园内开井或种植深根植物。

（4）严禁于窗台及窗檐加搭任何篷盖。

10. 以下行为将会产生严重后果，如有违反，管理处有权责令其恢复原状，并需承担其后果及费用，请认真阅读《房屋使用说明书》，并严格遵守有关规定。

（1）有损房屋结构、外观、外墙颜色。

（2）变动现有的水电管理网及公共装置。

（3）于阳台加建建筑物。

（4）于花园内开井或种植深根植物。

11. 装修期间必须严格遵守国家有关的安全规定，注意安全，装修单位内必须至少配备一支家庭装灭火器。

12. 业主装修完成后，要申报实际装机容量，如实际用电大于售楼合同额定用电量，应即时办理增容手续。请勿擅自增大用电，以防超负荷用电而发生事故。

13. 为维护区内的良好治安环境，保障区内业主和住户的利益，凡所有在园内装修的工作人员，必须遵守如下规定：

（1）不准在装修现场内吸烟或随地大小便。

（2）在装修现场内煮食时一定要注意安全，严禁用电炉煮食。

（3）不准在装修现场内乱拉乱接电线。

（4）严禁在装修现场内进行赌博或其他违法活动。

（5）所有装修工人必须严格遵守有关机械的安全操作规定，如因违反安全操作规定而造成伤亡，一切的责任和后果自负。

（6）装修工人出入园区必须按指定的路线行走，并严格遵守管理处的有关规定，佩戴好出入证，接受保安人员的检查。

（7）所有装修工人不准在所属装修现场外随意走动，穿着要整齐。

（8）严禁采摘区内花果。

（9）严禁在区内向各业主或客人散发商业性广告。

违反上述规定者，将没收其装修工人卡，不准其出入园区。

六、供水、供电、石油气管道、通信设施的使用和维修保养

1. 水、电、石油气、公共天线均属生活之必需设施，公共部分全权由管理处或管理处委托的专业公司代管，业主和住户除自觉遵守用水、用电、用石油气和公共天线管理规定外，还需注意下列事项：

（1）业主必须自行检查本房屋的用电量是否超出额用电量，并将有关资料交与管理处备案。如业主缺乏此方面的知识，可与供电部门联系，由供电部门安排专业电工作出评估。

（2）如业主单位的实际用电量大于额定用电量时，应预先到供电部门办理增容手续。请勿擅自增大用电量以防超负荷用电而发生火灾等事故，影响正常供电。请勿私自装拆水电表。

（3）请勿使用对保安通信、公共天线电波接收有影响的电器。

（4）管理处负责与燃气公司协调沟通石油气管道的安装、供气及维护保养工作。住户必须按有关规定安全使用石油气，严禁私自安装、改动石油气装置。

（5）请勿置渣滓、布屑或其他硬物于下水道。

（6）请勿擅自增大公共电视天线容量和改变其连接。

2. 某些公共设施（如地下水管等）铺设在业主房屋内，管理处有权在必要时进入有关房屋进行维修，预先通知与否，则视紧急程度而定。

3. 业主必须自费对其单位内所有装设（包括水、电、石油气、电视等）作经常性保养和维修。

七、管理费用

园区一切管理支出及公共设施的维护、保养费用由全体业主共同承担。管理费收入和规外行为之罚款均全额投放于区内的保安、环卫、消防、绿化、公共设施维护及日常行政支出，做到取之于民，用之于民。

1. 本期管理费标准：每平方米建筑面积每月11元人民币，每平方米花园面积每月11元人民币，以后每年度费用标准将按物价指数及实际收支情况予以调整，报有关部门批准并事先通知各业主、住户。

2. 业主必须从管理处发出的入住通知之日起交纳管理费，采用业主卡账户自动转账由农行代支的方式于每月5号前交纳。

3. 逾期交费：每逾期一天需增交 5%的滞纳金；如逾期 3 年不交者，管理处有权通过法律手段追缴所欠之款项及滞纳金。

4. 业主如转让其物业，请到管理处办理有关手续，若管理处未获书面通知，旧业主仍须负责交纳管理费。

八、违规处罚细则

为维护和保障广大业主和住户的共同利益，管理处有权对违规者视情节轻重予以处罚。细则如下：

1. 乱倒垃圾者，必须负责清洁干净，并处以 50 元罚款。
2. 无驾驶执照驾机动车者，保安人员有权予以制止，并处以 100 元罚款。
3. 机动车辆和非机动车辆乱停乱放，管理处有权将其拖走，费用由车主负责，并处以 50 元罚款。
4. 乱摆乱卖者，管理处有权制止，并处 50 元罚款。
5. 随地吐痰者，乱丢杂物者，必须负责清扫干净，并处以 20 元罚款。
6. 攀摘花、果者，每摘一朵花或一个果罚款 50 元。
7. 随处张贴或悬挂招牌者（包括在自己物业处墙及窗、门上），必须负责清洁和拆除，并处以 50 元罚款。
8. 乱涂乱画者，必须照价赔偿，并处以 100 元罚款。
9. 损坏公共场所物品者，必须照价赔偿，并处以 50 元罚款。
10. 住户乱倒杂物污水，致使公共渠道阻塞，须赔偿清渠费用，并处以 50 元罚款。
11. 住户超负荷用电或使用电器不当，以致公共线路断电，须赔偿修理费，负责由此造成的一切后果，并处以 100 元罚款。

对以上未列明的其他违规事项，管理人员有权根据实际情况予以处罚；若情节恶劣者，管理处可将其送交公安机关处理。以上罚款金额，管理处可根据实际实施情况作相应的调整。

九、有偿服务项目

1. 代客购买车、船、飞机票（最好提前 3 天预订）和复印、打字、翻译和长途电话服务。
2. 日常生活服务（如维修水电、清洁家居、用车、联系医院、订报刊、洗衣、托婴、购物等）。
3. 维修、装修和园林工程服务。
4. 24 小时送餐服务。
5. 上门理疗服务。
6. 护理花园、修剪草皮、绿化等服务。

小　结

写作物业管理规章类文书，要符合国家有关法规政策的要求，要综合考虑物业管理企业自身的条件状况、项目的基本情况进行撰写。

写作物业管理规则和质量体系文书，要注意强调质量标准，格式要规范；强调以预防为主，管理的重点是过程、因素；强调系统化，强化各部门、各业务间的衔接。语言要简洁明白，层次安排按作业顺序要求展开。编制的物业管理规则类文书一定要注意其可操作性。

写作物业管理公约类文书，要注意内容全面，要求合法，权责分明，关系清晰，切实可行，中性语气。

能 力 训 练

一、请根据以下车辆管理工作标准，查找资料，制定住宅小区车辆停放管理规定。

车辆管理工作标准

1. 道路线形、断面与整个住宅区建筑群体布置相协调。
2. 车行道通至每幢住宅楼单元入口处。
3. 外来车辆未经许可，不可进入辖区。
4. 进入物业辖区内车辆，均服从物业公司管理。
5. 凡装有易燃、易爆、剧毒品或有污染物品车辆或 2.5t 以上货车，一律不准驶入辖区。
6. 驶入辖区内车辆均需减速，时速不超过 15km/h，无鸣笛现象发生。（救护车、警车、救火车除外）
7. 辖区内所有车辆均纳入物业公司管理范围，作到一车一证、一证一位、车证齐全，见证放车。
8. 车辆管理员礼貌待人、热情周到。
9. 车辆管理员熟知车主姓名、车型、车牌号、房号、车位。
10. 车辆管理员随时巡查车辆停放情况及车辆的车况，遇有门未锁、灯未关、漏油、漏水等现象发生时，10 分钟内通知车主。
11. 停车场内无货物堆积、道路阻塞现象。
12. 停车场内地面无水、无油、无污、无纸屑、无烟头等杂物。
13. 停车场道路平整无坑、无尖锐物、无金属钉状物。
14. 停车场内有明显禁烟标牌，且消防器械及设施均配备齐全，使用功能完好率 100%。
15. 辖区内交通事故年发生率不超过 2%，丢失事故发生率为 0%。
16. 地下停车场光线明亮，能见度高，目测距离 50m 以上。
17. 临时停放车辆收费率 100%。
18. 每车位文字档案齐全、资料准确率 100%。
19. 外来进出车辆有登记，完成率 100%，准确率 100%。

二、请根据以下楼道卫生清洁工作标准，查找资料，制定楼道保洁作业程序。

楼道卫生清洁标准

1. 各层地面（电梯厅）光亮、干净、无纸屑、烟头、无水迹，可照见顶灯轮廓。
2. 各层墙壁无乱写、乱画、乱贴、乱挂，并做到无污迹、划痕，用于擦拭无积尘.
3. 各层层顶无浮尘、斑迹、污渍，无墙皮脱落现象。
4. 各层通行门门面、门体、扶手无积尘、污渍、无黏稠物，门玻璃光亮透明。
5. 各层水、电表间门体、扶手、玻璃做到无尘、无锈、无划痕、无水迹，用水擦拭无明显浮尘。

6. 各层防火楼梯保持清洁无尘、通道畅通、无堆积物（包括自行车）。

7. 各层防火楼梯扶手无尘、无污迹，且木制扶手表、背面不得粗糙扎手。

8. 各层水、电表间及其他设备间门体均须关闭，且清洁无污。

9. 各层楼道玻璃应清洁、光亮、无污迹。

三、请根据自己的生活经验和实习体会，编制自行车棚管理规定。

第 8 章

物业管理论文

学习目标

通过本章学习，了解物业管理毕业论文、案例分析的概念，了解毕业论文的写作步骤和评定标准，掌握物业管理毕业论文、案例分析的写作格式和内容，能够撰写格式规范、内容符合要求的物业管理论文。

关键词

毕业论文　目录　摘要　关键词　绪论　本论　结论　参考文献　案例分析

8.1　物业管理毕业论文

8.1.1　毕业论文概述

毕业论文是高等院校的应届毕业生，针对某一问题运用自己所学专业的基础理论、基础知识和基本技能，阐述解决这一问题的见解或表述研究结果的文章。

毕业论文的撰写是综合性和高标准检测学生知识和能力的有效手段，是本、专科毕业生必须完成的大型综合性独立作业，是高等教育阶段全部学习成果的总结，是高等学校的一个重要教学环节。

8.1.2　毕业论文的写作步骤

1．确定论文方向和题目

毕业论文写作的第一步是确定一个既是所学专业，又是自己比较熟悉、比较感兴趣的论文方向，并在掌握初步的资料的基础上，逐步确立论文的具体题目和论文研究阐述的角度。

论文方向的确定，除了上述的基本要求外，还应该关注社会实践中出现的新现象、新业务、新问题，或是注意了解理论界的新观点和新问题，这样才能保证毕业论文具有一定的创新性和现实意义。论文题目的确立，应该充分考虑个人的时间、资料准备情况和研究能力，选取自己获取信息、寻求图书资料方便的题目，同时这个题目应该大小适中、难易适度，并能充分发挥自己的优势和长处，这样研究和写作起来才能得心应手。研究阐述的角度；或是寻找问题，发现矛盾的角度（如从新事实与旧理论的矛盾中，从不同的观点和流派的争鸣中，从别人失败的教训中，从前人的不足、缺陷或漏洞中探讨解决问题的途径）；或是从横向空间考察，寻找与所学专业相交叉的学科领域，尝试用其他学科的理论和方法研究论证所选题目的角度，都可作为论文写作的方向。

论文的题目与方向应注意难度适应自身情况。例如：《浅谈物业管理的规范化、特色化》，题目明确具体，研究论证角度清晰，资料信息也比较容易获取。如改为《论物业管理的规范化、特色化》，其所涉猎的深度与广度，研究写作难度之大是可想而知的，显然不是一篇毕业论文所能完成的。

2．收集、筛选、整理资料

在题目及论证角度确定之后，应以题目为中心，制定一个收集材料的计划，以进一步收集资料。在收集过程中要全面占有资料，尤其是已有的有关课题方面的研究成果应尽可能收集，同时要尽可能多收集第一手资料，还要收集反面资料。

收集资料时，首先要明确哪些资料是有用的，不可或缺的；哪些资料是必须首先了解的、急需的。只有这样，才能有目的地进行资料收集。一般应收集以下三类资料：核心资料，即研究对象本身的资料；背景资料，即对核心资料起参照、比较、深化作用的资料，包括已有研究成果资料和相关的参照资料；理论资料，即具有方法论意义的资料。

收集资料可通过社会调查，或是收集文献资料。前者是获取第一手资料的主要方式，虽然比较零散，但却是对研究方向或题目的感性认识；后者是获取系统化、理论性信息的主要途径和方法，这类资料既能对研究和行文有一定的理论指导意义，也能增强论文内容的理论性。要想快速并行之有效地查检所需资料，就要熟悉图书分类法，善于利用目录、索引、文摘等检索工具，善于利用年鉴、手册等工具书。

收集好材料后，首先必须对材料消化吸收、融会贯通，针对论文方向和题目展开重点研究，形成自己的观点，提出独到的见解。其次要对材料进行归类，即按材料的性质不同进行分类，分类后对材料进行简单的概括，以便找出材料与观点见解、材料与材料之间的关系，为编写提纲作准备。

3．编写提纲

在收集大量资料并进行初步分析、研究的基础上，作者便可构思、设计论文的写作框架，着手编写论文提纲。编写提纲是写毕业论文的一个十分重要的步骤，有了提纲，就能尽早同指导教师沟通，便于指导教师对自己进行比较具体的指导，保证论文写作的顺利进行，以免耽误时间、浪费精力。

编写提纲的方法与步骤一般是：

1）先拟标题。拟定标题时，应力求简单、具体、醒目，或揭示论点，或揭示论题。需要注意的是，编写提纲的标题一般是最后确定的标题。

2）用主题句子列出全文的基本论点，以明确论文中心，统领全文。

3）合理安排论文各大部分的逻辑顺序，用标题或主题句的形式列出，设计出论文的结构和框架。论文的结构层次安排一般常用并列式、递进式或因果式，有时，在一篇论文里它们往往是综合运用的。

4）对于论文中的各大部分，逐层展开，扩展深化，设置细项目，结合收集到的材料，进一步构思层次，形成近似论文概要的详细提纲。

5）将每个层次分成若干段落，写出每个段落的论点句子，并依次整理出需要参考的资料，如卡片、笔记等，标上序号，排列备用。

6）检查整个论文提纲，作出必要的修改，即增加、删除、调整等。

4．撰写初稿，力求写出新意

根据指导教师的意见和自己拟定的提纲写作论文的初稿。在写作时应力求出新意：或纠正通说，补充新说；或体现新的观点、新的成果；或用新材料、新方法改换分析论证角度，写出有价值、有新意的论文。

初稿的撰写有两种方法：一是从头到尾、不间断、不停顿，一气呵成写完初稿，然后再从头仔细推敲加工修改；二是根据文章的层次结构，一部分一部分地撰写、推敲、加工修订，全文分部分写完后，再合并起来通读，最后统稿完成。写作时还要注意适度把握论文的写作速度，不宜求快，应做到纲举目张、顺理成章、井然有序、详略得当。

5．征求意见，反复修改

优秀毕业论文都是“改”出来的。初稿写成后，不仅要让指导教师提出意见，还要听取其他同学及有关人员的意见，重新阅读有关的参考资料，从观点、材料、结构、语言等各个方面寻找缺陷、错误，反复进行修改，直到满意为止。

修改初稿时应考虑以下几个方面：

（1）检查观点　应侧重检查观点（包括题目）是否正确，是否站得住脚，是否有新意，是否表达清楚了。重要提法是否有片面之处，是否貌似惊人而实则捡拾他人的成见，是否故作肆意极端之言，是否步人后尘、毫无新意。

（2）验证材料　要验证材料是否确凿、有力，是否能相互配合说明论点，是否发挥了论证力量，是否符合逻辑。

（3）调整结构　中心是否突出，层次与部分是否清楚，段落划分是否合适，开头、结尾、过渡、照应如何，全文是否构成一个完整而严密的整体。

（4）修改语言　一要改得通顺；二要改得精练（把可有可无的字句删去）；三要合乎文体，注意文题相符；四要检查行文格式、文字书写（笔迹清楚、没有错别字）、标点符号等有无差错。

实际修改时，要做到边吟边改，边抄边改。反复修改，抄改结合，直到圆满完成。

8.1.3　结构和内容

1．标题

标题应能反映论文的中心内容，让人一看就能大体了解论文的内容。标题不宜过长，一般不要超过 24 个字；如有必要可采用正副双行标题。如：《浅谈物业小区管理中的停车场风险回避》、《中国需要物业管理——关于国内物业管理发展前景的展望》等。

写论文时，应注意不能把毕业论文的题目定得太大，与论文的实际内容不符。如《浅谈我国物业管理市场的现状及如何管理》题目就太大，如果说是“浅谈”，则无论是现状还是管理都谈得浅尝辄止，不容易写出深度。

2．署名

在论文标题的下面署作者姓名和指导教师的姓名，有统一封面的，作者姓名和指导教师姓名写在封面的指定位置上。

3. 目录

有些毕业论文篇幅较长，文内又有若干小标题，为方便阅读，可列出目录、标明页码。

4. 摘要

摘要是对论文内容的简短陈述，提示论文的主要观点、见解、论据或概括介绍论文的主要内容。摘要的文字要简明、确切。毕业论文的摘要，放在正文的前面；有统一封面的，通常指定在封二页填写摘要。自然科学毕业论文摘要的主要内容包括：研究的目的、对象、方法、结果、结论及其意义等。其中，研究对象、研究结果是每篇摘要必不可少的内容。文科毕业论文的摘要，通常是用简要的文字对论文的内容进行概括，比较完整地反映论文要点，特别要突出有创见的内容。毕业论文摘要的字数可以在300字左右。

5. 关键词

关键词又称主题词，是指用来表达论文全文主题内容信息的词语或术语，其目的是为文献检索提供方便。主题词一般3～8个，每个词不宜超过6个字。

6. 正文

正文是论文的主体和核心，毕业论文的正文一般由序论、本论、结论构成。

（1）序论　序论是毕业论文的开头部分，它要求简洁说明论题主旨、撰写本论文的目的及意义、研究范围、研究方法，有的还对本论、结论作扼要提示。

（2）本论　本论是论文的主体，应对研究的课题作全面的分析、论证，详细说明作者的观点。本论是展开论题、表达作者研究成果的部分。

毕业论文经常采用分列小标题或标示层次序码的方法，来安排本论部分的结构层次；或者把从属于基本论点的若干分论点并列起来，逐个加以论述；或者从不同的角度、不同的方面对论题展开论述；或者用层层推进的方式来展开论述。

当然，本论部分没有什么固定的结构方式，应根据具体情况采用适当方法科学地安排层次。

由于不同学科研究的内容不同，毕业论文本论的写法有很大差别，理论型论文一般包括论点、论据、论证三个部分。论点是作者对所论述的问题提出的观点；论据是作者建立自己观点的依据，包括正确、完整的科学理论，真实确凿的数据、图表；论证是作者用论据说明论点的过程，亦即作者运用归纳、演绎、类比等逻辑分析方法，用论据科学地说明论点的正确性。

实践性论文是以实践为基础，进行实验、试验和观察，其内容包括其装置、材料、方法、结果与讨论。对结果讨论是正文的重点，讨论要以实践结果及科学理论为依据，论证有哪些成果、哪些缺点、有什么新发现，及对前景的展望。

（3）结论　结论是本论部分阐述的必然结果，是本论要点的归纳，是课题研究的答案。结论既要照应序论，又要写得简明概括。

7. 参考文献

写作毕业论文，常常需要用引文；一般情况下，作者要在正文中所用引文的后面加注码，在正文之后按注码依次注明引文的出处。如果引文出自著作，应注明作者、书名、出版社名称、出版年月、版次、页码；如果引文出自学术论文，应注明作者、论文题目、期刊名称、年份和期号、页码。

对毕业论文有参考价值的其他主要参考文献，也应在正文之后一一注明。

8.1.4 毕业论文评定标准

论文成绩评定，分优秀、良好、中等、及格与不及格五等。

1. 优秀

符合以下标准：① 观点正确，中心突出，能密切联系实际；② 论据充分、准确，论证符合推理，分析问题全面、深刻，逻辑性强，层次分明，结构严谨；③ 文笔流畅，书写符合格式要求。

2. 良好

符合以下标准：① 观点正确，中心明确，能联系实际；② 能抓住实质问题，分析较为全面、中肯、有理有据，层次分明，结构完整；③ 语句通顺，书写符合格式要求；④ 科学性较强，有自己的见解，有一定的现实意义。

3. 中等

符合以下标准：① 观点正确，中心较明确，能联系实际；② 分析时基本能用论据说明论点，结构比较完整；③ 语句基本通顺，书写一般符合格式要求。

4. 及格

属于以下情况：① 观点基本正确，有中心；② 分析时注意用论据说明论点，但欠全面、准确，层次尚清楚；③ 书写基本符合格式要求，但文句有语病。

5. 不及格

凡属以下情况之一者，成绩均以不及格论：① 观点有明显错误；② 理论上有原则性错误，或基本上没有掌握已学的专业知识、技能；③ 文章无中心，主要论据失真或论据、论点、结论不相一致，文字表达能力差；④ 文章无中心，逻辑混乱，文字表达能力差，书写潦草以致看不明白；⑤ 抄袭他人成果，或由他人代笔。

【例文】

论“十一五”时期物业管理行业的发展方向

摘要:

本文在通读“十一五”规划纲要的基础上，摘录了与物业管理相关的内容，结合物业管理的实践，从建设社会主义新农村，将会拓展物业管理行业的服务领域；增加就业，物业管理行业义不容辞；和谐社会建设，离不开物业管理行业的努力推动；建设资源节约型、环境友好型社会，物业管理企业要起到推波助澜的作用等四个方面论述了“十一五”时期物业管理行业的发展方向和作用。

关键词:

“十一五”规划纲要　物业管理　发展方向

正文:

通读“十一五”规划纲要，感受最深的是其通篇以科学发展观统领经济社会发展全局的鲜明特色。规划明确提出“发展必须是科学发展，要坚持以人为本，转变发展观念、创新发展模式、提高发展质量，落实‘五个统筹’，把经济社会发展切实转入全面协调可持续发展的轨道”。那么，在“十一五”时期，物业管理行业如何贯彻落实科学发展观，实现全行业规范、可持续地发展，笔者认为领会“十一五”规划纲要的内涵，明确行业在这一时期的发展方向，是极其必要的。

在“十一五”规划纲要中，直接提到物业管理的地方只有一处，即第四篇“加快发展服务业”的第十七章“丰富消费性服务业”中的第二节“发展房地产业”最后一句，“规范物业管理行为，提高市场化程度”，可见，国家从宏观上对物业管理行业可持续发展的导向，就是要通过规范化、市场化的手段，在建设部2001年《建设事业“十五”计划纲要》中提出的“逐步推广企业化、专业化经营的物业管理”的基础上，落实科学发展观，坚持以人为本，坚持质量兴业，推进物业管理行业的市场化进程，使物业管理行业在“十一五”时期，获得健康、有序、持续发展。显然，以科学发展观统领物业管理行业的全局，是实现国家宏观导向的核心。那么，梳理出“十一五”时期与物业管理行业相关的各类因素，科学地判断分析物业管理行业在全国经济社会这盘棋的位置，是我们应该首要解决的问题。

在“十一五”规划纲要中，笔者认为以下几个方面的内容，将会对物业管理行业在“十一五”时期能否保持平稳较快的可持续发展，产生明显的影响，有些甚至会推动物业管理行业拓展新的服务领域，提高行业的创新能力和生存能力。

一、建设社会主义新农村，将会拓展物业管理行业的服务领域

“十一五”规划纲要第二篇“建设社会主义新农村”开首明确指出建设社会主义新农村的目标和要求为“坚持统筹城乡经济社会发展的基本方略，在积极稳妥地推进城镇化的同时，按照生产发展、生活宽裕、乡风文明、村容整洁、管理民主的要求，扎实稳步推进新农村建设”。第二章“经济社会发展的主要目标”中，具体地提出“城乡区域发展趋向协调。社会主义新农村建设取得明显成效，城镇化率提高到47%。各具特色的区域发展格局初步形成，城乡、区域间公共服务、人均收入和生活水平差距扩大的趋势得到遏制”。第六章“改善农村面貌”中指出“按照节约土地、设施配套、节能环保、突出特色的原则，做好乡村建设规划，引导农民合理建设住宅，保护有特色的农村建筑风貌”。“推进农村生活垃圾和污水处理，改善环境卫生和村容村貌”。第二十一章“促进城镇化健康发展”中提出“坚持大中小城市和小城镇协调发展，提高城镇综合承载能力，按照循序渐进、节约土地、集约发展、合理布局的原则，积极稳妥地推进城镇化，逐步改变城乡二元结构”。“加快破除城乡分割的体制障碍，建立健全与城镇化健康发展相适应的财税、征地、行政管理和公共服务等制度”。可见，国家对“十一五”期间引导农民合理建设住宅，推进城镇化健康发展，尤其是遏止城乡公共服务、人均收入和生活水平差距的扩大极为重视，这就为我们物业管理行业提供了新的服务领域。因为随着社会主义新农村建设的不断推进，农村住宅建设，尤其是富裕农村的住宅建设、小城镇住宅建设的科技含量、节能技术含量必然不断增强，传统的农村住宅管理理念、技术水平难以与之相适应。据有关资料介绍，当前，在村镇建筑活动中，浪费土地、不节能、不环保、不安全、不经济的现象比较普遍，农村住宅的平均寿命只有15年，这对农民个人以及社会来讲无疑都是巨大的浪费。因此加强对村镇建筑质量的指导与监督，已经成为在建设社会主义新农村中面临的主要任务之一。那么，适时地将城市物业管理的理念与模式引入农村，不仅可以保证房屋本体、设备设施的完好质量，充分地发挥其各项功能，延长其使用寿命，而且对于丰富村镇公共服务，促进新农村生活水平、生活质量的整体提高意义重大。根据这一趋势，物业管理行业应根据农村，尤其是小城镇房屋状况、基础设施、配套设施、人口收入、文化、物质资源和生态环境等因素，

研究创新出新的物业管理模式，以与之相适应，从而提高物业管理行业的可持续发展能力。

二、增加就业，物业管理行业义不容辞

“十一五”规划纲要第三章“经济社会发展的主要目标”中提出“城镇新增就业和转移农业劳动力各4500万人，城镇登记失业率控制在5%”。毫无疑问，这对于我们这样一个发展中的经济大国，上述目标的实现压力之大是可想而知。因为“十一五”期间，实施自主技术创新战略、产业结构升级是必须要强调的，这必将会导致劳动生产率提高，造成工作岗位的相对甚至绝对减少，形成巨大的就业压力与就业目标的两难。为解决这一矛盾，“十一五”规划纲要第三章“经济社会发展的主要目标”中又提出“产业结构优化升级。产业、产品和企业组织结构更趋合理，服务业增加值占国内生产总值比重和就业人员占全社会就业人员比重分别提高3个和4个百分点”。即通过扩大服务业占国内生产总值比重，来增加就业岗位。物业管理行业作为服务业的一支新生力量，从1981年3月，全国第一家物业管理企业诞生，到2003年底全国物业管理企业已发展到2万余家、从业人员230万人，足以可见其就业容量之强。“十一五”时期，随着城市住宅建设的持续发展；大约占城市住宅建筑面积一半以上的旧住宅小区物业管理的逐步普及；农村、小城镇住宅物业管理的引入；物业管理类型的丰富；政府机关和事业单位后勤服务社会化改革的继续推进，综合考虑以上这些因素，我们完全有理由相信，“十一五”时期的5年，物业管理行业的快速发展将令人瞩目，就业容量对于实现“十一五”时期的就业目标将会产生积极而有效的影响。

三、和谐社会建设，离不开物业管理行业的积极参与

“十一五”规划纲要第二章“全面贯彻落实科学发展观”中指出“必须加强和谐社会建设。要按照以人为本的要求，从解决关系人民群众切身利益的现实问题入手，更加注重经济社会协调发展，千方百计扩大就业，加快发展社会事业，促进人的全面发展；更加注重社会公平，使全体人民共享改革发展成果；更加注重民主法制建设，正确处理改革发展稳定的关系，保持社会安定团结”。第四十二章“完善社会管理体制”中提出“推进管理有序、治安良好的和谐社区、和谐村镇建设，倡导人与人和睦相处，增强社会和谐基础”。以人为本是物业管理服务的核心和灵魂，物业管理发展的20多年对于提高人民群众的居住质量、维护社区的稳定、丰富社区的文化生活、保证业主的身心健康、建设邻里关系和谐良好的社会风尚功不可没，促进了和谐社会的建设。“十一五”时期，物业管理行业应着重从以下几个方面加强研究，为和谐社会的建设贡献力量。

民主是和谐社会的基础。“十一五”规划纲要第四十二章“完善社会管理体制”中提出“探索新时期城乡基层自治组织建设和管理的有效模式，发挥城乡基层自治组织协调利益、排忧解难的作用”。第四十三章“加强社会主义民主政治建设”中提出“健全民主制度，丰富民主形式，扩大公民有序的政治参与，保证公民依法实行民主选举、民主决策、民主管理、民主监督。加强基层民主建设，坚持和完善政务公开、厂务公开、村务公开，保证公民依法行使选举权、知情权、参与权、监督权。尊重和保障人权，促进人权事业全面发展”。在物业管理的实践中，要研究好如何协调地处理物业管理企业与业主自治管理的关系，充分推动业主民主权利的有效表达，尊重并保护业主的民主权利，构建和谐社区，推动和谐社会建设。有条件的社区，从城乡基层自治组织建设的角度，能否考虑尝试业主委员会与社区委员会的合而为一模式，减少政府社区建设成本，简化社区管理体系。

服务是和谐社会的支持。“十一五”规划纲要第十七章“丰富消费性服务业”中提出“围绕便民服务，重点发展社区卫生、家政服务、社区保安、养老托幼、食品配送、修理服务和废旧物品回收等。理顺社区管理体制，推进社区服务规范化和网络化建设”。物业管理的业务范围之一就是提供包括便民服务和特约服务在内的特色服务，上述服务内容的实现在实践中也离不开物业管理企业的积极参与。社区服务规范化和网络化建设，应从项目的设计规划阶段就给予充分的考虑，在项目的日常管理中由物业管理企业进行统筹、综合管理，拓宽服务范围，为业主提供方便、舒适的生活、工作环境。

安全是和谐社会的保证。“十一五”规划纲要首次将公共安全建设、应急体系建设纳入“五年规划纲要”中，理应引起我们的重视。第四十一章“加强公共安全建设”中提出“完成改革和发展的任务，必须保持长期稳定的社会环境。要强化全社会公共安全意识，加强公共安全保障能力建设，提高公共安全保障水平，维护人民生命财产安全，确保社会稳定”。“建立健全应急管理体系，加强指挥信息系统、应急物资保障、专业救灾抢险队伍、应急标准体系以及运输、现场通讯保障等重点领域和重点项目的建设，健全重特大自然灾害发生后的社会动员机制，提高处置突发公共事件能力”。物业管理由其管理对象——物业和服务对象——业主或使用人所决定的，必然是城市综合防灾减灾和应急管理的重要组成部分，这应引起全社会的重视。应急管理是现代物业管理企业的重要内容，这已经引起越来越多企业经营者的高度重视。物业管理企业如果对火灾、窃盗、煤气、自来水泄露等突发事件不能采取果断的应对措施，就会造成人身伤亡和财产的损失，失去业主对物业管理企业的信任，带来社会不稳定、不和谐的因素。因此，物业管理企业要把关系到业主人身、财产安全的应急管理放在首位，认真研究并建立健全各类应急方案，寻求有效的结合点，纳入到政府应急体系中，发挥充分作用。

四、建设资源节约型、环境友好型社会，物业管理企业要起到推波助澜的作用

“十一五”规划第六篇“建设资源节约型、环境友好型社会”提出“坚持开发节约并重、节约优先，按照减量化、再利用、资源化的原则，在资源开采、生产消耗、废物产生、消费等环节，逐步建立全社会的资源循环利用体系”。其中第二十二章“发展循环经济”中对建筑行业明确指出“严格执行建筑节能设计标准，推动既有建筑节能改造，推广新型墙体材料和节能产品等”。“在公用设施、宾馆、商厦、写字楼以及住宅中推广高效节电照明系统等”。“政府机构建筑按照建筑节能标准进行改造，在政府机构推广使用节能产品等”。“控制城市大广场建设，发展节能省地型公共建筑和住宅。到2010年实现所有城市禁用实心粘土砖”。“提高建筑物质量，延长使用寿命，提倡简约实用的建筑装修。推进木材、金属材料、水泥等的节约代用”。对此，温家宝总理在《关于制定第十一个五年规划建议的说明》中指出：“要把节约资源作为基本国策，大力发展循环经济，提高资源利用效率，加大环境治理力度，切实保护好自然生态。需要强调指出，随着我国工业化、城镇化的推进，资源和环境的约束还会加大，人民群众对生产生活环境质量的要求更高”。因此，作为以维护、提高房屋质量为己任的物业管理行业，应在建设资源节约型、环境友好型社会中，担当起马前卒的角色，发挥推波助澜的作用。

为此，在物业管理实践中，物业管理行业应从以下几个方面认真进行研究，采取切实可行的措施，推动资源节约型、环境友好型社会建设。一是倡导物业管理企业在早期介入阶段，就应关注开发商在建筑节能方面的作为，积极推动节能建筑的开发建设，推广太阳能、高效节电照明系统的使用，为今后的业主使用、物业管理降低能耗、节约费用奠定基础。二是推行村镇住宅的建筑节能，根据村镇住宅建筑小型化的特点，结合地域特点，推广小型太阳能、风能设备，能够收到投入小，见效快的效果。三是提倡简约实用的建筑装修，控制好装修管理，减少甚至杜绝装修过程中产生的建筑材料的重复浪费。四是重点抓好对已建成建筑的整体改造，对已建成建筑应根据建筑自身条件、业主要求等重点考虑太阳能集热、集电设施的安装，并建立相应的技术标准。如对现实中普遍使用的太阳能热水器，不应采取堵与禁的做法，而应因势利导，积极鼓励：一是对多层住宅，在空间条件具备的前提下，应将各家各户分散安装，逐步转变为集中统一安装，包括对已安装太阳能热水器的重新进行统一规划；二是借助“平改坡”工程，提倡安装集中式太阳能热水器。

“十一五”规划纲要的制定，使我们明确了国家在未来5年的发展方向，笔者结合物业管理实践的研究，谈了自己粗浅的认识，目的在于引发业内更多专业人士，能够从“十一五”规划纲要的高度研究物业管理行业的发展走向，使物业管理行业得以健康、规范、持续地发展。

参考文献（略）。

8.2 案例分析

8.2.1 案例分析概述

案例分析作为物业管理论文的一种形式，是针对物业管理实践中实际发生的具体事件，运用物业管理相关的法规政策、管理制度、作业程序进行分析，找出其中的利与弊，从而总结出物业管理基本规律的文书。

8.2.2 结构和内容

1. 标题

一种是概括式标题，即概括所要分析案例的核心要旨，让读者清楚地了解所要分析案例的性质或主要内容，如《饮料瓶堵住排水管，物业管理公司被判赔偿》；另一种是公文式标题，即采取介词结构的方式构成标题，如《关于业主健身扰民案例的分析》。

2. 案情陈述

案情陈述就是对所要分析事件的起因、发展过程、结果进行叙述，使读者能够了解事件的整体过程，把握其性质及利与弊的关键所在，以作出正确的分析判断，并吸引读者阅读下文。

这部分内容所采用的表达方式就是叙述，但一定要注意叙述事件的真实性和典型性，叙述要力求简短，但一定要交代清楚。

3. 案例分析

案例分析就是针对前面所陈述的案情，运用物业管理相关的法规政策、管理制度、作业程序进行分析。首先要对所分析的事件进行定性，指出问题的关键所在，归结出具体的原因，然后找出其所涉及的物业管理相关的法规政策、管理制度、作业程序的具体内容或条款，具体地进行分析，进行议论并归纳出作者总的看法，最后要提出切实可行的建议，以便能够指导读者今后的物业管理实践活动，促进提高物业管理的质量水平。

在对事件进行分析时，一定要注意准确地抓住问题的本质，有针对性地找出相关的法规政策、管理制度、作业程序，分析议论要注意表述的逻辑性，合理地运用相关的法规政策、管理制度、作业程序的具体内容或条款。

【例文】

业主侵占绿地随意种植怎么办

初春三月，大地复苏，草木返青，杨柳冒芽，空气中浮动着欣欣然的生命气息。那些生活在都市里热爱自然、热爱植物的人们，又开始播撒种子，准备迎接浓浓的绿意和丰硕的收获了。但是，对于许多承接住宅小区的物业管理公司来说，又迎来了一轮劝阻和制止业主或使用人侵占绿地随意种植绿色植物的艰难工作期。

的确，近几年来，业主或使用人或以领养绿地为名，或以美化环境为借口，甚至是无须任何旗号侵占绿地随意种植的事件时有发生，已经成为一种较为普遍的现象。这种现象在管理中根治难度往往很大，其主要原因是没有适用的法律法规，侵占绿地的业主或使用人从中获得了较多的经济利益，而这种侵占绿地的行为对他人的影响又是较为有限的，尤其是不会构成安全上的威胁，因此，即使有部分业主提出异议，但更多业主对此漠不关心，难以形成一片反对的舆论环境。下面这个发生在重庆的侵占绿地种植蔬菜的事件就是一个较为典型的案例。

去年6月，6单元1-1、1-2两户业主不知何因，开始扯掉门前绿化带花草，种上丝瓜、南瓜等时令蔬菜。蔬菜藤蔓四处攀爬，与整个小区绿化环境极不协调。更为糟糕的是，种菜者以粪便施肥，路过此地，臭味扑鼻而来，很影响小区环境。

种上蔬菜的绿化带紧临小区6单元1-1、1-2两业主房前。该片公共绿化带以前种植的各种花草已被青葱、萝卜、小白菜取代，种植面积$20m^2$左右。菜丛中可见粪便等物，蝇虫飞舞，还不时散发难闻异味。业主陈先生介绍，1年前入住小区后，所有公共绿化带均被各种花草覆盖，一片生机，而现在竟已面目全非。“用粪便施肥让大家遭受恶臭不说，还会引来蝇虫漫天飞舞”，业主张女士说，包括她在内的数名业主多次与物业管理处和种菜者交涉，一直未果。

为何要拔掉公共绿化带花草种菜？6单元1-2的种菜业主罗先生解释，种有蔬菜的绿化带属于自己私有，种植何种植物由自己决定，物业管理公司也同意其种菜行为。重庆××物业管理公司叶经理否认了罗先生的说法。被拔掉花草、种上蔬菜的绿化带属于小区公共地带，任何人不得私自改变用途，更无“同意种菜行为”一说。

其实，在阻止像本案例中业主侵占绿地，私自改种蔬菜的类似事件中，很主要的是一个观念问题。侵权业主往往都有一个个冠冕堂皇的理由，既是绿地，种蔬菜还是改种其他绿色植物都没有改变绿地的用途，没有对其他人产生什么不利的影响。这里，他们实际上是改变了事件的性质，侵占绿地，之所以定性为“侵占”，其根本就在于这是一种侵权行为，这种行为是将归全体业主所有的共有部分——绿地，据为己有，侵犯了全体业主的合法权利，破坏了环境的整体规划，甚至会像本案例中因为粪便施肥而导致臭味扑鼻、蝇虫孳生，污染了小区居住环境。但是这一点由于在《物业管理条例》中没有明确规定，在实践中只能借用《中华人民共和国民法通则》第八十三条“不动产的相邻各方，应当按照有利生产、方便生活、团结互助、公平合理的精神，正确处理截水、排水、通行、通风、采光等方面的相邻关系。给相邻方造成妨碍或者损失的，应当停止侵害，排除妨碍，赔偿损失”、第一百二十四条“违反国家保护环境防止污染的规定，污染环境造成他人损害的，应当依法承担民事责任”；以及《中华人民共和国环境保护法》第六条“一切单位和个人都有保护环境的义务，并有权对污染和破坏环境单位和个人进行检举和控告”；《城市绿化条例》第十八条中“居住区绿地的绿化，由城市人民政府城市绿化行政主管部门根据实际情况确定的单位管理”、第二十条“任何单位和个人都不得擅自占用城市绿化用地；占用的城市绿化用地，应当限期归还”、第二十一条“任何单位和个人都不得损坏城市树木花草和绿化设施”；以及《物业管理条例》第七条中有关业主在物业管理活动中应履行的义务等规定来进行劝阻，而这些条款对业主的该种侵权行为针对性不强，因而说服力度不够，难以做到以理服人，给物业管理公司的绿地管理工作增添了难度。

那么，是不是对业主或使用人侵占绿地的这种行为物业管理公司就束手无策了呢？答案显然应该是否定的。

首先，对侵占绿地这类行为的阻止，物业管理公司的管理关键在防微杜渐上，要发现苗头就积极阻止，否则，一旦形成规模，就会增加管理难度，甚至出现管理失控的局面。某住宅区里曾发生过的案例是很有借鉴意义的。该小区两年来“圈地运动”愈演愈烈。两片公共绿地成了由香椿、石榴、葡萄等密树木组成的杂树林和种植辣椒、韭菜、丝瓜的菜园子。圈地的业主收获了“丰收”果实，但其他业主对此颇有微词。物业管理公司在反复劝阻收效甚微的情况下，发出通知：限10日之内自行清除私自种植的果木和蔬菜，逾期将强行解决，重新统一规划建设绿地。规定时限到了，仍有部分业主无动于衷，物业管理部门只好亲自动手，开始对杂树林、菜园子进行彻底清理。可清理刚刚开始，一个业主把举报电话打到了市园林绿化监察部门，投诉物业管理部门私自砍伐树木。园林绿化监察执法人员来到现场，没收了物业管理工作人员的工具，并下发了违章通知书。园林绿化监察部门解释说，物业管理部门重新规划建设楼前绿地的初衷是好的，但楼前绿地属于住宅区附属绿地，统一归市园林绿化规划与建设，对其树木的砍伐实行许可证制度。并强调无论楼前绿地上的树木何人所种，已经长成这是事实，长成了就要纳入园林绿化监察部门的监管范围。可见，在处理业主侵占绿地行为时，注意时机和政策的把握是至关重要的。

其次，在管理中还要注意策略和方法，要注意发挥业主委员会的作用，主动与业主委员会沟通，并做好那些未搞“圈地”活动的业主的工作，向他们说明物业管理者的管理苦衷，希望得到他们的支持，形成一种反对随意侵占绿地的舆论呼声，变被动阻止为主动疏导，使问题得以妥善解决。同时在业主委员会支持下，物业管理公司还要展开舆论攻势，积极宣传相关法规，明确指出“圈地”业主所侵占绿地是归全体业主所有的共有部分，他们的行为是对全体业主权利的侵犯，他们的行为是侵权行为。在园区内对侵权业主形成谴责的舆论氛围，使那些“圈地”业主了解他们的行为是违规行为。在强大的舆论压力下，与业主委员会共同发出整改限期通告，并暗示如不奏效将通过新闻媒体曝光并付诸法律途径寻求最终解决。

当然，舆论攻势的开展，有今年3月16日第十届全国全国人民代表大会第五次会议通过《中华人民共和国物权法》做坚强后盾，其效果将是如虎添翼。将于今年10月1日起施行的《中华人民共和国物权法》中对业主的建筑物区分所有权做了明确细致的规定。其中，第七十条规定：

“业主对建筑物内的住宅、经营性用房等专有部分享有所有权，对专有部分以外的共有部分享有共有和共同管理的权利”，明确了共有部分的区分；第九十五条规定“共同共有人对共有的不动产或者动产共同享有所有权”。第九十六条规定“共有人按照约定管理共有的不动产或者动产；没有约定或者约定不明确的，各共有人都有管理的权利和义务”。这就规定了全体业主作为共同共有人对共有部分共同享有所有权，并有管理的权利和义务。同时在第七十三条中明确规定“建筑区划内的绿地，属于业主共有，但属于城镇公共绿地或者明示属于个人的除外”。这就从法律的角度确立了住宅小区内的公共绿地的属性是归全体业主所有的共有部分，“占用”绿地是对全体业主共有部分共同所有权的侵犯，即“占用”绿地是一种侵占行为。对这种侵权行为，第八十三条规定“业主应当遵守法律、法规以及管理规约。业主大会和业主委员会，对任意弃置垃圾、排放污染物或者噪声、违反规定饲养动物、违章搭建、侵占通道、拒付物业费等损害他人合法权益的行为，有权依照法律、法规以及管理规约，要求行为人停止侵害、消除危险、排除妨害、赔偿损失。业主对侵害自己合法权益的行为，可以依法向人民法院提起诉讼。”

因此，加大对《中华人民共和国物权法》的宣传力度，对于从根本上解决侵占绿地随意种植的侵权行为将是极其有效的措施。

最后，物业管理公司在具体的劝阻过程中，还应注意管理策略和方式方法，如可采取怀柔策略，感化他人。前述案例中的物业管理公司多次针对业主反映的情况与两家种菜业主协调沟通，进行规劝，但收效甚微。为求得环境的和谐统一，物业管理处还专门在种上蔬菜的绿化带周围安装上了木栅栏，但仍不能达到美化环境的效果。这一行动使业主看到了物业管理处的积极努力，对物业管理处的工作难度有了更多的理解，而这种思想上的理解将会转化为行动上的支持，对促进问题的解决会形成有利的氛围。

小　结

写作物业管理毕业论文，首先要抓好选题，既不可太高太大，也不能选题过小，施展不开。其次，要拟写提纲，保证整体和谐，逻辑严密，脉络分明。然后，要处理好借鉴与创新的关系，经过研究，借鉴他人成果是毕业论文允许的，但不能照抄照搬。最后，要处理好观点与材料的关系，保持观点和材料的一致，保证材料为观点服务。

写作案例分析，要注意的是分析应建立在案情陈述的基础上，不能游离其外；用以佐证的法规政策针对性要强，无关、或关联性不强的就不要选用了。文章的整体结构和语言都要注意逻辑严密，通俗易懂。

能 力 训 练

一、查找与物业管理相关的期刊，找出你喜欢的栏目，并通过阅读近期发表的文章，找出物业管理目前的热点问题。

二、请概括出本章例文《论“十一五”时期物业管理行业的发展方向》的写作提纲。

三、阅读下面的调查材料，写一篇案例分析。

2004年7月10日，下午5点多钟，馨园小区的王女士正在小区里散步，突然听见身后某个地方传来一声重物落地的沉闷巨响。可王女士回过头来却什么也没有看到。与此同时，同样在不远处散步的李先生也听见了这声巨响。

两人不约而同地朝发出声音的方向走去。在小区40号楼楼下的墙边，他们发现有一个人躺在那里。这个人他们都不认识，已经奄奄一息，看样子是从楼上摔下来的。两个人不敢怠慢，马上去找小区保安。

保安：我一看知道是5楼姓曹的。这个人是503室的业主曹仁义，保安赶紧一边打电话报警一边拦了辆出租车，把曹仁义送往附近的医院。随后，保安又冲上曹仁义家，曹仁义的妻子卢爱菊正在家里洗碗，一听到丈夫摔下了楼，卢爱菊吓得瘫倒在一旁。

卢爱菊：我急得不得了。十多分钟前，丈夫吃完晚饭就出了家门，并没有任何反常，他怎么会摔下了楼呢？卢爱菊马上给在外面的儿子曹臻打了电话。

1个多钟头后，曹仁义终因抢救无效死亡了，让人们不解的是，下午5点多钟，曹仁义是在家吃过晚饭后出的门，怎么会摔下楼了呢？更让人奇怪的是，在他身旁还发现了一个完整的阳台铁艺护栏。

保安：我也奇怪曹仁义的旁边怎么会有护栏，铁栏杆呢？我也不知道，我抬头朝上看看，5楼阳台的铁栏杆还在。旁边的居民说是7楼的阳台护栏没有了，我想想大概是我站的角度不行，我就朝旁边站，抬头看看，是7楼的没有了。

他叫王勇耿，是7楼703室的业主。曹仁义就是从他家阳台摔下来的。事发时，他并不在家，这套房子是他刚刚买下的，正请了一家装修公司搞装修，一听说有人从自家的阳台上摔了下去，王勇耿着实吓了一跳。

王勇耿慌忙赶回家，才知道摔下去的是5楼的业主。提前赶到的民警正在对两个装修工人进行询问，装修公司经理周国庆也闻讯赶到了现场。

经理周国庆：当时（工人）是瘫在地上的，是后来人家把他拎起来的。事发时，除了曹仁义，只有两名工人在现场，两名工人在恢复了理智后，向警方讲述了事情经过。

下午5点半左右，他们干完了活儿正打算洗手吃饭，这时五楼的业主曹仁义推门进来了。

周国庆：可能工作的时候有一点水泥，滴到了5楼的空调室外挂机上面，业主可能有点意见。然后他就直接上来了。

进门之后的曹仁义四处看了看，又走到阳台上，和其中一名工人交涉水泥的事情，工人答应下次干活时多加注意，并承诺负责将落在空调室外挂机上的水泥清理干净。曹仁义对此似乎比较满意，然后就转身离去。

周国庆：曹先生走到这个门的时候，他当时脑子怎么想，我们没办法看得见，他又疾步回身，回身仍然往这里（阳台）去。那么这个时候可能就是，比如说，他人也比较结实，如果这样一看，有可能就这样掉下去了。

因为当时两名工人都背对着曹仁义，所以他是怎么摔下去的，工人也没有看见。当他们听到响声时，只发现栏杆没了。事后他们猜测，曹仁义再次返回阳台后，可能是想趴在护栏上往下看，到底有多少水泥掉在自家的空调外挂机上，所以才连人带栏杆一起摔下了楼。

可是这好好的阳台护栏怎么可能承受不了一个人的重量呢？原来，王勇耿家在装修房屋时把阳台护栏外移了30cm，曹仁义上楼时护栏刚刚外移出去，固定护栏的水泥还没有凝固。因为没有完全凝固，水泥的初凝期没有过，一搬是24小时到48小时，水泥才能完全黏结了。

事情是不是这样的呢？事发时，在场的只有曹仁义和两个工人，现在曹仁义已经死了，工人的话也就成了一面之词。警方又开始作进一步的调查，经过多次调查取证，警方认定曹仁义坠楼不是人为造成，排除了刑事犯罪的可能，这次事故完全是一场意外。

在料理完父亲的后事之后，曹臻忍住悲痛，决心要为父亲讨个说法。曹臻仔细查阅了小区发放给每位住户的《住户手册》，其中几条明文规定：不得破坏房屋外貌；不得改动空调外挂机平台；并统一式样封闭阳台。他第一个找到的就是 7 楼的业主王勇耿。因为是他家改动了阳台，才酿成了这场悲剧。面对一次次找上门来的曹家人，七楼业主王勇耿也是懊恼不已，对他而言这件事根本就是凭空掉下来的祸端。王勇耿也承认，确实是自己家在装修时把水泥掉在曹家的空调室外挂机上，但就为了那一点水泥，曹仁义不值得那么较真，他擅自闯入自己家里发生了意外，责任还是在他自己。

王勇耿被曹臻找了几次，不厌其烦，当曹臻又一次来到王勇耿家时，王勇耿给曹臻拿出了他和装修公司签订的装修合同，并告诉曹臻，既然签了合同，那么装修期间，自己家从某种意义上讲，就是一个工地了，在工地上发生的大小事情都应该由装修公司负责。况且坠楼事故发生时，他也不在现场，无论如何曹臻都不该来找他。这倒是提醒了曹臻，于是他又找到了给王勇耿家装修房屋的装修公司。事故发生后曹臻曾到 7 楼看过装修施工现场，他了解到，阳台是事发当天刚挪动的，水泥还没凝结，作为施工者，工人应该知道存在危险，但是在阳台门口既没有遮挡，也没有警示性标志。但装修公司认为这个一个是小房间，第二个这个是个特定的环境，私人住宅，怎么说这个是受法律保护的，非请莫入的，另外也是个施工现场，闲人免进，所以像这个有没有必要说到处去悬挂一些各种各样警示性的东西。

曹臻为此奔波了三个多月，都没有得到任何说法。2005 年 3 月，他一纸诉状起诉到了法院。成为被告的不光有七楼业主王勇耿和装修公司，还有小区物业公司，曹臻请求法院判令三被告共同赔偿父亲的死亡补偿金等共计 32 万多元。

突然接到法院的传票，物业公司很是惊讶，他们怎么也没想到，事故发生后，他们一直忙前忙后的帮助处理事故，配合警方调查，已经尽了自己的职责，曹臻为什么还要把他们也告上法庭呢？

曹臻：当然我不能说物业一定有全部的责任，我只能说这个物业管理实在太差了。事故发生前，就装修噪音和水泥的问题父亲曹仁义曾多次找小区物业反映过，可是并没有得到根本解决，所以曹仁义才决定自己上楼和工人交涉。

物业杜萌君：装修这一块就是说，当初发现他（王勇耿）已经把阳台移出去了，我们已经进行了劝阻制止，劝阻制止以后，实际上他并没有听从我们的建议。在事发前，物业公司已多次找过 7 楼的业主王勇耿，要求停止改动阳台，但是王勇耿对此不予理会，物业公司就给王勇耿下发了一份整改通知书。然后我们就让他签一个整改通知书，他不肯在上面签字。

这场意外虽然是大家都不愿看到的，但毕竟已经发生了，当事几方都不得不面对这场官司。在法院审理期间，王勇耿并没闲着，也在努力寻找着对自己有利的证据。一天，在和邻居聊天时，王勇耿听说：那天曹仁义进他家时，并不是一个正常的状态，那天下午 5 点钟喝酒以后到 7 楼上去了。那么曹仁义上楼之前是否真的喝过酒呢？我们找到了派出所当时对装修工人王居网所做的询问笔录，王居网在笔录中说：当时楼下的业主上来时满脸通红，说话的时候满嘴酒气。而对于喝酒这一点，曹仁义的妻子卢爱菊也并没有否认。

得知了这个情况，王勇耿马上找到另外两方被告，既然曹仁义是喝酒之后上楼的，那么他的坠楼就和他们更没有关系了。喝酒细节的发现，使被告三方心里都有了底儿，虽然事发前曹仁义究竟喝了多少酒他们无法确认，但是在这场意外中，喝酒肯定是一个不容忽略的因素，在他们看来，这意味着责任的归属可能是两种完全不同的结局。

参考文献

[1] 鲁捷．物业管理实务[M]．北京：机械工业出版社，2007．

[2] 卢恩平．物业管理实务[M]．北京：中国轻工业出版社，2001．

[3] 鲁捷，付立群，胡振豪．物业管理法规案例分析[M]．大连：大连理工大学出版社，2004．

[4] 赵向标．物业管理操作制度范例[M]．深圳：海天出版社，2002．

[5] 决策资源房地产研究中心．新地产物业管理利润 V 模式[M]．广州：暨南大学出版社，2003．

[6] 上海华联物业管理有限公司．华联商业物业管理企业标准[M]．上海：上海科学技术出版社，2004．

[7] 鲁捷．物业管理案例分析与训练[M]．北京：电子工业出版社，2007．

[8] 王粤钦，刘洪英．新编应用写作[M]．大连：大连理工大学出版社，2005．

[9] 王粤钦．新编大学语文[M]．大连：大连理工大学出版社，2007．

[10] 林升乐，李丽雅，胡晓娟．物业管理应用文写作[M]．重庆：重庆大学出版社，2005．

[11] 劳动和社会保障部中国就业培训技术指导中心．物业管理基础[M]．北京：中央广播电视大学出版社，2004．